シリーズ●文化の社会学のフロンティア①

永田大輔
Daisuke Nagata
松永伸太朗
Shintaro Matsunaga
杉山怜美
Satomi Sugiyama
編著

文化産業における共通文化の可能性

アニメと場所の社会学

Sociology of Anime and Places

近藤和都・菊地映輝・田澤真衣・董 鎧源・三原龍太郎・林 緑子・一藤浩隆・清水知子・大西健太・雪村まゆみ・佐々木 啓・高艸 賢・松浦 優・中村香住 著

ナカニシヤ出版

目　次

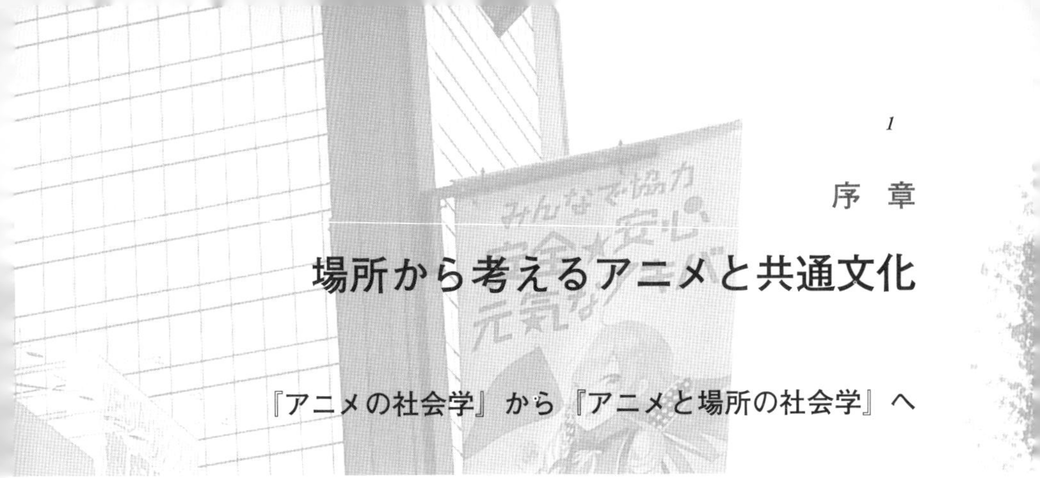

序　章

場所から考えるアニメと共通文化

『アニメの社会学』から『アニメと場所の社会学』へ

永田 大輔・松永 伸太朗・杉山 怜美

1　場所からみるアニメ

現代のメディア文化の一領域としてのアニメ文化は、映像コンテンツそのものに注意を向けるだけでは捉えきれない現象となっており、日本国内外で多様な展開を見せている。本書では、そうしたアニメ文化を捉える切り口として「場所」に着目して、アニメと場所の関係について論じていきたい。

ところで「アニメ」と「場所」と聞いたときに、読者は、どのような事例を連想するだろうか。たとえば、日本国内で「アニメのまち」を標榜する自治体はいくつか存在するが、アニメ制作会社の集積という産業的特徴を背景とする事例（東京都杉並区[1]・練馬区[2]）もあれば、マンガ・アニメを一括りにしつつ、著名なクリエイターの輩出やアマチュアによる創作活動の定着などを文化資源とみなす事例（新潟県新潟市[3]）もある。いわゆるプロだけでなく消費者やアマチュアの実践もまたアニメと特定の場所との結びつきを形成しうる。

このように、行政がアニメとの関係を公的に認めようとする動きがある一方で、ファンなどのアニメに関わる人びとが場所をアニメと関連するかたちでさまざまに結びつけていくこともある。アニメの舞台になった場所を探し出して訪れ、観光するアニメ聖地巡礼現象の一部で、ファンに対する苦情が住民から制作側に寄せられ

---

1)「アニメのまち杉並」〈https://www.city.suginami.tokyo.jp/suginamishoukai/shirumanabu/1005178.html（2024 年 6 月 6 日最終閲覧）〉
2)「アニメ・イチバンのまち 練馬区 | 練馬アニメーションサイト」〈https://animation-nerima.jp/nerima-and-animation/（2024 年 6 月 6 日最終閲覧）〉
3)「マンガ・アニメを活用したまちづくり構想 .indd」〈https://www.city.niigata.lg.jp/kanko/bunka/shinko/mangaanime_mati/koso.files/kousou-all.pdf（2024 年 6 月 6 日最終閲覧）〉

る事例は、アニメと場所の意味づけが多様であることから生じる摩擦が引き起こした葛藤だといえるだろう（岡本 2018 など）。

くわえて、アニメに関わるコミュニケーションの際に私たちはSNSなどを用いるが、そこでのコミュニケーションは本来的にはリアルな空間とは無関係に成立するにもかかわらず、どのSNSならアニメの話がしやすいか、などの選択を日常的に行っている。これはアニメにまつわるヴァーチャルなコミュニケーションを空間的・場所的なものとみなす傾向が存在していることを意味している。さらにこうした傾向は、VR（仮想現実）・AR（拡張現実）といったテクノロジーの発展とそれが形成する創造力によっていっそう強まっているように思われる。

こうした事例からもわかるように、アニメと場所の関係は複雑な様相を呈しており、「場所」という切り口はアニメ文化にまつわる多様な現象を捉える可能性を有している。ここでもう少しくわしく、本書における「場所」の持つ意味を確認しておくべきだろう。「場所」は日常的であると同時に学術的な議論が学際的に積み重ねられてきた用語でもある。『人文地理学事典』には「人間の具体的な関わりを通して周囲の空間や環境から分節させた、個人や特定の人間集団にとって特別の意味を帯びた部分空間」（人文地理学会 2013：106）とある。人びとの感情や行為、意味づけなどによってある空間が「場所」としてみなされる以上、「場所」は重層的な性質を備えうる。本書では、こうした重層性を持つ「場所」に焦点を当て、アニメ文化にまつわる多様な現象を理解するとともに、アニメ文化の可能性と限界についても考察を深めていくことを目指す。

2 共通文化としてのアニメ？

2-1 共通文化の（不）可能性

「場所」への着目は、なぜアニメ文化の可能性と限界を明らかにすることにつながるのか。それは、一見すると年代や属性を問わず、あらゆる人びとに開かれている文化として捉えることができそうなアニメ文化も実際にはさまざまな社会的な分断をもたらす可能性を含んでおり、そのような分断をもたらす重要な要素の一つに「場所」という観点があるからである。

まずアニメ文化がどのように社会的分断に関わりうるのか、アニメビジネスの文脈を例に考えてみたい。たとえば、本書を手に取った人もまた、何らかのアニメ作品やキャラクターなどを愛好しているかもしれない。その延長に、ファン向けのイベントに参加したり、グッズを購入したりコンテンツに課金したりするなどの消費行動を取っているかもしれない。こういった消費行動それ自体が問題というわけではないが、こうした行動が過熱しすぎると、むしろファン同士の競争として顕在化することがある。

大尾と陳（2021）は、男性アイドルのファンの行動に着目し、ファンたちがデジタル空間でファン活動を発信することなどを通して、アイドルに対して〈貢献〉するという意識を有していることを明らかにしている。大尾らの議論では過剰な購買行為をアピールするなどの誇示的な行動をするべきではないという規範意識を持つファンがいることにも触れられてはいるものの、全体として〈貢献〉という消費行動によって、たとえば異なるアイドルを愛好するファン同士に競争関係が発生したり、同じアイドルのファン同士でも〈貢献〉する者としない者という区別を生むことにつながったりするという可能性を示唆したものである。ファンの消費行動は、場合によってはこのような分断を生み出すものであり、こうした状況におかれているのはアイドルファンだけでなくアニメファンも同様であろう。

こうしたいわゆる「推し活」に相当する事例をみてもわかるのは、アニメ産業が商業的な文脈で作品を制作しており、実際にファンも商品としてそれを受け取っているため、アニメ文化は常に経済的な利潤追求や購買行動といったものとつながっているということである。アニメと経済的な行動が切り離せないのであれば、当然社会階層の問題などが生じてくることになる。〈貢献〉したくても、予算制約などによって〈貢献〉する消費行動をできないファンが排除されるのであれば、結果としてアニメ文化は一部の人びとの文化になってしまう。あるいは、生産側をみても、たとえば作品制作に関わるスタッフのジェンダーなどの属性が極端に偏ることで、受け手がその属性に限定された表現となることにつながるかもしれない。要するに、商品としてのアニメに私たちが接しているとき、常にそこでは社会的分断をもたらすリスクとも接しているのである。

そうした論点を考えるうえで重要になるのが、レイモンド・ウィリアムズのいう共通文化という視点であり[4)]、アニメを含むポピュラーカルチャーの表象の分析を通してそれを考察した、河野真太郎の議論である。共通文化はレイモンド・ウィリアムズが『文化と社会』の最後に断片的に述べたものであり、「共通文化の理念」という小論を合わせても、多様な理解が可能な概念である。そこで、本書における共通文

4）この議論は河野真太郎氏の『アニメの社会学』の合評会（「アニメはだれのもの？――アニメ論の新しい射程」2021年2月4日、本屋 B&B 主催イベント）での書評コメントに示唆を受けたものである。

化の意義を示す足掛かりとして、河野が共通文化に見出した可能性を整理したい。

河野は共通文化の特徴として、特定の階層に独占されないことを挙げている。たとえば評論集『新しい声を聞くぼくたち』のなかで、現代社会では「ポストフェミニズム」と呼ばれるような状況に適合した（女性を排除しないような）「新たな男性性」が目指されているが、それが階級依存的になってしまうことを問題にする。つまり、「弱者男性」「インセル[5)]」的な文化が否定され、他害的でない倫理的ふるまいが尊ばれるということ自体が「新自由主義に適合的な」階級文化の実質的な肯定になっており、男性の分断につながってしまっているということである。こうした男性性にまつわる問題は、前述のアニメ文化が創り出す社会的な分断のリスクと類似の構図にあるといえる。

それでは、いかにして「弱者男性」「インセル」を単に肯定するのでもなく、それでいて階級依存的な分断にも陥らない方法で「新たな男性性」を問い直すことができるのか（そして人びとがその場に参加することができるのか）。河野はこの問いに対して、共通文化に向けた処方箋の一つとして、啓蒙的でないかたちでの成人教育を始めとする「社会教育」を位置づけている。具体的には、そうした男性性がどこで困難にぶつかってしまうのか、また、どのような階級依存的でない男性性の可能性があるのかをポピュラーカルチャーの表象から読みとく批評的な実践が、それに相当するという。

もちろん河野のいう社会教育の素材となる可能性を備えているのは、「ポピュラーカルチャーの表象」に限られているわけではない。そうした表象の生産、流通、消費のプロセスや構造まで踏まえた多様なメカニズムの記述・分析は、筆者らの多くが関わっており、実質的な本書の前書にあたる『アニメの社会学』を編纂する際に掲げた課題の一つであった。そうしたさまざまな論考もまた社会教育に資するテクストになるのだという前書の立場は、河野の理路と大筋として一致するものである。

2-2 『アニメの社会学』から『アニメと場所の社会学』へ

『アニメの社会学』を上梓した後、そうした多様なメカニズムの記述が可能になる複数性を持つ「場所」はどこにあるのかという残された課題が浮上した。そのため本書は前書の課題を直接引き継ぐものではないが、その議論の延長線上にあることは明らかであり、本書で場所に注目する意図は、前書に残された課題を振り返るこ

5）不本意な禁欲主義者（involuntary celibate）の略語。河野はこの語を以下のように解説している。「主にネット上でコミュニティを作り、自らに性的経験がないことの原因を他者や女性に求め、怨嗟をつのらせる人びと」（河野 2022：26）

とでより明確になるだろう。そこで、本項では、本書と『アニメの社会学』との差異について説明しておきたい。

『アニメの社会学』は、アニメというメディアが文化的な表現でありながら大量の労働と分業を前提とする産業的製品（商品）であることに注目して、その消費者たるファン、生産者たる産業、それらの成立条件となるメディアや制度などの技術という三つの視点から紐解いた論集だった。そこに収められた論考について改めて確認すれば、ファンの経時的な経験や産業の歴史的変遷、テレビ、ビデオなどのメディアに固有の時間性といった「時間」を取り扱った議論が目立つことに気づく。

アニメと時間の結びつきは、たとえばアニメ史における画期としてたびたび言及される『鉄腕アトム』（1963-1966年放映）が「日本初の30分テレビアニメーションシリーズ」[6]と評されるように、時間的な長さが作品の特徴として重視されているほか、四半期単位（クール）、年単位、10年単位（○年代）といった時期区分がファンや制作者によって意味あるものとして語られてきたことからも、比較的意識されやすいと考えられる。

一方、『アニメの社会学』における「場所」の扱いは、アニメの定義――日本における商業的かつ産業と強く結びついたアニメーション――に関わる以上、重要であることは疑いないものの、国家政策の水準に議論が集中していた（たとえば、第二次世界大戦中の占領地政策（5章[7]）、クールジャパン政策（7章）、中国（補章01）や韓国（補章02）の日本アニメ受容）。しかし、実際にはアニメにまつわる場所は国家に限定されるものではない。放送制度に由来する国内のアニメ受容の地域格差には言及されているものの（12章）、冒頭で挙げた場所にまつわる個別のトピックや、場所に関わるレイヤーの重層性に着目した議論については、深める余地が大いに残されていたといえよう。

こうした重層的な場所に関する議論とメディアや表象に関する記述の間には一見距離があるが、共通文化を軸にすると密接な関連があることがみえてくる。それを理解するにあたっては、レイモンド・ウィリアムズが『テレビジョン』でどのようにメディア論に貢献したかを踏まえておくことが有益である[8]。

6）「鉄腕アトム 虫プロダクション株式会社　アニメーション製作と作品版権管理」〈https://www.mushi-pro.co.jp/2010/09/鉄腕アトム/（2024年6月6日最終閲覧）〉
7）以下、この段落の章番号は『アニメの社会学』の章番号をさす。
8）ウィリアムズに関する議論については、梅田拓也（2021）が行った、何らかの技術が文化的習慣や社会制度を決定づけていると考える「技術決定論」に焦点を当てたメディア論のレビューに依拠している。

ウィリアムズは、マクルーハン的な技術決定論を官僚的な論理の肯定につながると捉えて強く批判した。現代的な事例に引き付けて考えると、たとえばIT技術の導入で社会が変わるという記述は、政策推進の論理と密接に結びついたものになりうる。一方で、技術導入を否定する場合でも、技術やその開発者を悪者にするような単純化された論理では、それさえなければ問題ないという短絡的な考えに結びついてしまう。

それに対してウィリアムズは、一つのメディアがさまざまな技術史的な伝統や社会構造・メディア条件などによって支えられたものであることを強調している。とくに『テレビジョン』のなかでは多様な権力構造（テレビに先だって存在したコミュニケーション技術、放送・制度史的な条件、その他の表現史的な条件、テレビの映像の特徴や、そこにおかれた身体）などとの関係を描き出すことで、テレビというテクノロジーと我々との関係に注目を促している。

『アニメの社会学』もまた、こうした仕事の一つのヴァリエーションとして存在したといえる。河野の議論と、前書ならびに本書の議論の違いを再度確認すると、（アニメという）コンテンツそのものをテクストとして分析するうえでも、一つの表象が作られる産業的メカニズムやメディア的条件を踏まえる必要があるのではないかという考えに集約できる。たとえばアニメの長さや表現できるコードは明確に流通構造のなかに規定されているし、アニメファンたちがすばらしいと絶賛する戦闘シーンなどはそこにどれだけの労働力を投下するかという生産構造に規定されている。そうした重層的・多元的記述を行うことが、表象が作られる条件や背景・メカニズムを記述することにもつながるだろう。

しかし、それでも『アニメの社会学』では十分回収できなかった重要な問題として、多様な権力構造や、それに人びとが関わることと関連する場所（とそこにおかれた身体）の議論があった。ウィリアムズの枠組みでいえば、制度的な場所の差（アメリカとイギリスで異なるといった国家レベルの差異）の問題や、複製技術を基盤とするテレビによって舞台や映画館などに移動せずに家での視聴が可能になった受容空間の変容、さらにそうしたテレビの前での身体的な関わり方、具体的には料理をしながら、ソファーでくつろぎながら、テレビの前に釘付けになって、といった主婦・夫・子どもなどの社会的配置と関連した身体の位置とテレビ視聴への参加の仕方の条件といった論点がある。

これらは場所のなかでどのようにテレビというメディアの受容が可能になったのかという問題と、テレビというメディアがどのような新しい空間経験や場所を作り出すのかという問題の二極に振り分けられる。本書『アニメと場所の社会学』は、こうした複雑な関係をアニメの文脈において考えることで、アニメを通して「共通文化」が可能になる場所について検討するものである。

2-3　場所がアニメを作り出す／アニメが場所を作り出す

前項ではメディアと場所に関わる論点から「場所がメディアの受容を条件づける」という側面と「メディアが新たな場所性を作り出す」という二つの論点を指摘した。それらはアニメの文脈でどのように現われているだろうか。以下では「場所がアニメを作り出す」と「アニメが場所を作り出す」という二つの側面に注目して議論を行う。

改めて映像作品としてのアニメを考えると、それは複製可能な商品であり、その限りにおいて場所を越えて流通するものであるように思える。実際に私たちはディズニー作品を劇場に足を運んで、あるいは配信で見ることなどを通して日常的に視聴でき、日本アニメも政策的な期待と必ずしも一致するかたちではないが国際的に流通している。アニメは場所を越えるようにもみえるが、とくにアニメが商品であることを踏まえたときに、実際にはアニメと場所には相互規定的な関係が見出せる。

まず、アニメ産業は労働集約的な産業であることが、場所がアニメを作るという側面を把握するにあたって重要である。日本のアニメ産業を構成する制作会社の多くは、東京都内の一部の地域に集積しており、フリーランスを中心とした労働力が複数の制作会社とスポット的な契約を交わしながら働いている（山本 2007）。このことは、まず産業の立地的な側面においてアニメという商品の生産と場所性が深く関わっていることを意味している。さらに、アニメ映像のなかには、実在する場所の表象が含まれていることが多くある。こうした表象は想像上で描かれるだけではなく、さまざまな取材や考証を経て生み出されるものである。この意味でも、具体的な場所のイメージは、私たちが視聴する映像の要素を作り上げている。

場所のイメージという点に目を移すと、逆にアニメというコンテンツが場所を作り上げる側面があることも見えてくる。秋葉原や池袋といった都市は、アニメに関連する商品が流通する街として広く認知され、実際に具体的な商店などをめぐる配置も変容してきた。さらに、コンテンツツーリズムの文脈でよく知られるように、アニメを用いた町おこしもさかんに行われている。著名な例としては、『らき☆すた』の聖地としての埼玉県鷲宮町（現・久喜市）や、『ガールズ&パンツァー』の聖地としての茨城県大洗町などが、これらのコンテンツを生かして観光客などを広く集めている。このように、アニメは具体的な場所に根ざして生産されつつ、いったん生産されればそれを資源として新たな場所性を生み出していく商品なのである。

それと同時に、アニメ制作や視聴の経験が、場所に埋め込まれて規定される点も重要である。映像としてのアニメに触れるメディアは多様であるが、用いられるメディアの移り変わりは、アニメの視聴経験に変化をもたらしてきた。

以上のように考えるとき、アニメは特定の場所に折り重ねられている意味やイメージの一端を担うものとして、その場所にまつわる異なる意味やイメージと協調し、時に競合しながら、場所との関係を築いていることが見えてくる。アニメを取り巻く場所の重層性に目を向けることは、アニメが一部のファンや制作者に閉じた文化ではなく、直接の利害関心がない人びとも含めた広範な社会のなかでの位置づけを探るべきものとして捉えることにもつながっていくだろう。

3 アニメと場所を論じる三つの視点

本書においてアニメと場所の相互規定的な関係を論じることは、先行研究の間隙を埋めるとともに異なる領域を接合させる意義もある。これまで、先行研究におけるアニメと場所に関する議論は、特定の分野やジャンルの範囲内で部分的に試みられてきた。アニメと場所に関わる諸問題を扱う学問分野は都市社会学・文化社会学・経済地理学・観光学・宗教学など多岐にわたっており、それぞれには重要な研究がなされているにもかかわらず、十分な相互参照がなされてこなかった。

それに対して本書は、アニメと場所の相互規定性や重層性を描き出すことで、アニメと場所にまつわる個別事例の分析を越えて、各分野での知見を引き継ぎつつ、主に社会学の視点から関連づけて発展させていくことを意図する。

そこで本節では、本書が貢献しつつ更新しようとする先行研究のトピックを整理しながら、アニメと場所をめぐる議論を発展させる三つの視点を提示していく。

なお、本書は「消費が作り出す／作り変える場所」(第１部)「生産をめぐるネットワーク・制度と場所の関わり」(第２部)「表象とメディア空間」(第３部) の三部構成で多様な論考を収録している。各部は第１部と第２部で消費と生産というアニメ産業を成り立たせる二つの領域を描き、第３部で両者をつなぐ技術や想像力を記述する構成となっているが、消費・生産・技術という三者からアニメを捉える視点はアドルノの文化産業論に基づくものであり、『アニメの社会学』の枠組みを踏襲している。そのうえで、アニメと場所という観点でとくに関連する論考をそれぞれの部に収録している。以下では、本書を構成する各部の視点を明らかにしたうえで、各章の概要について紹介していこう。

3-1　消費が作り出す／作り変える場所

1）アニメ消費の場所と非－場所：第1部の視点

まず初めに、アニメと場所の相互規定的な動きのなかで、コンテンツの生産には直接関与しないが、特定の空間にアニメに関わる意味を読み込むことで新たな場所を作り出す力を持つ、消費者、オーディエンス、ファンなどと呼ばれるアニメの受け手に注目する。たとえば、アニメの熱心なファンのなかには、作中に登場するという理由で、作品を知らない人からすれば何の変哲もない道路、標識、看板などをわざわざ訪れて、時にキャラクターを模したグッズとともに、写真撮影をしてSNS上で共有するといった実践を行う人が一定数存在する。

こういった受け手の「熱心な」行為と関連して、とくにアニメをめぐる先行研究のなかで蓄積があるのが聖地巡礼研究である。聖地巡礼は、コンテンツに映った場所に旅行に行くという行為に対して、観光学や宗教学などのディシプリンから多様なアプローチで研究されてきた経緯を持つ。たとえば観光学的な視点からは、聖地巡礼がしかけられたものではなく自発的に「場所」を見出すことで生じる観光行動として捉えられるが、時には産業や行政などのアクターからも関心を集めることになり、経済的指標からの評価がなされてもいる。また、宗教学的な研究では、ある場所が聖地として意味づけられそのなかで産業が形成される仕組みが注目されている。

ただし、こうした場所は、地域住民や自治体、そこに立地する企業などにとっては別の意味を持つこともあるだろうし、そもそも特別な意味を持つ場所としてみなされていないこともある。同じアニメファンでも、親しみのない作品の聖地であれば、知らずに通り過ぎているということもあるだろう。聖地巡礼は、このように場所に対する意味づけが（そもそもとくに意味づけがないことも含めて）、さまざまに交錯する現象なのである。

そうした人びとの実践を理解するうえで、補助線としてマルク・オジェによる「場所」と「非－場所」の概念が参考になる。オジェはアイデンティティ付与的・関係性・歴史的なものである場所に対して、アイデンティティも、他者との関係も、歴史も象徴化されていないような空間を非－場所と呼び、経験的空間としての非－場所の増殖を現代の特徴として指摘する（オジェ 2002）。

その典型として挙げられるのが、交通の空間（鉄道、高速道路、航空路など）、消費の空間（スーパーマーケット、コンビニ、ショッピングモールなど）、メディア・テクノロジーで構成されるコミュニケーション空間といったものである。これらはアニメの受け手の経験を支えるインフラとして重要な役割を担っていると同時に、「そこに入る者を日頃の決まりごとから解放する」（オジェ 2017：131）、ある種の自由さを備えてもいる。

一方で、オジェは場所や非－場所という概念が経験的空間だけでなく、そうした空間に身をおく人びとが空間に対して抱く表象にも適用されうることを強調する。「空港は、そこを通過するだけの乗客にとっては非－場所であるが、そこで毎日働いている人にとっては場所である」（オジェ 2002：245）という捉え方からは、アニメの受け手による実践が、先ほど挙げたような非－場所を場所へ、あるいはある場所を異なるアイデンティティ、他者との関係、歴史と結びついた場所へと変容させていく契機となりうることが見えてくる。

こうした見方は、聖地巡礼はもちろん、それ以外のアニメの受け手の実践にも応用可能である。アニメを受容し消費する実践は、場所や非－場所に支えられて成立し、時にそれらを変質させる可能性を秘めたものとして捉えることができる。

2）消費と場所を考える５章：第１部の概要

前述の視点を踏まえて、第１部ではアニメを取り巻く消費と、地域や都市やそれらを構成する家や施設など、人びとが暮らし、訪れる場所（または非－場所）との重層的な関係を明らかにしていく。

非－場所との関わりでは、1、２章でそうした空間（レンタルビデオ店、アニメ専門店など）がいくつか登場するが、アニメを消費する人びとがそれらをいかに意味づけ、経験しているのか想像することで読みを深めることができるだろう。また、アニメによって場所に新たな意味づけを与える実践が、必ずしもアニメと関わりがないアクターをも巻き込みながら、多様に展開されている状況が３～５章を中心に論じられていく。これらの論考を通して、アニメにまつわる消費実践が場所を生成して変容させていく可能性についても検討される。

第１章（近藤論文）では、アニメの消費のなかでも基本的かつ中核的な実践であるアニメの受容に焦点をあてて、その時間的・空間的文脈を条件づける流通インフラの歴史的変遷を「ストック」と「フロー」というキーワードとともに整理していく。テレビ放送中心の流通で生じた地域差が、ケーブルテレビ、衛星放送、ビデオやレンタルビデオ店の登場と普及によっていかに変化してきたのか論じることは、

SVODを軸とする現在のメディア流通の特徴を捉え返すことにもつながるだろう。議論の過程では、ビデオというフォーマットに特有の美学にも注目することになる。

第2章（菊地論文）では、アニメにまつわる文化の集積と都市の問題を取り上げる。秋葉原、池袋、中野、大阪の日本橋のようにオタク的な消費の中心地として想起される都市はいくつか存在するが、ますます人びとの生活にスマートフォンなどの端末が浸透して、多くの商品・サービスがインターネットで購入可能となるなかでの、都市の役割の変化は十分問われてこなかった。同章では文化装置という概念を切り口に、現代的なアニメ文化と都市の多層的な関係を考察していく。

第3章（杉山論文）では、ファンの日常生活と、ファンとしての経験が交差する場所としての家に注目して、ファンと家の関係を「ホーム」概念を用いて検討していく。長期的に「スレイヤーズ」シリーズのファンを続けている人びとを事例としながら、そこで彼らの経験がいかに可能となり、時に「ホーム」を変容させるのかが模索される。

第4章と第5章ではいわゆるアニメ聖地巡礼に注目して、アニメの消費と地域の関係に迫っていく。第4章（田澤論文）では、『ガールズ&パンツァー』の舞台である茨城県大洗町への移住者を取り上げて、そこが「ガルパンの聖地」であることを前提としながらも、アニメそのものの受容に限られない「新しい居場所」としてまなざしを変容させることが移住の契機となっていることを明らかにする。本章を通して、性質が異なる移動にみえる観光と移住の密接な関係が示されていく。

第5章（董論文）では、国際的な移動を伴うアニメの消費の事例として、中国のアニメファンの日本への聖地巡礼実践の形成過程を問う。中国におけるアニメ消費は国家の定めた制度に強く規定されてきた。日本国内では、慣習やアニメの消費条件が異なる中国からの聖地巡礼者の振る舞いは理解しがたいものとして問題視されているが、そもそもそうした実践はどのような条件のもとで成立しているのだろうか。国際的な移動を視野に入れることで、個人の実践として捉えられがちな消費実践を支える制度にも目を向けることが可能となる。

3-2　生産をめぐるネットワーク・制度と場所の関わり

1）アニメの生産における制度と場所性：第2部の視点

前節までで一例として産業集積などにふれたように、生産の観点でアニメを論じる際にも場所という視点が重要になる。

まずアニメ産業の集積は、経済地理学のなかで繰り返し論じられてきた。日本のアニメ産業を構成する企業は東京西部に多くが集積しているが、産業集積論はこうした企業の立地が有している合理性を説明している。たとえば半澤（2016）は、作品制作を取り仕切る大手の元請制作会社が、テレビ放送局と物理的に近接している必要があると指摘し、これにより東京周辺への産業集積を説明している。山本（2018）は本書と同じく制作者たちがフリーランサーであることに着目し、フリーランサー同士の横のつながりや、特定の制作進行とのつながりを資源として仕事を確保しており、このような人的つながりが産業集積をもたらす一因となっていることを指摘している。

第２部ではその経済地理学の貢献も踏まえつつ、アニメ産業と場所をめぐる論点について知見を付け加えることを試みたい。第一に、産業集積論のなかでも触れられていることだが、アニメ制作には地方展開や国際分業などの動きもあり、地方や海外とのつながりを踏まえたうえで、日本のアニメ産業の位置づけを捉える必要がある。第二に、産業集積論は企業などの立地の合理性を問題としているが、産業が場所をめぐる意味を創り出していくという側面についても考慮する必要がある。たとえば秋葉原は、かつてはパソコンマニア向けの店が集まる電気街であり、そうしたマニアたちが持つ趣味の構造が都市空間に影響を与えるかたちで、アニメ文化を象徴するような街となったことが指摘されている（森川 2003）。このように産業と場所、その場所の意味が相互に影響し合う場合がある。

くわえて、直接的に生産と場所について論じているわけではないが注目する必要があるのが、商品をめぐる権利の問題である。複製可能な情報財であるアニメが商品として成り立つためには、アニメに関連するコンテンツをどのように商品化してよいかを定める商品化権や、誰が作品や商品の制作者・生産者として収益を得られるかを定める著作権が必要となる。こういった権利がなければ容易に海賊版などが流通することになり、作り手の利益を保護することができなくなってしまう。

本書ではこうした権利関係に着目し、それが本質的に空間を区切り、場所性を与えるものであることを論じたい。このことを理解するためには、まず一般にメディア産業のさまざまな規制と複雑な関係を押さえる必要がある（ホドキンソン 2016）。たとえば政府はメディアの放映権や所有権について規制を行う場合もあれば、特定のコンテンツに対して自国の文化保護・振興などの名目で規制緩和を行うこともある。企業はこういった政府による規制とのせめぎあいのなかで自らが制作する作品の利益を守るための著作権の設定を主張していくことになる。日本や欧米のみならず中東圏でもアニメ作品の制作が進められている近年において、著作権はその作品がどこの国や地域と結びついたものとして理解されるかということと切り離せないものなのである。

さらに、日本のアニメ産業は、下請企業に発注をかける側である元請企業であっても規模が大きくない場合が多いことも重要である。ライセンスを得られるかどうかは企業の存続に強く関わるし、何よりも近年のコンテンツ産業はコンテンツそのものだけではなく、そこから得られるさまざまな体験を消費者にもたらすことにシフトしていることが重要である（河島 2020）。映像作品だけではなくイベントや町おこしなどと組み合わせたアニメの消費はすでに普及しているが、このときにも関連する諸アクターにライセンスが割り当てられている。このように、作品をめぐる権利関係がどのように配分されるのかは、ファンがどのような場で消費を行うかを規定するものでもある。

文化経済学のなかでは、複製可能な商品としてのコンテンツ制作に対する法的な規制をどの程度行うことが望ましいのかという論点をめぐってさまざまな議論がなされている。こうした法的制度は重要である一方、本書では権利がいかにしてアニメと場所の結びつきを生み出しているのかについても議論する。

2）生産と場所を考える６章：第２部の概要

前述の議論を踏まえつつ、第２部では生産を支えるさまざまな文脈と場所の関わりについて論じる。実際の制作過程における相互作用や産業構造の変化に加えて、アニメーション教育、権利運用といった生産の制度（化）にかかわる論点についても扱う。さらには、作品上の場所的な表象にみられる生産の論理についても議論する。

第６章（松永論文）では、作品制作が行われる生産現場がいかなるネットワークから成り立っているのかが議論される。日本のアニメ産業は小規模のスタジオや個人事業主の協働から成り立っており、それらをつなぐマネジメント職である制作進行がネットワーク形成に大きな役割を果たしている。同章では、いかにして制作進行が多様な制作者をつなぐハブとして機能しているのかが質的調査から明らかにされる。

第７章（三原論文）では、日本とインド合作の映画『ラーマーヤナ ラーマ王子伝説』の制作過程に注目する。この映画の制作プロセスを追うことで日本アニメが宗教的なテクストをどのように翻案し、それをどのように意味づけていったのかが明らかにされる。それと同時に、これは日本とインドの文化交流がもたらした作品が、事後的にヒンドゥー・ナショナリズムの立場から評価されてしまうという政治的な意味についても考えさせられる論考でもある。

第８章（林論文）では、アニメーション教育が本格的に制度化する以前の 1980 年前後のアニメーションサークルを事例として、それらが教えあいと学びあいの場として成立していった過程が議論される。アニメーションサークルによる制作や上映会などはアマチュアとプロフェッショナルが地域を越えて実践していたが、このことが後のアニメーションの研究や教育へとつながるネットワーク形成に寄与したことを、キーパーソンの実践の軌跡に基づき明らかにしていく。

第９章（一藤論文）では、株式会社サンライズ（現バンダイナムコフィルムワークス）を事例として、クレジットに現れているコピーライト表記（©）と作品ごとの制作体制の関連を検討している。それにより、制作会社の関係者がもつ権利意識を浮かび上がらせるとともに、権利運用と作品制作の関連性を問いながらアニメ産業を記述していく際の方法を打ち立てることを試みている。

第10章（清水論文）は、ディズニーの『101匹ワンちゃん』シリーズのヴィランに焦点を当てた『クルエラ』を素材に、ロンドンという都市、デザイナーを務める女性、そしてヴィランの表象がどのような文脈で形成され、相互に結びついているのかについて議論している。その議論を通して、『クルエラ』という作品がポストディズニーの戦略を示しており、ロンドンという場所の記憶の再構築と、現代都市を生きる女性たちとそのクリエイティビティの再考が試みられていることが指摘されている。

補章01（大西論文）は、近年進んでいるアニメ産業の地方展開を議論している。地理学的な視点から、アニメ産業のなかで地方展開を進める論理がいかなるものであるのかを明らかにしている。そのなかでは企業が地方展開することにより享受するメリットと、その課題が指摘されている。

3-3　表象とメディア空間

１）（非－）空間と（非－）場所：第３部の視点

消費や生産をつなぐ技術や想像力の問題を考えるうえで重要になるのが、ウェブ上のコミュニケーションがさまざまな物理的なものの比喩をもとに語られてきたことである。

たとえば日本の論壇・言論空間上でローレンス・レッシグの「アーキテクチャー」の議論が基礎になるかたちで、展開された諸議論がある。濱野智史の『アーキテクチャの生態系』では日本のさまざまなウェブサービスの設計とそれによって可能になるコミュニケーションの歴史が描き出されている。ウェブ上のサービスがアーキテクチャー（建築）と呼ばれ、実際の建築家ともやりとりがなされたり、アーキテクチャー（と呼ばれるもの）の行動抑制をマクドナルドの椅子にたとえるなど物理的な空間にも置き換え可能なものとして情報空間が語られているのである。

また、東浩紀が「サイバースペースはなぜそう呼ばれるか」という思弁的な論考のなかでウェブ上の空間はなぜスペース（空間）という比喩がつきまとうのかを問題にしているが、実際に技術革新に伴って起こった諸変化とそれが生み出す文化は物理的空間とヴァーチャルな空間の境界を問題にしてきた。近年起こっているVRとARに関して仮想的な場所を作りそこに人が入るのか（VR）、場所に仮想的な意味を付与し異なる場所性を作り出すのか（AR）といった議論や、2次元（仮想的な場所）と3次元（現実空間）との関係づけを問題にしている2.5次元と呼ばれる領域に関する議論が例として挙げられる。このように現在とりわけオタク的な文化に顕著であるが、空間と非空間の双方を含んだかたちで捉え返す必要が存在していて、とくにアニメはそれ自体がこの境界を問題にしやすい文化ジャンルなのである。

そうした議論を考えるうえで重要な糸口となるのが、先ほども言及した2.5次元に関する議論である。須川（2021）は2.5次元文化についてその言葉が広く知られることになるアニメなどの舞台化を代表的な事例としつつも、より広範な枠組みから議論を展開している。それは文字通り3次元文化と2次元文化の間に立ち、2次元の延長上に3次元を位置づけていくような想像力の問題を議論している。こうした議論において重要なのは、2次元・3次元（そしてその間にある2.5次元）に何が属するのか、そしてその「間」「境界」は何なのかについてそのつど論争的に境界が引かれ直していくということである。こうした語彙の登場に代表されるような意味づけや論争の空間を考察する必要がある。

一見すると物理的な移動と関連が深いようにみえる聖地巡礼もまた、こうした意味づけや論争の空間とも密接に関係している。消費と場所に関する議論のなかでは「アニメが場所を作り出す」側面を強調したが、それにくわえて「場所がアニメを作り出す」というもう一つの視点も射程に収めることが有効になるだろう。

「アニメが場所を作り出す」というのはまさに聖地巡礼が行われるようになるなかで場所の意味づけが行われるようになることを意味している。それはファンと作り手の相互作用のなかで価値づけされていくものである（雪村2023）。しかし場所が価値づけられる実践を蓄積していくなかで「場所がアニメを作り出す」という側面が出てくる。そこでは元の場所自体の価値が問題になる。そこに注目すれば場所の性質とアニメとの関連を詳細に分析すること（周藤2016）や、その趣味行為自体が場所性を含みこんだかたちで展開されること（ガルパンなど）を対象化することが可能であり、それが資本に飲み込まれることの意味も問い返すことが可能になるだろう。このように異なるように見える視点の公約数を再整理しつつ、そのうえで自らのディシプリンの固有性を問い直すことが可能になるという点で、こうした枠組みの境界を引き直すことは有効性を持つのである。

このように本論は場所という視点をとることで、我々の文化のインフラとしての場所という概念が強く関わっていることを問題にしている。たとえば AR や VR などについて人類学的な研究が蓄積しつつあるが（Roquet 2022 など）、これもまた前述したように場所をめぐる問題系としても議論することが可能であろう。

このように、前書『アニメの社会学』で問題にしたファン同士の実践は、場所という概念を入れることでより発展的に理解することが可能である。

2）表象と空間を考える６章：第３部の概要

第 3 部はさまざまな表象と空間の関係を問題にする。これらの議論は表象そのもの（とそれが可能になる条件）の探求と空間とは何かに関する理論的な省察の双方を含んだものである。こうした空間の把握は必ずしもリアルな空間だけではなく、ヴァーチャルな空間・広く場と呼ばれるもの全般をその射程に広げるものである。

第 11 章（雪村論文）はフランスのアニメーション受容のなかでこれまであまり焦点が当たってこなかった世代間のアニメ受容の細かな差異と分断に注目している。とりわけ幼少期にドラゴンボールを受容した世代の文化的・経験的特徴を描き出すことを通じて既存の受容史との関係を立体的に描き出している。

第 12 章（永田論文）ではオタクという文化の受容においてその受容空間の持つ両義性について議論する。オタクが社会問題化するきっかけとなるある事件をめぐる両義的な語りを取り上げ、その評価がビデオのコレクションの「整理」が争点となっていたことに着目している。そうしたコレクションの「整理」の歴史を辿ることで当時のビデオというコンテンツが持っていた社会的な位置を明らかにしていく。

第 13 章（佐々木論文）ではウェブ空間上におけるコミュニケーションのなかで、どのようにしてその「議論」が行われているのかをある音楽作品の描写が納得可能かをめぐる論争に着目しながら議論を行う。テレビアニメ『ぼっち・ざ・ろっく！』においてある音楽が、うまくいっていない演奏として表現される場面である。この描写において何が優れていたのかをめぐって評価が行われ、この勝敗の適切性が問題になった。音楽という客観的な評価が難しいものがフラットな言論空間のなかでどのように決着していくかを論じることにつながる。

第 14 章（高艸論文）で高艸は、A. シュッツの多元的現実論を用いて、現代の技術によって可能になっているような意味領域の交錯を論じるための事例として『ポケモン GO』に注目する。現代の技術のなかには、VR や AR など、人間の経験において新たな「現実のアクセント」を可能にするものが存在する。そうした技術に媒介された経験は、しばしば「現実と虚構のはざま」の経験であるといわれる。これに対し高艸は、「現実／虚構」という枠組みは用いず、「日常生活世界の意味領域／その他の意味領域」というかたちで論じる。重要なのは、「技術的装置に媒介された経験において、日常生活世界の経験を構成する原理のうちの何がどのように変容しているのか」を把握することである。

第 15 章（松浦論文）は、マンガ規制論争などをはじめとして、二次元の性的表現が問題になることが多いことを論点に挙げる。しかし、そうした表現が現実と関係づけられるときに、それに対して賛成の立場にしろ、反対の立場にしろ抹消される立場が存在すると論じる。それは二次元を愛好するというのがどのようなことであるのかということであるとし、そうした立場を考えるためにアセクシュアル・フィクトセクシュアルという性愛的な立場と関係づけながら考察する必要があると提案する。

最後に補章 02（中村論文）として、現在は言説空間・物理的空間双方で顕在化しにくい「女性が女性を消費する」という実践の可能性が、どのように表象され、どんなコミュニティのなかで可能となっているのかに注目することになる。

このように本書では「消費」「生産」「技術」というアニメを文化産業として捉える視点を中心に議論している。こうした視点は映像表現そのものに限られない多様な映像との関わりを示すものであり、アニメーション研究の可能性を拡張していく可能性を持つものであるといえよう。

■参考文献リスト

東浩紀, 2011,『サイバースペースはなぜそう呼ばれるか＋』河出書房

今井信治, 2018,『オタク文化と宗教の臨界——情報・消費・場所をめぐる宗教社会学的研究』晃洋書房

ウィリアムズ, R., 1968, 若松繁信・長谷川光昭訳『文化と社会』ミネルヴァ書房（Wiliams, R., 1958, *Culture and Society 1780-1950,* Chatto & Wihdus.）

ウィリアムズ, R., 2020, 木村茂雄・山田雄三訳『テレビジョン——テクノロジーと文化の形成』ミネルヴァ書房（Wiliams, R., 1990, *Television: Technology and Cultural Form*（2nd Ed.）, Routledge.）

梅田拓也, 2021,「メディア研究と技術決定論」梅田拓也・近藤和都・新倉貴仁編『技術と文化のメディア論』ナカニシヤ出版, pp. 1–16.

大尾侑子・陳怡禎, 2021,「〈貢献〉するファンダム——デジタル空間における日本/台湾アイドルフ

ァンの実践を事例に」『ソシオロゴス』45, 158–175.
岡本健, 2018,『アニメ聖地巡礼の観光社会学――コンテンツツーリズムのメディア・コミュニケーション分析』法律文化社
オジェ, M., 2017, 中川真知子訳『非-場所――スーパーモダニティの人類学に向けて』水声社（Augé, M., 1992, *Non-lieux: Introduction à une anthropologie de la surmodernité,* Seuil.）
オジェ, M., 2002, 森山工訳『同時代世界の人類学』藤原書店（Augé, M., 1994, *Pour une anthropologie des mondes contemporains,* Aubier.）
河島伸子, 2020,『コンテンツ産業論［第2版］――文化創造の経済・法・マネジメント』ミネルヴァ書房
河野真太郎, 2022,『新しい声を聞くぼくたち』講談社
人文地理学会編，2013，『人文地理学事典』丸善出版
須川亜紀子, 2021,『2.5次元文化論――舞台・キャラクター・ファンダム』青弓社
周藤真也, 2016,「アニメ「聖地巡礼」と「観光のまなざし」――アニメ『氷菓』と高山の事例を中心に」『早稲田社会科学総合研究』16(2-3), 51–71.
永田大輔・松永伸太朗編，2020，『アニメの社会学――アニメファンとアニメ制作者たちの文化産業論』ナカニシヤ出版
濱野智史, 2008,『アーキテクチャの生態系――情報環境はいかに設計されてきたか』NTT出版
半澤誠司, 2016,『コンテンツ産業とイノベーション――テレビ・アニメ・ゲーム産業の集積』勁草書房
ホドキンソン, P., 2016，土屋武久訳『メディア文化研究への招待――多声性を読み解く理論と視点』ミネルヴァ書房（Hodkinson, P., 2011，*Media, culture and Society: An Introduction*, Sage.）
森川嘉一郎，2003，『趣都の誕生――萌える都市アキハバラ』幻冬舎.
山本健太, 2007,「東京におけるアニメーション産業の集積メカニズム――企業間取引と労働市場に着目して」『地理学評論』80(7), 442–458.
山本健太, 2018,「大都市の創造性とアニメーションスタジオの役割――労働者の働き方とネットワークに着目して」『都市地理学』13, 37–47.
雪村まゆみ, 2023,「アニメ聖地巡礼による空間価値の創出――アート・ワールドにおける背景美術の躍進と能動的オーディエンスという視点から」『アニメーション研究』23(1), 89–100.
Roquet, P., 2022, *The Immersive Enclosure: Virtual Reality in Japan*, Columbia University Press.

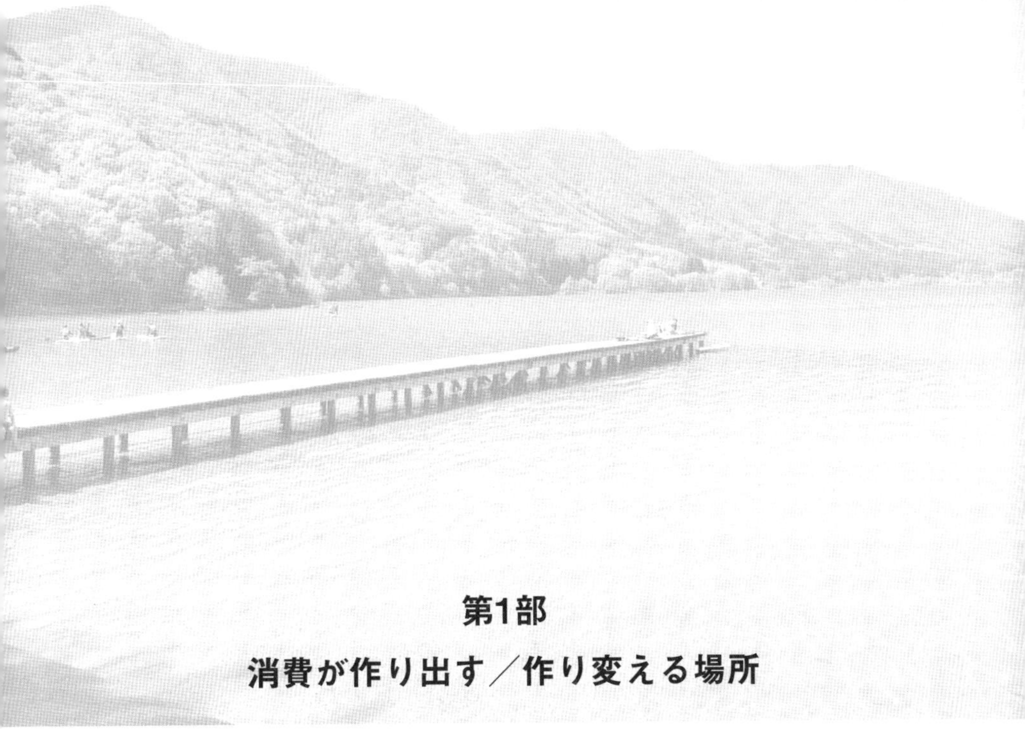

第1部

消費が作り出す／作り変える場所

第1章 アニメのオーディエンスになること

フローとストックのメディア流通史

近藤 和都

1 アニメブームのメディア論的基盤

新型コロナウイルスの流行初期、アニメ『鬼滅の刃』が爆発的な人気を博し、原作漫画の売上げも大幅に増加して一大ブームを形成した。その後も人気は衰えることなく、翌年には映画『鬼滅の刃 無限列車編』が興行収入100億円の大台を突破して、全国のシネマコンプレックス（シネコン）のスクリーンを占有する光景がみられた。一連の鬼滅ブームを説明する論考も多数生み出され、コロナ禍の巣ごもり需要から物語やキャラクターの現代性にいたるまで、さまざまな理由が取り上げられた。そうしたなかここで注目したいのは、アニメ『鬼滅の刃』の視聴を可能にした映像流通のあり方である。

『鬼滅の刃』はまず全21局で放送が開始され、同時期に定額制動画配信サービス（Subscription Video On Demand：SVOD）からも配信された。前者を時間的文脈にコンテンツを埋め込み、ごく短期間にのみアクセス可能にし、その再生時間を元のまま受容させる「フロー型のメディア流通」として、後者をコンテンツと時間的文脈の結びつきを解除し、貸与や所有を通じて相対的に長期にわたってアクセス可能にし、その再生時間を操作できるようにする「ストック型のメディア流通」として捉えると、とりわけ後者の仕組みが果たした役割の大きさに気づく。こうしたストック型の流通を通じて、利用者は『鬼滅の刃』の評判を事前に判断してから視聴できたからだ。

実際、同作はU-NEXTの動画視聴ランキングで2019年にアニメ部門の一位を獲得しているが[1]、翌2020年には見放題ランキングの総合一位となっている[2]。漫

1）https://www.unext.co.jp/ja/press-room/unext-ranking-2019-12-20（2024年1月14日最終閲覧）
2）https://www.unext.co.jp/ja/press-room/unext-ranking-2020-12-18（2024年1月14日最終閲覧）

画もこうした「遅れた」視聴行為と連動して、本放送終了後に爆発的な売上を記録した[3]。『鬼滅の刃』はテレビでの本放送と連動して人気が出ると同時に、フロー型だけでなくストック型の流通経路が複数あったために、人々は「遅れて」ブームに参加することができた。つまり、鬼滅ブームの一端には、コンテンツを多様な時間・空間的文脈で受容することを可能にするメディアの流通環境があったのである[4]。

かつてレジス・ドブレ（2000）は、特定の信仰や主義などが長期にわたる社会的影響力を持つのはその内容が優れているからではなく、それらを残すべきものとして位置づけ、実際に継承していく「伝達作用」が組織されているからだと主張した。「鬼滅ブーム」もまた、その内容や社会的要因からだけでなく、継続的な受容をもたらす「伝達作用」の組織化の観点から捉えていく必要があるだろう。いつでも・どこでも・誰しもがアニメのオーディエンスになれるわけではないのである。

加えて重要なのは、2020年代的なメディア環境の特性を理解するために歴史的な変化を分析することである。現在のアニメ受容のあり方は、フロー／ストック型のメディア流通の重層化に起因する視聴タイミングの自由度の高さ、とりわけSVODと契約していればどこでも無数の番組にアクセスできる点に特徴がある。時間・空間的な文脈の多様性と言い換えられるが、それではこうした条件は2020年代に入って急に生み出されたのかというとそうではない。1980年代から90年代にかけて新たなメディア流通のインフラが組織されることで徐々にその基盤が形成されていったのである。

本章はこうした前提のもと、アニメの流通経路が稀少で、受容に際して時間・空間的な制約が強かった時代（1970年代半ば〜80年代前半）から、多様なメディア・インフラが生み出されるなかで新たなアニメ受容の時間性・空間性と経験が編成される時代へのプロセスを描き出す。そうすることで、アニメ受容のあり方を時間・空間的な文脈を条件づけるメディア流通の歴史的変遷の観点から理解する道筋を示す。

2　アニメにおけるフロー型／ストック型流通の重層化

1974年、『宇宙戦艦ヤマト』が放映された。最初は視聴率が低く、放映期間が短

3）https://www.oricon.co.jp/news/2184371/full/（2024年1月14日最終閲覧）
4）アニメとマンガを比較しながら、「遅れた」受容のメディア史的条件やその差異を考察した議論として永田（2024）がある。

縮されるも、再放送や映画公開を契機に若者を中心にブームとなった。同作が放映される頃から集団としてのアニメファンが立ち現れていき、「第二次アニメブーム」が生じたといわれるが（津堅 2017）、日本のテレビアニメ文化はオーディエンス層が拡張したこの時期に花開いたといってよいだろう。第二次アニメブームは、アニメを楽しむことの社会的地位を向上させ、アニメの多メディア・商品展開に先鞭がつけられた時期であるという点で、現在のアニメ文化に至る系譜を考えるうえで重要になる。

とはいえ、誰しもがこの時期にアニメを楽しめたわけではない。放送免許の県域制を採用する日本では、都道府県ごとに設置されるテレビ局数に違いが出る。したがって放送局数が少ない地域では、東京や大阪、名古屋を中心とする都市圏と比較すると少ない番組にしかアクセスできなくなるのである。

それでは実際に、アニメブーム期においてアニメ放送の地域差はどれほどあったのだろうか。『アニメージュ』が掲載していた、各地の放送番組を掲載した「全国放送リスト」を用いてエリアごとの番組数を比較しよう。1978 年 6 月の各エリアの再放送を除くアニメの放送本数は平均すると 35 本である（『アニメージュ』1978 年 7 月号：46-48）。最多は兵庫の 48 本、最小は佐賀の 15 本で、平均以下の地域は 20 県あり、それらの平均放送数は約 26 本だった。三大都市圏を中心とする広域放送の圏外は総じて放送数が少ない傾向にある。とはいえ、宮城の 47 本に対して岩手が 23 本であるなど、隣接していても放送数に差が生じ、アニメ放送の地域差は実際の地理に必ずしも対応していない。

アニメ放送の機会格差は大きく、アニメのオーディエンスになるには「どこに」住んでいるのかという場所の問題が関係した[5)]。しかしこうした状況は 1980 年代半ば以降に変わる。アニメを流通させる新たなインフラとフォーマットが生成し、テレビ放送に依拠したアニメ文化の地理学は大きく書き換えられたのである。具体的にいえば、ケーブルテレビ、衛星放送、ビデオおよびレンタルビデオ店の登場と普及によって、アニメは従来の時間・空間的制約を超えて流通するようになった。まずは放送に関わる変化を見ていこう。

ケーブルテレビはテレビ放送の電波が届きにくい難視聴地域の共同受信施設としてはじまったが、1980 年代後半には専門チャンネルの放送も行う都市型ケーブルテ

5）県境などの地域では近接する放送エリアの電波を受信できることがある。そのため受信を妨害しない地理的条件のもとであれば、本来なら視聴区域外の番組を受容できる可能性があった。

第1部　第2部　第3部

レビが多数開局し、多チャンネル化への道が開いた。この流れと並行して、1984年5月からNHK衛星テレビの試験放送が開始され、1987年には既存番組の放送に限らない新たなサービスの展開へと舵を切り、24時間放送や独自番組による編成が行われるようになった。さらに1989年、放送法の改正に伴い通信衛星を用いた民間放送の敷居が下がり、1991年にWOWOWが本放送を開始した（NHK放送文化研究所 2002：278–281）。

こうした放送経路の多元化はアニメ流通のあり方を時間と空間の両文脈から変えた。

時間的文脈からいえば、新たな流通インフラはアニメの再放送を積極的に行うことで、上映期間や放送時間が終わるとなかなか再視聴が難しかった過去の作品へのアクセス性を高めた。たとえばNHK衛星放送はアニメの再放送を行い、1990年からは衛星第二チャンネルで毎週月曜から土曜の18～19時にかけて『衛星アニメ劇場』の枠を設け、「これまでNHK総合テレビ、民放各局で放送して好評を得たアニメーション番組を放送」した[6]。ケーブルテレビでも専門チャンネルを通じてアニメの再放送が行われた。1989年には『鉄腕アトム』などの名作アニメや童話を中心に配信する「こどもチャンネル」が通信衛星を介した配信を開始し（『日本経済新聞』1989年8月4日）、1993年にはアニメ専門チャンネルの「キッズステーション」が配信を始めた[7]。

空間的文脈の点では、衛星放送とケーブルテレビはともに、地上波のテレビ放送とは異なる地理的スケールの流通を可能にした。とりわけ地上波が届かない離島においてその特性が活かされた。たとえば衛星放送は、全国どこにいても契約さえすれば同じプログラムを視聴できるようにした。また石垣島や宮古島では、それぞれ1977年と1978年にケーブルテレビ局が設置されてはじめて、民放の番組が視聴できるようになった（宮城・保坂 1981；1987）。小笠原諸島でも1976年にケーブルテレビが開局し、NHKや民放の番組を数週から数ヶ月遅れで放送した（秋山・塩崎 1985）[8]。

このように1980～90年代初頭にかけて、都市型ケーブルテレビや衛星放送がサービスを開始し、「フロー型の映像流通」のインフラが多元化した。その結果、従来よ

6） https://www2.nhk.or.jp/archives/movies/?id=D0009042714_00000（2024年1月14日最終閲覧）

7） 後述するように、同時期はビデオとレンタルビデオ店が普及し、旧作のソフト化も行われた。しかし多数のエピソードを持つアニメのソフト化はビデオの巻数が多くなり、端的に場所を取るため不向きである（cf. Kompare 2006）。したがって長期シリーズであればあるほど、シリーズ全体を再流通させるには再放送という形式のほうが適していたと考えられる。

8） 1984年のプログラムをみると、当時人気を博していた『キャプテン翼』がおよそひと月遅れで放送されていたことがわかる（秋山・塩崎 1985：42）。

りも多様な人びとがアニメのオーディエンスになることができるようになった[9]。

同時にインフラの変化は、1日10数時間から24時間、365日分のプログラムを構成する膨大なソフトをいかに確保するかという課題をもたらした。こうした状況のもと、アニメもまた重要なコンテンツとして見出されて再放送の対象になったわけだが、それだけでなく、さまざまな企業がケーブルテレビや衛星放送での二次利用を前提に新作アニメの製作へと参入するにいたった[10]。

アニメ流通の観点から重要になるのが、オリジナルビデオアニメーション（以下、OVA）の生成と普及である。OVAは上映期間や放送時間に埋め込まれたフロー型の流通を前提とせずに、ビデオでのストック型の（映像）流通を一義的な目的とする表現形式である。ビデオは当初、まずはテレビ番組を保存して視聴するものとして、さらに1980年代半ば以降は主に映画を記録したソフトを再生するものとして、既存のコンテンツを再媒介する手段に位置づけられた。ビデオという新たな映像流通の技術ができても、それに固有の映像制作の展開はすぐにはなされなかったのである。そうしたなか1983年に、放送スケジュールや表現規制に制約されないビデオの形式を念頭においた最初のOVA『ダロス』が販売されるにいたった[11]。

他方でストック型の流通フォーマットとしてのOVAは、ケーブルテレビや衛星放送でのフロー型の流通を前提に生成した。夢枕獏原作・天野喜孝作画による『アモン・サーガ』（1986年公開）のOVAを東北新社とともに製作した三菱商事は、ケーブルテレビなどの映像流通事業にも積極的に取り組んでいたが、「自らソフトの製作に乗り出すことで、ニューメディア素材を備え、将来の事業展開の布石とする考え」があった（『日本経済新聞』1985年11月2日）。初期OVAの傑作として名高い『幻夢戦記レダ』（1985年）を製作した東宝も「自社の作品ならば、将来、CATV（有線テレビ）などのニューメディアへの二次利用も自由」であるため「メディアの多重活

9）さらにケーブルテレビは、区域外再送信を通じて近隣県で放送されているチャンネルを視聴できるようにした。注5で県境において近接県内の放映番組を密猟的に視聴する実践があったと述べた。こうした実践はあくまでも近隣県との距離的な近接性や安定して電波を受信できる環境がなければ成り立たない。だが、放送局数が少ない地域では他県の放送を視聴することがより重要になる。そこでケーブルテレビは近隣県の電波を受信してサービスエリア内で再送信し、旺盛な需要に応えようとしたのである（cf. 山田 1989）。

10）たとえば住友商事は1988年に公開されたアニメ映画『AKIRA』の製作に参加した。同じく丸紅は1986年に公開されたアニメ映画『アリオン』の製作に参加し、総費用6億円のうち1億円を分担した（『日経産業新聞』1986年3月18日）。

11）その後1980年代半ば以降、ビデオデッキの世帯普及率の向上と並行して多数の作品が公表されるようになり、1989年には179本にのぼった（永田 2020：164）。1985年以降になると、OVAの製作には商社や出版社などの異業種も参入しはじめた（田 2023）。

用」がしやすいと考えていた(『日経産業新聞』1985年8月8日)。

1980年代半ばはまだ都市型ケーブルテレビは試行錯誤の段階で、衛星放送は実現していなかった。だが、すでに1980年代初頭にはマスメディア上でニューメディアをめぐる議論は活発化しており、1983年は「ニューメディア元年」と呼ばれるようになった。こうした言説はニューメディアの利用可能性を正確に指し示すというよりも、テクノロジーに対する期待を作り上げ、それに基づいてさまざまなアクターに行為を促す役割を持つ(cf. 山口・福島 2019)。とりわけバブル経済期は金余りもあり、多様な企業がニューメディアをめぐる言説編成のもとで異業種展開をはかり、その一つとしてアニメ業界が見出された。フローとストックの両形式の新たなメディア流通が結びつくことで、アニメをめぐる新たな生産・消費のあり方が生み出されたのである。

3 レンタルビデオ店を介したアニメ受容

このように1980年代半ばから90年代にかけて、アニメは特定のフォーマットとの結びつきを解除されながらさまざまなインフラを横断的に循環していった。アニメはそれまでよりも幅広い地域で視聴できるようになり、また過去の作品が積極的にコンテンツとして見出されることで再放送も盛んになった。アニメ受容の時間性・空間性がともに大きく変化した。

他方で、たしかに映像流通は従来よりも広範にわたったが、それを利用してオーディエンスになるにはさまざまな条件、とりわけ金銭的な課題があった。たとえば衛星放送やケーブルテレビにはサブスクリプション代やチューナーやアンテナなどの機材関連費が必要になった。また、放映されたアニメのソフトやOVAは1980年代を通じて1本あたり1万円程度で販売されており、アニメファンの中心である若年層は容易には購入できなかった(永田 2021 : 218)。金銭的課題に直面したアニメファンは、アニメ専門誌の投稿欄を介して、録画したソフトや既製品のソフトの貸し借りを行って自らもノードの一つである分散型のアーカイブを形成したり、レンタルビデオ店を積極的に活用したりして、多様化するコンテンツへのアクセスを確保しようとした(永田 2021)。この点を踏まえて、1980年代に形成された今ひとつのストック型の映像流通のインフラであるレンタルビデオ店でのアニメ受容について考えよう。

ソフトメーカーによって構成される日本ビデオ協会が1983年に統一的なレンタル方式を導入して以降、レンタルビデオの店数は大幅に増加した。ここで興味深いのは爆発的に増加した店舗の立地である。1985年と1990年の各都道府県における店舗数と人口あたり店舗数の順位を比べると、両者は必ずしも一致しない（近藤2023）。1985年も1990年も、店舗数のトップ10は大都市が立地する都道府県が多くを占め（東京、大阪、神奈川等）、店舗の分布が都市部に集中していた。他方で人口あたりの店舗数に目を移すと、特に店舗数が増えた1990年では東京以外の大都市はランク外になり、沖縄や長崎、高知などの地域が上位を占めた。三大都市圏以外の地方においてレンタルビデオ店の存在感はひときわ大きかったのである。

レンタルビデオ店はそれまで映像文化の周縁に位置づけられていた地域に対して、従来では考えられない膨大な映像コンテンツへのアクセス性をもたらした。すでに永田（2021）が指摘している通り、レンタルビデオ店はアニメ流通の重要なインフラとなり、1980年代を通じて形成されたアニメファンに盛んに活用された。とはいえ、レンタルビデオ店の利用は単にソフトを借りるという経験に還元できるものではない。たとえばどの店舗にアニメソフトが多数収蔵されているかの情報をやり取りしたり、店員とのコミュニケーションを通じたりして共同性の感覚を作り上げていた（永田2021）。利用経験の多様性を踏まえたうえで、その実態をさらに深く考察する必要がある。

それでは実際にレンタルビデオ店はどのように利用されたのだろうか。OVA専門誌である『アニメV』を主たる資料とした上で、レンタルビデオ店のメディア史的変遷を補助線にしながら考えていきたい。

アニメファンはOVAを所有する欲望を持っていた。しかし、「ほしいソフトを全て買うのは経済上たいへんムダ」であるため、「レンタルショップで借りて」からどのOVAを購入するかを決めることが促された（『アニメV』1985年8月号：127）。他方でOVAの本数が増え始めた1980年代半ばはまだ、レンタルビデオ店におけるアニメソフトは必ずしも充実していなかった。「1986年のアニメビデオ界」を展望するために『アニメV』が行ったビデオ制作者のアンケートには、「相変わらずレンタルビデオは花盛りだが、現在、合法的にレンタル出来るアニメのソフトは非常に少ない。この現状についてはどう考えているか？」という問いがある。それに対して16名中12名が「もっとレンタルでアニメビデオソフトを借りられるようにするべきだ」と回答している（『アニメV』1986年2月号：71）。制作者自身がレンタルを推奨しているのも興味深いが、ここで重要なのはファンがアニメのレンタルを希望する一方で、実態としてはそれが難しかった点だ。

アニメに限らず、黎明期のレンタルビデオ店のラインナップは充実していなかった。店舗の収蔵ソフト数は少なく、邦画メーカーも1985年まではレンタルに消極的だった（近藤 2022）。映画やテレビ番組のソフトがレンタル可能になるにはレンタルビデオ店の利用が普及し、その社会的位置づけが変化する必要があった。そうしたなか、1987 年頃までは多くのレンタルビデオ店が無許可でソフトを貸し出す違法・脱法行為を行っており、アニメソフトもまた非正規な経路で流通していた。たとえば 1985 年の「レンタル・ショップの賢い利用法」と題された記事で示された方法 5 つのうち 3 つが違法店を避けるために気をつけるべき点を述べるものだった（『アニメ V』1985 年 1 月号：84-85）。

レンタルビデオ店は新たなメディア・インフラとしてアニメ流通の地理学を書き換えたが、そこには常に非正規な実践が伏在していた。この背景には日本における著作権法の抜け穴とでもいうものがあった（近藤 2022）。当時の著作権法では違法ソフトを「陳列」しているだけでは不法行為を問うことは難しかった。立件するには「貸与」の事実を確認しなければならず、違法店を取り締まるには大きな労力をかけなければならなかった。また店舗としても、正規に供給されるソフトが少ない状況では、リスクの少ない違法ソフトを用いてラインナップを充実させて他店と差異化を図ろうとする動機が生じた。

レンタルビデオ店の非正規な実践はこれだけではない。当時はレンタルしたソフトを店頭でダビングするサービスを行っている店舗が多くあったのだ。雑誌上でもダビングをめぐる投稿がしばしば掲載され（『アニメ V』1986 年 8 月号：115；1987 年 2 月号：85；1987 年 9 月号：86）、ある時期まで店頭でのダビングはアニメファンのなかで承認された実践だった。ただ実際にはこうした行為は著作権法が規定する個人利用のための複製を超えるもので、業界向け言説では 1985 年の段階で問題化されたものだった（近藤 2022）。

アニメファンは、こうした非公式経済と対峙しながらさまざまな感覚や実践を生み出した。アニメファンのなかには金銭的な理由から違法店を利用せざるを得ないものの、そのことに対して葛藤を持つものがいた（永田 2021）。違法店を利用するとアニメ業界に利益が行き渡らない。そのため違法店を利用する／しないという弁別は業界に対するある種の忠誠心を表明することになりえた。アニメを見る経路自体が、オーディエンスになることを通じて形成されるアイデンティティのあり方に作用したといえよう。

ここまで論じてきたように、1980 年代半ばにレンタルビデオ店を利用すると非正規なメディア流通に関与する可能性があり、敷居が高くならざるを得なかった。またそもそも、この頃のレンタルビデオ店は年会費と入会費がかかる場合が多く、最初期よりは下がったとはいえレンタル料金も高かった（近藤 2022）。そのため「9月にはレンタルビデオの会員にまでなったけど、それでもまだ一本もオリジナルアニメを見ていません。だって高いんだもん（レンタル用も）！」という投稿がなされる状況が生じた（『アニメV』1986年2月号：118）。

ようやく1980年代後半にいたって、レンタルビデオ店の利用をめぐる条件は変化した。1988年に著作権法が改正され、店舗での非正規な実践が排除・抑制され、店舗数の増加にともなう競争激化によって同時期に利用価格も大幅に下がった。店舗のイメージ戦略もより幅広い層を取り込む方針に転換し、従来の若年男性向けの場所から家族・こども向けの場所へと再編成されていった（近藤 2022）。アダルトビデオは次第にゾーニングされた空間に囲い込まれるようになり、アニメやCDのレンタルに力を入れる店舗が増加した。実際、日本ビデオ協会の調査によると、1980年代後半から隆盛したAV（オーディオ・ヴィジュアル）レンタル店という、ビデオとCDのレンタルに特化した大規模複合店において、アニメの収蔵数が他の形式の店舗よりも大幅に増え、1991年には店舗平均約1100本のソフトをレンタルしていた（日本ビデオ協会 1992）。

4　ビデオの物質性とアクセスの美学

レンタルビデオ店を介したアニメ受容は、1980年代半ば以前と以降とではそのあり方が異なる。黎明期のレンタルビデオ店は非正規なメディア流通のインフラでもあり、誰しもが容易に利用できる場所ではなかった。それが80年代後半から90年にかけてアニメソフトは正規の商品として再定位され、多数のラインナップが提供されるようになった。レンタルビデオ店は安価で利用しやすいインフラとして、衛星放送やケーブルテレビと連動しつつそれらを補完しながらアニメ流通の新たな地理学を織り上げ、多くの人々がオーディエンスになることができる状況が形成された。しかも先にも述べたように、ビデオは放送時間に拘束されるフロー型の流通とは異なり、書物のようにモノを手もとに置くかそれが置かれている空間——たとえば有料図書館としてのレンタルビデオ店——にアクセスできれば何度でも繰り返し受容できるストック型の流通形式をとる。

この点で、ビデオはそれまでの映像文化の条件を根底から変容させたフォーマットである。映画やテレビは特定の時間≒上映期間ないしは放送時間に特定の場所≒映画館ないしは家庭にいなければ視聴できず、所有が容易で繰り返し楽しむことができるレコードや書物とは異なる条件のもと受容されてきた。しかも第一節で論じたように、どこに住んでいても必ず上映・放映されるわけではなく、そもそもアクセス性は不均衡に分配されていた。ビデオはテレビ放送のタイムシフト視聴やソフト化されたコンテンツのレンタル・所有を可能にし、時間と金銭を惜しまなければ膨大な個人アーカイブを作り上げられるようになった。しかもビデオは、映像を保存して繰り返し視聴できるようにするだけでなく、早送りや一時停止などの操作を介して書物のように映像を楽しむことをも促した。

他方でビデオは、単に映像へのアクセス性や操作性を変えただけではない。ビデオはその物質性に基づく独特な美学を人々にもたらした。さまざまな研究が示すように、フォーマットはそれに固有の美的性質を持つ（日高 2021）。たとえば MP3 は、策定当時の回線速度を前提に形成されたフォーマットだが、流通可能性を高めるために特定の周波数帯をカットしてデータを圧縮している（Sterne 2012）。そのため、一般的には音質の低下をもたらしたとされる。つまりフォーマットは見えるものや聞こえるものを規定する技術的条件である。そしてビデオもまた、のちの DVD や Blu-ray とは異なる可視性の条件を持ち、独自の「見え方の体制」を構成した。

なかでも興味深いのは、繰り返し視聴という新たな時間性をもたらしたビデオは、移ろいやすい性質を持つフォーマットだったという点だ。ルーカス・ヒルダーブランドはビデオを、読み込みやダビングの度に劣化せざるを得ず、その他にもさまざまなアクシデントに開かれて消失や上書き、消去の危機に常にさらされてしまう性質から特徴づけ、その物質性がもたらす形式的特徴や経験のあり方を「アクセスの美学」と名づけている（Hilderbrand 2009）。ビデオは長期的な保存のためのテクノロジーのように思われるが、実際には一時的な時間性に基づくフォーマットなのである（Hilderbrand 2009：12）。そしてこうした性質はアナログ・レコードにも同様の指摘ができ、さらには映画のフィルムについても似た論点を提示できるだろう（近藤 2021）。再生の際に物理的な接触を伴うアナログ・フォーマットは利用の度に摩耗してしまうのである（パリッカ 2023：第 6 章）。

ビデオ利用にはアクシデントがつきもので、雑誌の投稿欄にはレンタルしたソフトを破損して弁償することになったというエピソードがしばしば掲載され（『アニメ V』1991 年 6 月号：88）、ソフトを最善の状態で再生するための技術指南記事も定番だった（『アニメ V』1985 年 1 月号：88）。こうした投稿や記事の存在が示すように、レンタルビデオ店において不特定多数の利用者がレンタルして視聴するソフトは常に劣化のプロセスに置かれた。したがって「レンタル店のソフトは痛みが激しいから、なかなかベストといえる映像は楽しめない」ことが「レンタル派の宿命」とされた（『アニメV』1990年10月号：107）。

たとえばビデオは、同じ場面に繰り返し巻き戻して再生をするとテープが伸びてしまい、ノイズが表示されてしまう。そのため見どころとして評価される場面やその前後はノイズがとりわけ入りやすかった。特にノイズは性的な興奮を喚起する場面をめぐって起こりやすいと認識されていた。たとえば図1-1（『アニメV』1991年6月号：105）は登場人物のシャワーシーンを繰り返し視聴する人物に対して、テープが劣化することを冗談交じりに指摘するものである。また『VHSテープを巻き戻せ！』（2013年）というドキュメンタリー内では、アダルトビデオをレンタルして視聴する際、ノイズが出ると視聴者は期待感を抱いたと指摘されている。その後に、多くの利用者が繰り返し視聴するほどに性的興奮を喚起するシーンが続くと想像できるからである。

図1-1　「テープも鼻の下ものびちまうぞ！」というひとコマ

しかし、録画において画質が卓越化の指標になることからもわかるように（永田2018）、「画質はアニメの命」であり（『アニメV』1985年6月：122）、アニメファンにとっては制作者の意図を反映した最善の「見え方」であるかどうかが重要になる。ケーブルテレビや衛星放送も、電波が反射して画面が多重写しになる「ゴースト」が発生せずに、適切な映像が表示される点が強調されていたのだった（『アニメV』1989年12月号：107；1990年9月号：105）。こうしたファンダムの価値基準のもと、ビデオデッキには「酷使されて画質の低下したソフト向けの「レンタルスイッチ機能」」（『アニメV』1990年2月号：110）や「繰り返し再生で多くなったソフトテープのノイズを低減する」「レンタルピクチャー」機能（『アニメV』1991年6月号：104）が搭載されるにいたった。ビデオのフォーマットとしての特性とファンダム内の価値基準が新しい技術的機能をもたらし、それをめぐるさまざまな実践を生み出していった。

5　アニメ流通の非／連続的な展開

ここまで論じてきたように、第二次アニメブームから1990年にかけて、アニメ流通のあり方は大きな変化を遂げた。概略としては、アニメ受容は空間的文脈の点では、放送の仕組みに起因する偏りをもったアクセス性から、比較的どこに住んでいても多様なアニメに接することができる状況へと変化し、時間的文脈でいえば、放送の時間と視聴の時間が一致している状況から、放送の時間そのものが多様になってタイムシフトもできるようになり、さらにソフト化を通じて録画していなくても旧作・新作に自由なタイミングでアクセスできる段階へと移行していった。とはいえレンタルビデオ店の時代も、店舗によってはアニメを全く置いていないという問題や（『アニメV』1990年8月号：94）、そもそも店舗に訪れる移動手段を持たなければならないという課題は残り続ける（『アニメV』1990年10月号：84）。またビデオの場合、視聴時間は劣化を刻み込む時間でもあり、単に自由度が高まる以上のメッセージをもった。永田（2021：213）が述べるように、メディア流通の地理的配置を論じると同時に、それぞれの場所の具体的な経験と文脈を指し示す作業を同時に進める必要がある。

こうした、メディア流通の変遷を通じて形作られてきたアニメ受容のあり方を踏まえると、SVODが重要な役割を果たす2020年代のアニメ流通と受容の特徴が浮かび上がる。SVODは衛星放送やケーブルテレビの空間的制約をこえる仕組みとレンタルビデオ店の時間的制約を解消する特性を併せ持ち、それらよりも安価な価格で膨大なソフトにアクセスすることを可能にした。しかも繰り返し視聴しても画質がその都度物理的に劣化することもない。その意味でSVODは、1990年前後に成立したフロー型とストック型のメディア流通のあり方をうちに取り込みつつ、その特性を洗練させているように見える。

とはいえ、SVODを軸とする2020年代のメディア流通は1990年代的なそれの限界を完全に乗り越えたわけではない。実際には、従来のフロー型とストック型の流通形式がもつ制約を部分的に反復している。

たとえばSVODは、実際にはグローバルなスケールにおいて流通格差をもたらしている。SVODに限らないが、コンテンツ・プラットフォームはサービスを展開する地域の法律や慣習に従いながら配信するリストを決めている。利用者のIPアドレスに基づいて地域を判断し、提供するリストを決定することで、コンテンツは国境という単位で流通を調整されている。ジオ・ブロッキングと呼ばれるこうした仕組みは、インターネット時代のコンテンツ流通の地理学を考える上で欠かせないテーマである（Lobato & Meese 2016）。しかも、SVODが提供するコンテンツにはいつまでもアクセスできるわけではない。人気コンテンツのライセンス料は高額なため配信期間は限られる傾向にある。そのため「お気に入りリスト」に入れていたとしても、いつの間にか視聴できなくなってしまう。その意味で、SVOD 上のコンテンツはフロー型のように一時的な性質を持つ（cf. Kelly 2017：76）。

加えてSVODで提供されるコンテンツは、プラットフォーマーが設定する基準に合わせて改変・再編集されることがあるし、データ圧縮のフォーマットが変われば「見え方」や「聞こえ方」も調整される。従来のストック型では、一度パッケージングして流通経路に乗せるとコンテンツを修正・調整する余地がなくなったが、流通においてその都度のデータの送受信を前提とし、データのあり方に対してプラットフォーマーが管理者として関与する配信時代ではデータの同一性は決して保証されないのである。

アニメ受容のあり方を規定してきたさまざまな流通論的制約は、一見すると時代を経るにつれて取り除かれているように思われる。しかし実際にはそれらは異なる制度的・技術的回路を通じて回帰している。こうした歴史的見取り図を踏まえて、具体的な事例分析を積み上げていくことが重要になる。

■ 参考文献リスト

秋山隆志郎・塩崎伊知朗, 1985,「衛星放送 離島へのインパクト――小笠原調査から」『放送研究と調査』5, 40–51.

NHK 放送文化研究所・監修, 2002,『放送の 20 世紀――ラジオからテレビ、そして多メディアへ』NHK 出版

近藤和都, 2021,「フィルム、テレビジョン、ストリーミング――映像インフラストラクチャーの比較史」梅田拓也・近藤和都・新倉貴仁編『技術と文化のメディア論』ナカニシヤ出版, pp. 153–168.

近藤和都, 2022,「レンタルビデオ店という文化装置――店舗の大規模化を介した旧作ソフトの価値転換」永田大輔・近藤和都・溝尻真也・飯田豊『ビデオのメディア論』青弓社, pp. 186–224.

近藤和都, 2023,「映像の地理学――1980 年代のレンタルビデオ店」難波功士・野上元・周東美材編『吉見俊哉論――社会学とメディア論の可能性』人文書院, pp. 223–247.

田泰昊, 2023,『何が日本のメディアミックスを可能にしたのか？――メディアミックスシステムとしての製作委員会方式の形成と変容』名古屋大学博士学位論文

津堅信之, 2017,『新版　アニメーション学入門』平凡社

ドブレ, R., 2000, 西垣通監修・嶋崎正樹訳『メディオロジー入門――「伝達作用」の諸相』NTT 出版（Debray, R., 1997, *Transmettre, Éditions* ODILE JACOB.）

永田大輔, 2017,「アニメ雑誌における「第三のメディア」としてのOVA―― 一九八〇年代のアニメ産業の構造的条件に着目して」『ソシオロジ』61(3), 41–58.

永田大輔, 2018,「ビデオをめぐるメディア経験の多層性――「コレクション」とオタクのカテゴリー運用をめぐって」『ソシオロゴス』42, 84–100.

永田大輔, 2020,「OVA という発明――「テレビ的なもの」の位置づけをめぐって」永田大輔・松永伸太朗編『アニメの社会学――アニメファンとアニメ制作者たちの文化産業論』ナカニシヤ出版, pp. 160–174.

永田大輔, 2021,「ビデオ受容空間の経験史――「趣味の地理学」と 1980 年代のアニメファンの経験

の関係から」『マス・コミュニケーション研究』99, 209-227.
永田大輔, 2022,「「ビデオが普及すること」が作り出すファン経験の変容過程――一九七〇- 八〇年代のアニメ雑誌を素材として」永田大輔・近藤和都・溝尻真也・飯田豊『ビデオのメディア論』青弓社, pp. 19-30.
永田大輔, 2024,「コンテンツに対する「長さ」の「ズレ」をめぐる試論――「アニメ」と「マンガ」の受容空間の違いに着目して」堀野正人・谷島貫太・松本健太郎編『都市と文化のメディア論――情報化するコンテンツ／ツーリズム／トランスナショナルコミュニケーション』ナカニシヤ出版, pp. 19-30.
日本ビデオ協会編, 1992,『ビデオレンタル店実態調査報告書』非売品
パリッカ, J. 2023, 梅田拓也・大久保遼・近藤和都・光岡寿郎訳『メディア考古学とは何か――デジタル時代のメディア文化研究』 東京大学出版会（Parikka, J., 2012, *What is Media Archaeology?*, Polity.）
日高良祐, 2021,「フォーマット理論――着メロと着うたの差異にみるMIDI 規格の作用」伊藤守編『ポストメディア・セオリーズ――メディア研究の新展開』ミネルヴァ書房, 118-140.
宮城悦二郎・保坂広志, 1981,「宮古島における民放（CATV）導入とその影響――主婦の購買行動を中心に」『琉球大学法文学部紀要』24, 93-166.
宮城悦二郎・保坂広志, 1987,「石垣島における民放導入（CATV）と主婦のメディア接触に関する実態調査」『琉球大学法文学部紀要』29, 29-93.
山口富子・福島真人編, 2019,『予測がつくる社会――「科学の言葉」の使われ方』東京大学出版会
山田晴通, 1989,「長野県におけるCATV の普及とその意義」北村嘉行・寺阪昭信・富田和暁編『情報化社会の地域構造』大明堂, 231-242.
Hilderbrand, L., 2009, *Inherent Vice: Bootleg Histories of Videotape and Copyright*, Duke University Press.
Kelly, J. P., 2017, *Time, Technology and Narrative Form in Contemporary US Television Drama: Pause, Rewind, Record*, Palgrave Macmillan.
Kompare, Derek, 2006, Publishing Flow: DVD Box Sets and the Reconception of Television, *Television & New Media*, 7（4）, 335-360.
Lobato, R., & Meese, J. eds., 2016, *Geoblocking and Global Video Culture*, Institute of Network Cultures.
Sterne, J., 2012, *MP3: The Meaning of a Format*, Duke University Press.

第2章

アニメ文化に都市が果たす役割を文化装置から考える

イベント・専門店・作品のなかの都市とその未来

菊地 映輝

1 都市の文化装置

本章では、アニメ文化にとって都市がどのような役割を果たしているのかを検討する。これは、言い換えれば、アニメ文化の成立・成長に都市がどのような貢献をしているのかを明らかにしたいということである。山口昌男（1995）や増淵敏之（2012）は、都市空間に存在する文化を生み育てる仕掛けを「文化（的）装置」と捉え、いかにして文化が都市で生まれるかを明らかにしようと試みてきた。筆者はクロード・S. フィッシャー（2012）の議論を導きに、社会学の観点から文化装置を捉え直し、①サブカルチャーに関する活動を実現するための手段・情報を提供できること、②同じサブカルチャーを愛好する同好の士とのネットワークが形成できること、③サブカルチャーを愛好する人たちのアイデンティティ維持に貢献できることという三つの機能的要件が文化装置が作動する際には必要になるだろうと指摘した（菊地 2019）。本章では、この文化装置の概念も交えながらアニメ文化にとって都市が担う役割を明らかにしていきたい。

ここで、本章での議論の前提となるいくつかの約束事を明確にしておきたい。まず本章では、アニメ文化という語をアニメーションの視聴とそれに関連したファンの行動という意味では使わない。東浩紀は、オタクと呼ばれる人びとを「コミック、アニメ、ゲーム、パーソナル・コンピュータ、SF、特撮、フィギュアそのほか、たがいに深く結びついた一群のサブカルチャーに耽溺する人々の総称」（東 2001：8）と定義したが、ここにも見られる通り、アニメ文化は、マンガ文化やゲーム文化などのサブカルチャーと深い関係にあるし、アニメファンにはそうした深く結びついたサブカルチャーを等しく愛好している人びとも多い。そこで、本章ではアニメ文化をオタク文化とほぼ同義の言葉として用いることとし、アニメ文化の射程を、アニメとそれ以外の深く結びついたコンテンツ（マンガ、ゲーム、コスプレ、同人誌など）の消費と、それに関連したファンの行動として捉えたい。

また、本章ではアニメの生産プロセスについては取り扱わず、主に消費文化としての側面を論じるということも断っておきたい。生産のプロセスについては本書、第２部「生産をめぐるネットワーク・制度と場所の関わり」に収められた各章を参照されたい。

2 都市部で開催されるイベント

アニメ文化に対する都市の役割で代表的なものは、都市で開催されるイベントであろう。「コミックマーケット（略称コミケット）」に代表される同人誌即売会、ゲームの総合展示会である東京ゲームショウ、ニコニコ動画が主催するニコニコ超会議などが有名である。しかし、ここに挙げたような大型イベント以外にも、日本全国の都市でアニメ文化にまつわるさまざまなイベントが開催されている。

コミックマーケットを例に、こうしたイベントがアニメ文化にとっての文化装置の要件をどのように満たしているかを確認したい。まずコミックマーケットは「マンガ・アニメ・ゲームその他周辺ジャンルの自費出版（同人誌）の展示即売会[1]」である。コミックマーケット準備会は、コミックマーケットが実現したことを以下の通り説明している。

> コミケットは従来の流通形態とは異なる形でマンガ・アニメ・ゲーム等に関連した作品・評論が流通する基盤となりました。コミケットはプロ・アマチュアを問わず、誰もが表現者となり、多様な作品が生まれ続ける文化――同人文化の原点のひとつと言ってよいでしょう。[2]

また、コミックマーケットの機能を以下のようにも説明している。

1）コミックマーケットとは何か？〈https://www.comiket.co.jp/info-a/WhatIsJpn201401.pdf（2024年1月29日最終閲覧）〉
2）コミケットマニュアル〈https://www.comiket.co.jp/info-c/C86/C86comiketmanual.pdf（2024年1月29日最終閲覧）〉

・コミケットという市場の存在により、明示的な評論・感想がなくても、作品が読者によって絶えず評価される構造が生まれました。
・受け手の反応・感想が表現者に直接伝わる同人誌即売会という場を継続することで、表現者の成長や意欲向上に寄与してきました。
・表現者同士が相互に刺激を与え合い、コラボレーションを促進する試みに取り組むことで、表現の継続的な多様化に貢献してきました。

文化装置の機能的要件の一つは、サブカルチャーに関する活動を実現するための手段・情報を提供できることだが、従来の流通形態とは異なる形でマンガ・アニメ・ゲームなどに関連した作品・評論が流通する基盤としての役割や、作品の評価、表現者の成長・意欲向上、表現の多様化などに貢献していることに鑑みると、上記の機能的要件を十分に満たしていると思われる。次に、コミックマーケットのネットワーク形成効果についても検討したい。コミックマーケット準備会は「コミケットは参加者同士のコミュニケーションを促進し、そのネットワークを拡大するための役割を担ってきました」と主張する[3)]。実際に、コミックマーケット参加者にコミックマーケットの魅力を尋ねた調査では、回答数は多くないものの友人や知人と会えることを魅力に挙げた回答が存在する（コミック文化研究会・杉山あかし 2005： 293-294）。そのため、ネットワーク形成という文化装置の機能的要件もコミックマーケットは満たしているとみなせるだろう。

ただし、社会学者の相田美穂は、コミックマーケットの会場でのコミュニケーションは希薄であると指摘する。そして、「コミックマーケットの会場内では、誰もが「コミックマーケットの参加者」という一つの大きなまとまりに自己を同一化させる事が可能になる」（相田 2005： 196）ことを主張する。

> コミケット参加者の参加形態は様々である。そこで取られる行動も参加者それぞれにより異なる。唯一、参加者全てに共通しているのは、どのような形態、目的による参加であっても「コミックマーケットに参加している」という事実である。
> 参加者は、コミケット期間中、東京ビッグサイトに身を置くことによって「コミックマーケットに参加しているという自己」を認識出来る。言い換えれば、それはコミケット参加者自身による自己の確認である。コミックマーケットは、ある一面で

3) コミケットマニュアル〈https://www.comiket.co.jp/info-c/C86/C86comiketmanual.pdf （2024 年 1 月 29 日最終閲覧）〉

第1部
第2部
第3部

は参加者にとって、コミュニケーション抜きに自己を確認する場として機能している。（相田 2005： 196）

筆者は、コミックマーケット会場でのコミュニケーションが希薄であるという相田の指摘には同意しないが、「コミックマーケットに参加している自己」の認識という点には首肯できる部分がある。社会学者の椎野信雄は、E・H・エリクソンの議論を踏まえ、アイデンティティとは「共同体（集団、他者）と共有され、一致した自己の意識の一貫性、斉一性（まとまり）の感覚のことのよう」（椎野 1980： 68）だと説明する。それに照らし合わせれば、コミックマーケットに参加している自己を認識できる場は、アニメ文化のファンたちのアイデンティティを成立させる機能を提供していると思われる。

ここまでコミックマーケットを例に考えてきたが、コミックマーケット以外のイベントにおいても、同様に文化装置としての三つの機能要件を満たすものは多いだろう。それらイベントの多くは東京ビッグサイトのようなイベントホールや文化ホールなどを会場としていることも多い。そうした会場ではオタクイベント以外の催し物も開催されているが、アニメ文化に関連したイベントが開催されることで、一時的にアニメ文化の文化装置として機能する。

3 アニメ文化の専門店

次に、前節で解説したイベントとは異なるアニメ文化に対する都市の役割として、森川嘉一郎が「オタク趣味の専門店」（森川 2003 : 36）と呼んだような店舗、本章の文脈に即すれば「アニメ文化の専門店」とでも表現すべき店舗をファンたちに向けて用意することを考えてみよう。アニメ文化の専門店は、アニメ関連の商品を専門的に扱ったり、アニメ文化に関連する専門サービスを提供したりすることで、ファンたちがアニメ文化にアクセスすることを可能にする。

アニメ文化の専門店の代表例は1983年に池袋で誕生し、現在では日本全国に約120の店舗を持つアニメショップのアニメイトであろう。アニメイトでは「コミック、キャラクターグッズ、DVD・CD、ゲーム、書籍、テレビアニメDVDやコミック、アニメソングCD、アニメ声優DVD・CD[4]」などを商品として扱っている。ま

4） アニメのことならアニメイト - アニメグッズ専門店〈https://www.animate.co.jp/ （2024年1月29日最終閲覧）〉

たアニメイトでしか手に入らないオリジナル商品や特典というものも存在する。アニメイト創業当時は『宇宙戦艦ヤマト』(1974年)や『機動戦士ガンダム』(1979年)が大ヒットし、アニメがテレビで放送されるのが当たり前となってきていた時代だったという。そして、その流れに乗りアニメ専門のショップが登場してきていた。その一つがアニメイトであった。初代店長の太布尚弘によれば、当時は男性向けアニメが多かったため、客層も男性が中心であったという。また、開店当初はあまり客が来ず、お店に来た客と店員がなかよくなることもあったとも語っている[5)]。前節と同様に、アニメ文化の専門店の機能的要件を簡単に確認すれば、アニメ作品や関連グッズが購入できるということはサブカルチャーに関する活動をファンたちが実現するための手段・情報の提供といえる。また、客と店員がなかよくなったという発言からもわかる通りファン同士のネットワークも形成されている。さらに玉置了が指摘する通り、消費者はシンボルとしての製品の持つイメージを自らに投影したり、消費に関する社会集団に所属することで自己イメージの構築を図っている。アニメイトでグッズを買い、同好の士にまぎれてファンの一員として買い物をできるアニメイトという場は、やはりアニメ文化の文化装置として機能していると考えられる(玉置 2004)。

ところで、アニメイトは47都道府県すべてに出店しており、アニメイト以外のアニメショップなども含めると、ある程度の規模の都市であれば、なんらかのアニメ文化の専門店が存在するのではないかと思われる。そうしたアニメ文化の専門店が集積した「聖地」とでも呼べる場所が日本にはいくつか存在している。たとえば秋葉原、池袋、中野がそうである(長田・鈴木 2009；マイナビ 2014)。秋葉原と同じく電気街から発達した大阪の日本橋も「西の秋葉原」として現在は同じくアニメ文化の聖地として捉えられている。日本橋では、商業者を中心に、アニメファンを集客対象としたまちづくりが行なわれているという。日本橋の商業者は、来街者であるアニメ文化のファンたちを巻き込みながら、行政や警察からも支援や協力を得て、オタクのまちづくりを推進している(和田 2014)。また東京都豊島区の池袋のまちにおいても、行政がアニメイトらと協力しながらアニメ文化を活用したまちづくりを進めている(菊地 2019)。

5) 知っているようで実は知らないアニメイト池袋本店の歴史【連載第1回】アニメイトタイムズ〈https://www.animatetimes.com/news/details.php?id=1660033513 (2024年1月29日最終閲覧)

4 アニメのなかに描かれる都市

アニメ作品のなかには、実在の都市を舞台にしていたり、現実世界に存在する風景が描かれたりすることも多い。そうしたアニメに関連する場所を訪れる「アニメ聖地巡礼」は、アニメ文化の一端を担うものとして今日ファン行動の一つとなっている[6)]。これも一つのアニメ文化と都市との関係のあり方であろう。2016年に公開された新海誠監督のアニメ映画『君の名は』では、東京都新宿区にある須賀神社で主人公二人が出会うシーンが話題になり、作品を見た多くのファンが訪れた。また、神奈川県鎌倉市にある江ノ電「鎌倉高校前駅」の踏切は、アニメ『SLAM DUNK』のオープニング映像に登場し、海外からの観光客を含む多くのファンが訪れ、それが現地住民の生活を脅してしまう観光公害として社会問題にもなりつつある[7)]。いずれの事例でも、アニメ作品によって現実都市のある場所がファンたちによって消費されるという現象が生じている。

興味深いのは、アニメ文化に自己言及的な作品がある時期から登場してきたことにより、都市で行われるアニメ文化関連のイベントや、池袋や秋葉原のようなアニメファンと親和性の高い場所が、作品中に描かれることが増えたということである。たとえば2007年に放映されたアニメ『らき☆すた』では、登場人物のうち何人かがオタクであるため、登場人物たちがコミックマーケットに行く回や、池袋・秋葉原のアニメ文化の専門店に買い物に行く回が存在する。すなわち作品中でお台場、池袋、秋葉原の文化装置がシーンとして描かれているのである。『らき☆すた』という作品は、アニメ聖地巡礼の文脈でも大きく注目される作品であった。そのため、お台場、池袋、秋葉原で登場人物たちが訪れた場所をファンが巡るということも実際に行われている。その際、ファンたちにとっては、コミックマーケットやアニメ文化の専門店が文化装置として本来持っていた手段・情報の提供機能に加え、新たにその文化装置が登場するアニメ作品（や作品の世界観）をより楽しむための手段を提供するという新たな機能が付加されるといえよう。

6）前節で紹介したアニメ文化の専門店が集積するまちのことを「聖地」と呼ぶことと、本節で取り上げたアニメ作品に登場した現実の場所を巡る「アニメ聖地巡礼」とは、どちらも聖地という言葉を使うために、たびたび同列視されることもあるが、アニメファンにとって重要な意味を持つ場所という共通点を除いては、本質的に大きくことなるものといえる。

7）江ノ電「スラムダンク踏切」に外国人客が殺到！ゴミのポイ捨て、民家に侵入…観光公害の深刻危機：News&Analysis　ダイヤモンド・オンライン〈https://diamond.jp/articles/-/327839　（2024年1月29日最終閲覧）〉

5　アニメ文化のDX化と都市の文化装置

近年、アニメ文化にもDX（デジタルトランスフォーメーション）の波が訪れつつある。2000年代前半から世に登場したeコマースサービスによって、アニメ文化の関連商品は家にいながらにしてオンライン通販などで購入することが可能になった。また、これまで紙の本やCDやDVDなどの記録媒体を購入しコンテンツに触れていた状況が、電子データを購入してダウンロードすることで作品にアクセスできるようにもなった。さらには、そうした状況も古いものとなり、アニメの視聴はテレビ放送やDVDなどの映像パッケージを通じて行う行為から、サブスクリプションサービスに加入してオンラインで気軽に視聴をする行為へと変化しつつある。そうした流れのなかで、これまで都市がアニメ文化に果たしていた役割というものも自ずと変化してきている。

もっとも大きい部分では、わざわざアニメ文化の専門店に自ら足を運ぶ必要がなくなったという点である。本章の議論に引きつければ、これまでの文化装置が必要とされない状況が生じている。同人誌やアニメグッズの販売を手掛ける「とらのあな」が、創業の地である秋葉原も含め全国の五つの店舗をたたむというニュースが2022年に話題になった。コロナ禍での出来事であったため、その影響の有無も含めて多くの憶測を呼んだが、店舗閉鎖の理由を、同店舗を運営する株式会社虎の穴の代表取締役会長である吉田博高は以下のように答えている。

> 実店舗事業の縮小が、コロナウイルスの影響を受けての判断であるというのは事実です。ただ単純に利用者数全体が減ったというのではなく、店舗利用者数の縮小と入れ替わるように、委託通販の利用者数はこの2年でぐんと拡大しました。[…略…] 市場が縮小したというよりは、クリエイターの皆さんがオンラインのプラットフォームを取り入れていく流れは元からあり、それがコロナ禍をきっかけにさらに加速したという印象です。とらのあなの同人誌委託販売においても、店舗販売から通販に需要が移りつつある流れはコロナ以前から感じられていて、社としてもそちらメインに事業をシフトしていく計画を数年前から検討してはいました。ただコロナ禍で一気にそれが加速したので「今しかない」のタイミングで判断を下すこととなったわけです[8]。

8) さらに進化した形で、秋葉原にはかならず戻ってきたい――とらのあな創業者で、オタク歴30年以上の会長が語る“現在のオタク”像 - ねとらぼ〈https://nlab.itmedia.co.jp/nl/articles/2207/29/news020.html （2024年1月29日最終閲覧）〉

この吉田の説明からも、アニメ文化がオンライン上のプラットフォームに依存すること、すなわちアニメ文化のDX化により、アニメ文化の維持・成長に関して以前に比べて都市の文化装置が寄与しなくなっていることがうかがわれる。じつは、こうした流れはコロナ禍よりも以前から生じていたように思われる。牛垣雄矢らは秋葉原を対象にした現地調査を行い、2006年と2013年の街の比較を行なった。そこでは、7年間の街の変化としてパソコン・家電の取扱店減少が顕著であること、同時にアニメ文化に関連した専門店も減少傾向にあることが指摘されている(牛垣ほか 2016：95)。他方で増えているのが、「メイド系店舗やアイドル製品取扱店など実在する女性に興味をもった人々向けの店舗」(牛垣ほか 2016：90) であるという。2013年時点で秋葉原の街からは、文化装置はだんだんと姿を減らしていたのである。

そうしたなかで、商品へのアクセスではない、異なるかたちで手段・情報の提供を行なう文化装置が出現しつつある。先にも取り上げたアニメイトは、2000年に池袋内で本店を移転オープンさせている[9]。移転オープン後のアニメイトで頻繁に開始されていくのが店舗内でのイベントである。たとえば、ある一つの作品に限り、その作品に関連する商品だけを扱う一角を設ける「オンリーショップ」という取組みを、池袋本店では他のアニメイト店舗に先駆ける形でやりはじめた。そして、それが功を奏して集客が増えたと当時の店長である米谷隆浩は述べている[10]。そのことについてインタビュアーと米谷との印象的なやり取りを引用する。

> ――今では普通ですが、単純に物を買う場所から体験する場所にもなったんですね。
> 米谷：そうですね。お客様がお買い物しながら写真撮影をするなんて思ってもみませんでした。設置されたノートにコメントを書いてくださったり。当時はSNSも現在ほどは浸透していなかったので、ノートにいっぱい書いてくれましたね。それがすごく嬉しかったです。
> ――社内でも雰囲気が変わったんですか？
> 米谷：それを見て、社内で出てくる提案も変わりました。世界観って大事なんだって。『テニスの王子様』では床にテニスコートを描いて、ネットも張って、ロッカーや部室の雰囲気も再現しました。ロッカーなんて、古びた感じを出したり、扉の開け締めができたりと、いろんな仕掛けを考えました。

9) 2012年に再び池袋本店は移転しており、2000年に移転した本店は、現在アニメイトアネックスとして運営を続けている。
10) 知っているようで実は知らないアニメイト池袋本店の歴史【連載第2回】：アニメイトタイムズ〈https://www.animatetimes.com/news/details.php?id=1661491133 (2024年1月29日最終閲覧)〉

また、移転したアニメイト池袋本店は、移転前に比べイベントスペースが大きくなったという特徴を有していた。その結果、店舗内では、ライブイベントやサイン会などが数多く開かれるようにもなった。このように、2000年以降のアニメイトでは、その役割が「単純に物を買う場所から体験する場所」へと変化していったことはきわめて興味深い。

そして、その流れを加速させたのが、2012年にオープンしたアニメイトカフェだという。初代店長の波多腰史寛は以下のように振り返る。

> 波多腰：すごかったですね。今とは違う熱量があったと思います。
> アニメイトってやっぱり物を買いにくるところなんですよね。お客様がなかなかゆっくりできないんですよ。お客様の人数も多いし。
> でも、カフェは椅子に座って、お話しもできる場所を作ったんです。その作品だけの空間で90分楽しむ。店舗はいろんな商品がありますけど、特定の作品に特化した空間を楽しんで、その空間の中で食べたり、お買い物をしたりする。
> アニメイトとは違う楽しみ方を作ったのがアニメイトカフェです。アニメイトとは別の楽しみをお客様に提供しようっていう想いが強かったですね。
> ――アニメイトカフェができてから、池袋でのアニメの楽しみ方がちょっと変わった印象があります。
> 波多腰：まずアニメイトカフェは池袋に来るきっかけのひとつになってます。アニメイトに定期的に来店してくださっているお客様は、今でも月2回くらいの頻度で好きな作品の商品の発売日に合わせていらっしゃる方が多いイメージです。
> しかし、アニメイトカフェは予約制でその日に来るのが決まっていて、ついでにアニメイトにも立ち寄ってくれるんですよ。アニメイトカフェの予定に合わせて、街のいろんなところにも行く[11]。

ファンたちは、アニメイトカフェでの体験を目的に池袋を訪れ、そのついでにアニメイトに立ち寄って買い物をするという。この事実からも、今日において、都市の文化装置が持つ手段・情報の提供の中身が、作品やグッズの購入を通じたアニメ文化へのアクセスから、ファンたちへのアニメ文化に関連した体験の提供へと変化していることがうかがわれる。

11）知っているようで実は知らないアニメイト池袋本店の歴史【連載第2回】アニメイトタイムズ〈https://www.animatetimes.com/news/details.php?id=1661491133　（2024年1月29日最終閲覧）〉

アニメ文化のDX化に関して、もう1点指摘したいのが、オンライン上でのコミュニケーションと都市との関係である。2000年前後から半ばにかけて、2ちゃんねるに代表される掲示板サービスやmixi、TwitterなどのSNSを含むソーシャルメディアが数多く登場し、オンライン上での人びとのコミュニケーションがより活発になった。それはアニメ文化を愛好するファンたちにとっても大きな影響を与えており、各ソーシャルメディア上では多くのファンがつながるようになり、アニメ文化に関連した話題が日夜、共有されるようになった。その結果、そうしたソーシャルメディア上での人間関係やコミュニケーションがリアルに落とし込まれる場所として都市が活用されるようになった。総務省が2018年に実施した「ICTによるインクルージョンの実現に関する調査研究」では、各ソーシャルメディアで「自ら情報発信や発言を積極的に行っている」人を対象に、ソーシャルメディアで知り合った人にオフラインでも会ったことがあるかを尋ねている。その結果、2ちゃんねるを含む掲示板ユーザーの63.7%、Twitterユーザーの50.1%が各サービスを通じてできた知り合いにオフラインでも会ったことがあると答えている[12)]。また同調査では、ソーシャルメディアで知り合った相手とオフラインで実際に会うことで、相手への信頼が変化するかも尋ねている。その結果、半数以上の回答者がオフラインで相手と会ったことにより信頼度が高まったと回答していた。このように、ソーシャルメディア上での人間関係を強固なものにすることに都市は利用されているのである。アニメ文化に引きつければ、ソーシャルメディアで出会った同じ作品が好きなファン同士が池袋などを訪れ、アニメ文化の専門店での体験や買い物を通じて、相手への信頼を確認しあうことが行われているのだろう。文化装置に引きつけていえば、ソーシャルメディアが発達したとしても、ネットワーク形成の機能に関しては都市の文化装置はこれからも重要な役割を果たすと思われるということである。

6 アニメ文化と都市の行く末

本章では、アニメ文化にとって都市がどのような役割を果たしているのかを文化装置概念を交えながら検討してきた。都市部で開催されるイベントや、アニメ文化に関連した専門店が都市内で文化装置として作動することにより、都市はアニメ文化の成立や成長に対して大きな貢献を果たしてきたといえる。しかし、近年のアニ

12) 総務省 平成30年版 情報通信白書 実際に会うことによる信頼度の変化〈https://www.soumu.go.jp/johotsusintokei/whitepaper/ja/h30/html/nd143220.html （2024年1月29日最終閲覧）〉

メ文化のDX化によって、それまで都市内の文化装置が有していた機能が部分的に変化していることもうかがわれた。

本章は、一貫してアニメ文化にとって都市は必要不可欠であるということを指摘してきた。本章では論じてこなかったアニメの生産プロセスまでも踏まえると、都市がなければアニメとそれを取り巻く文化は成立しえないと言っても過言ではない。その際に、ただ漠然と「アニメ文化には都市が必要だ」と叫んでも、説得力がない議論になってしまう。本章では、文化装置とその機能についての観点を交えることで、具体的に都市（内でのイベントや専門店）のなにがアニメ文化に対して貢献するかを確認してきたつもりである。今後、時代の移り変わりとともに、アニメ文化のあり方やそれを取り巻くテクノロジーは大きく変化すると思われる。その際に依然として都市が必要とされているかどうかを文化装置の機能の検討から考える必要があるだろう。

■参考文献リスト

相田美穂, 2005,「コミックマーケットの現在——サブカルチャーに関する一考察」『広島修大論集 人文編』45(2), 149–201.
東浩紀, 2001,『動物化するポストモダン——オタクから見た日本社会』講談社
牛垣雄矢・木谷隆太郎・内藤亮, 2016,「東京都千代田区秋葉原地区における商業集積の特徴と変化——2006年と2013年の現地調査結果を基に」『E-journal GEO』11(1), 85–97.
長田進・鈴木彩乃, 2009,「都市におけるオタク文化の位置付け——秋葉原と池袋を舞台とする比較研究」『慶應義塾大学日吉紀要 社会科学』20, 43–72.
菊地映輝, 2019,『都市空間におけるサブカルチャーの政策的振興に関する研究——文化装置論から見るコスプレ文化』慶應義塾大学大学院政策・メディア研究科博士学位論文
コミック文化研究会・杉山あかし, 2005,「コミケット30周年記念調査報告」コミックマーケット準備会編『コミックマーケット30's ファイル』有限会社コミケット, pp. 289–305.
椎野信雄, 1980,「社会的世界とアイデンティティ」『ソシオロゴス』4, 66–78.
玉置了, 2004,「消費によるアイデンティティの形成と現代的諸問題（1）」『經濟論叢』174（5–6), 51–73.
フィッシャー, C. S.. 2012, 広田康生訳「アーバニズムの下位文化理論に向かって」森岡清志編『都市空間と都市コミュニティ』日本評論社, pp. 127–164.（Fischer, C. S., 1975, Toward a Subcultural Theory of Urbanism, *American Journal of Sociology*, 80(6), 1319–1341.）
マイナビ, 2014,『秋葉原・中野ブロードウェイ・池袋乙女ロード——東京3大聖地攻略ガイド2014』マイナビ
森川嘉一郎, 2003,『趣都の誕生——萌える都市アキハバラ』幻冬舎
増淵敏之, 2012,『路地裏が文化を生む！——細路地とその界隈の変容』青弓社
山口昌男, 1995,『「敗者」の精神史』岩波書店
和田崇, 2014,「オタク文化の集積とオタクの参画を得たまちづくり——大阪・日本橋の事例」『経済地理学年報』60(1), 23–36.

第3章

ファンとして生きる拠点としての「ホーム」

「スレイヤーズ」ファンの経験を事例に

杉山 怜美

1 「ホーム」から捉えるファンの実践

本章では、多様なメディアを駆使しながらファンとして生活する人びとの実践をより深く理解するために、彼らが暮らす家に注目して、「ホーム」という概念を用いて分析を行っていく。

まず、議論の入り口として、アニメファンの知人（もしくは自身）の家の様子を想像してほしい。テレビ、録画機器、スマートフォン、パーソナル・コンピュータ（以下、PC）、ビデオゲーム機、DVDやBlu-rayディスク、マンガや小説やそれらを収める本棚、フィギュアやアクリルスタンドといったグッズ、同人活動に用いる機材、同人誌の在庫、コスプレ衣装など、ファンとしての関わり方にもよるが、さまざまなメディアが堂々と、もしくは見えないところにひっそりと配置されているのではないだろうか[1]。この例に限らず、メディアに関する、あるいは、メディアを通した経験の積み重ねは、ファンをファンたらしめる重要な要素の一つだといえるだろう。

近年、そうしたファンのメディアとの関わり方のなかでも、聖地巡礼、2.5次元舞台、マンガやアニメの原画展など、特定の場所とメディア文化を結びつけるような実践が目立つようになり、ファン研究やメディア研究などの学術研究においても注目を集めている一方で、先に確認した家という場所は、分析対象になりづらい傾向

1）近年は電子書籍や動画や音楽のサブスクリプションなど、多くのコンテンツをインターネット経由で閲覧でき、それらをモバイル端末で持ち運ぶことも当たり前になっている。一方で、そうした流通が将来的に担保されるか不透明であること（関連して第1章参照）や、ファンとしての熱意を自他に対して示すという意味も付加されながら、コンテンツを物理的なメディアとして手元に置いておく実践は継続されていると考えられる。

がある。

これまでメディア研究では、家庭空間でのテレビ視聴を分析したデヴィッド・モーレーの研究（Morley 1986）や家庭空間でのテクノロジーの消費による日常生活のルーティン化に注目したロジャー・シルバーストーンの研究（Silverstone 1994）など、メディア利用と家庭空間に関する一定の研究蓄積がある。しかし、ポピュラーカルチャーの特定の対象を熱心に愛好するファン、とりわけ、作品の受容に多種のメディアを要し、ファンとして所持したい、所持すべきメディアの種類や量が多くなりがちなメディアミックス作品のファンのように、独特なやり方でメディアと密接に関わる人びとにとっての家庭空間の役割は十分問われてこなかった。

くわえて、こうした既存研究では、家を多層的な場所の結節点として捉える視点が不足していることも指摘できる。たとえば、レンタルビデオ店をそこに集う人やビデオというモノ、店が立地する地元社会との相互作用からなる空間として捉えて「趣味の地勢図」として探究したダニエル・ハーバートの研究（ハーバート 2021）における地元や、アイドルファンのファンツーリズムに関する分析の一環としてアイドルのコンサートへ参加（『参戦』）する際の会場選択に居住地が及ぼす影響を明らかにした臺純子らの研究（臺純子ほか 2018）にみられる居住地といった観点も、日常生活を送る場所としての家とファンの関係を理解するにあたって重要だと考えられる。

そこで本章では、こうした多層的な場所としての家とメディアに関する、あるいは、メディアを通したファンの経験の関係を、「ホーム」という概念を手掛かりにして明らかにすることを目指す。ファンとしての経験と、必ずしもファンと関わりがあるとはいえない日常生活が交差する現場となる家は、ファンの人生にどのような影響を与えているのだろうか。この問いに答えるため、本章においては①作品を知って間もない時期にファンとして深く関わるきっかけとなった経験と、②ある程度ファンを続けた後でファンの継続を下支えした経験の二つに焦点を当てて分析していく。

問いの解明に向けた研究対象として、本章では特定のメディアミックス作品との関わりを長期にわたって続けてきた人びとに着目する。具体的には、神坂一によるライトノベルを原作とする「スレイヤーズ」シリーズ（以下では「スレイヤーズ」と呼称する）のファンを取り上げる。

2 「ホーム」概念の検討

本章で注目する「ホーム（home）」は、社会学、人類学、心理学、人文地理学、歴史学、建築学、哲学、カルチュラル・スタディーズ、ジェンダー研究といった学問分野で検討されてきた多次元的な概念である。

シェリー・マレットは「ホーム」という概念について、その意味が研究者の立場によって多様で、矛盾することさえあるが、学問分野間での議論が活発とはいえず、複数分野を概観した学際的研究が少ないことを指摘する。そのうえで、「ホーム」に関する学問分野間の議論を促進することを目的として、「ホーム」の理論的・実証的研究を幅広くレビューしている[2)]（Mallett 2004）。

最終的にマレットは、この用語が人と人との関係（特に家族関係）や、場所（places）や空間（spaces）やモノ（things）との関係についての、複雑で、相互に関連があり、時に矛盾するような、社会的かつ文化的な観念の貯蔵庫として機能していると述べるが、それと同時に、「ホーム」の研究は価値を伴うものであり、研究の際には動機や目的を明示して、その意味の理解に限界があることを認める必要があると指摘する（Mallet 2004：84）。

これは「ホーム」概念がさまざまな観念が収められた倉庫のようなものであるからこそ、その概念をなぜ、どのような意味を見出して用いるのか提示する必要があるという指摘として受け止めることができる。

それでは、本章において「ホーム」概念を用いる目的は何か。改めてまとめると、メディアに関する、あるいは、メディアを通した経験の積み重ねがファンをファンたらしめる重要な要素であるという前提のもとで、そうした経験が集中的に起こる生活拠点としての家が、ファンの人生に与える影響を明らかにすることだといえる。

それを踏まえて、「ホーム」の次元のうち、物理的な生活拠点であり、なおかつ記憶やアイデンティティなどとも結びつく住居と、その内部の人間関係、つまりは同居家族との関係を重視して、これらを中心に分析を進めていく。くわえて、それらの外部との関わりが問題になる時には地理的条件としての居住地（residential location）にも注目して論じていく。

2）具体的には、「ホーム」がさまざまな学問分野の研究者によって、住居（house）、家族（family）、避難所（haven）、自己（self）、ジェンダー（gender）、旅（journeying）といった用語と混同されたり関連づけられたりしていることや、「ホーム」にまつわる種々の定型的表現（理想の家など）が考察されていることを指摘したうえで（Mallet 2004：65）、それぞれにまつわる文献を批評的にレビューしている。

こうした分析方針の背景には、「ホーム」は人びとの生活が一定の期間にわたって積み重ねられる場であり、変化させることは可能だが、容易には変え難いものだという認識がある。こうした認識は本章における住居や家族関係、居住地の捉え方に通底しており、相対的にファンとしての経験のほうが個人の意思で変化させやすいものであると想定される。

また、本章では「ホーム」を生活の積み重ねの場として捉えることから、この概念が場所や空間にくわえて、そこで暮らす人びとが直面するライフコースという時間的側面とも結びつけて理解できることも確認しておきたい。

3 「スレイヤーズ」という研究対象と調査概要

つづけて、本章における研究対象と調査方法について説明していく。

まず、研究対象としては、ファンがファンとしての人生を送る場所について考察を深めるにあたって、神坂一によるライトノベルを原作とする「スレイヤーズ」のファンを取り上げる。本作は 1990 年以来、小説（ライトノベル）、テレビアニメ、マンガ、ソーシャルゲームなど、多種多様なメディアで 30 年以上にわたって商業的な展開が続けられている作品である。また、現在も多くのファンが情報発信や創作活動、ファン同士の交流などを行っている。

本作品のジャンルはファンタジーであり、主人公の少女リナ＝インバースをはじめとする個性的なキャラクターたちが、魔法や剣などを駆使して現実とは異なる世界で活躍するさまが描かれる。基本的に現実の時空間とのつながりは薄いといえる。

一方で、商業展開は質量ともに多彩である。2024 年 4 月 1 日時点で神坂一による小説だけでも既刊が 52 巻（再録や新装版などを含めると 76 巻）あり、テレビアニメが 5 シリーズ、劇場用アニメが 5 作品、OVA が 2 シリーズなど、相当量のメディアミックスがなされてきた。また、同一の作品が複数のメディアで流通しており、たとえばテレビアニメはテレビ、VHS、レーザーディスク、DVD、Blu-ray ディスク、定額制動画配信サービス（Subscription Video On Demand：SVOD）で放送、販売、配信された実績がある。

「スレイヤーズ」はテクストの水準で現実の場所との関わりが薄い一方で、保管場所が必要となる関連商品が数多く存在している。このため、「スレイヤーズ」ファンは作品と強く結びつく特定の場所に関する共通認識を持ちにくい反面、ファンが個別に関わる場所としての「ホーム」の意義は考察しやすい対象であると

表 3-1　調査対象者の概要

仮称	調査日時（1回目）	調査日時（2回目）	生年（年）	性別	現在の住居	現在の同居者	現在の（それ以前の主な）居住地	最終学歴	収入を伴う仕事の有無	結婚の状況	作品との出会い（年）	作品と出会った学年
A	2016/7/10	2023/1/21	1986	女性	借家（共同住宅）	友人	埼玉県（東京都）	大学卒	有	未婚	1995	小学３年生
B	2016/7/16	2023/1/15	1984	女性	給与住宅（共同住宅）	夫	東京都（茨城県）	大学卒	有	既婚	1995	小学５年生
C	2016/7/22	2022/6/19	1985	女性	持ち家（一戸建）	夫、子２名、義父、義母	神奈川県（海外）	大学卒	有	既婚	1995	小学４年生
F	2016/9/20	－	1982	女性	借家（共同住宅）	父、母、兄、弟	沖縄県（沖縄県）	専門学校卒	有	未婚	1995	中学１年生
G	2016/10/23	2023/6/17	1981	男性	借家（共同住宅）	－	神奈川県（神奈川県）	高校中退	有	未婚	1995	中学２年生
I	2021/12/26	－	1993	女性	借家（共同住宅）	－	広島県（山口県）	大学卒	有	未婚	2001 ,2	小学３、４年生
J	2021/12/27	－	1981	女性	持ち家（一戸建）	父、母	岡山県（岡山県）	大学院卒	有	未婚	1993	中学１年生
K	2021/12/27	－	1980	女性	持ち家（一戸建）	－	岡山県（岡山県）	大学院卒	有	未婚	1996	高校１年生
L	2022/6/11	－	1987	女性	持ち家（一戸建）	夫、子２名	千葉県（熊本県）	高校卒	無	既婚	1996	小学３年生
M	2022/6/16	－	1985	女性	給与住宅（共同住宅）	夫、子１名	神奈川県（京都府）	大学卒	無	既婚	1996	小学５年生
N	2023/1/14	－	1981	女性	持ち家（一戸建）	父、母	東京都（東京都）	大学卒	有	未婚	1996	中学３年生
O	2023/1/22	－	1984	女性	借家（共同住宅）	－	東京都（千葉県）	専門学校卒	有	未婚	1995	小学５年生
P	2023/2/1	－	1984	女性	借家（共同住宅）	－	兵庫県（大阪府）	大学院卒	有	未婚	1996	中学１年生
Q	2023/6/10	－	1979	女性	借家（共同住宅）	－	北海道（東京都）	短期大学卒	有	未婚	1995	高校１年生
R	2023/6/16	－	1987	女性	持ち家（一戸建）	夫、子２名	静岡県（東京都）	大学卒	無	既婚	1996	小学３年生

考えられる。

次に、本章で分析するデータを得たインタビュー調査の概要を述べる[3)]。調査では「スレイヤーズ」愛好者を自認する人びと15名（女性14名，男性1名）を対象に、2016年および2021～23年に、半構造化インタビューの形式で、「スレイヤーズ」ファンとして辿った経歴とライフコース上の変化を中心に聞き取りを行った。

調査対象者は全員が過去から現在までの間に「スレイヤーズ」ファンとして活動した経験、ならびに他のファンとの交流経験があり[4)]、現在も作品を特別視していて、1名を除き累計で10年以上、人によっては25年以上にわたって作品と長期的な関わりを築いている。

こうした特徴から、分析によって明らかになるのは、主にメディアミックス作品のファンの中でも熱心で、作品のファンダムの存在を認識している人びとの経験だと考えられる。

表3-1（前頁）に示したように、調査対象者のライフコースや社会的状況は多様であり、ファンとしての経歴にも幅広いバリエーションが存在していた。一方で、多くの調査対象者に共通して、ファンを続けることに寄与した経験を見出すこともできた。なかでも大きなインパクトがあったのは、インターネットの利用開始と、ファンをやめずに済ます実践という二つの経験である。

冒頭の問いでは、本章で分析するのは、作品を知って間もない時期にファンとして深く関わるきっかけとなった経験（①）と、ある程度ファンを続けた後でファンの継続を下支えした経験（②）だと抽象的に述べていたが、前者を①に、後者を②に相当する経験として位置づけて、次節以降で分析を行っていく。

4 「スレイヤーズ」ファンのインターネットとの出会いと「ホーム」

本節では、調査対象者たちのファン歴が比較的浅い時期に共通してみられた経験として、インターネットの利用開始という出来事を取り上げる。

調査対象者の全員が現在までにファンとしてインターネットを利用したことがあり、なかでもインターネットを用いた他のファンとの交流は全員共通で経験してい

3）調査対象者は敬称を略して記載する。また、インタビュー調査からの引用は「 」で括る。引用内の（ ）は筆者の追記を表している。

4）筆者が2012～2023年に実施された複数の「スレイヤーズ」関連イベントで観察した限り、その多くは女性であった（正確な数値ではないが、目算で7割以上が女性であった）。このことが調査対象者の男女比に偏りが生じている主たる理由である。

ることから、インターネットは消費・受容する以外のやり方で作品と関わる経験を可能にする役割を担ってきたことが指摘できる。

ただし、他のファンとの交流以外の利用の仕方や、最初に利用し始めた経緯は多様であり、その時期も1995年から2004年ごろまで10年程度の差があったが、こうした違いは生まれた年の違いだけではうまく説明できなかった[5)]。

そこで、ファンとしてのインターネットの利用開始という経験について、「ホーム」概念を用いて分析していく。

まず、住居に着目すると、インターネットを利用するためのデバイスが住居の内部に設置されたのか否かという切り口からファンの経験を整理できる。とくに、当時のPCは機材を据え置くために一定の空間が必要とされたことから、物理的な空間としての住居が重要であったと想定できる。実際にファンの経験を分析してみると、当初携帯電話を利用していたグループ（A、G、L）と、住居以外の場所（具体的には学校）にあったPCを利用していたグループ（F、Q）、住居内に設置されたPCを用いたグループ（残り全員）に分類でき、3番目のグループは、利用しようと思った時点ですでに家にあったグループ（B、C、I、P、R）と、後から導入されたグループ（J、K、M、N、O）に細分化できた[6)]。

ここで居住地に着目すると、学校のPCから接続していたF、Qの両名の居住地がそれぞれ沖縄県と北海道であり、とくに首都圏から地理的に遠いという共通点が見出せる。実際にFは「（インターネットを）家庭、個人でやる時は、［…略…］有料で、すごく高く、お金がかかっちゃうような時代だったんですよ」と述べたうえで、「政府が特別にサポートする体制」によって、学校でインターネットが利用できたと語っている。このことから、インターネットが普及しづらい地理的条件が存在する、もしくは存在すると認識されたことが、住居の外部でファンとしてインターネットを利用し始める経験に影響を与えた可能性があると指摘できる。

一方で、家族の次元からインターネットの利用開始という経験を考えた場合、この時期の調査対象者は基本的に子どもとみなされ、大人の庇護下にあったことが重要となる。つまり、普及過程にあって高価なメディアであったPCの導入は、調査対象者自身の都合よりも、親の意向で決定される場合が多かったと想定できる。

5）たとえば、早く生まれた人ほど利用開始が早いわけではなく、また学年が同じでも利用開始時期に5年以上の差がある場合もあった。

6）1990年代のインターネットについて、パソコンからの利用は伸び悩んでいたのに比べて、携帯電話からの利用は若者層が先導するかたちで拡大していったことが指摘されていることから（飯田 2018a：19）、一般的な傾向と差異が見出せる。

第1部
第2部
第3部

実際にとりわけ早い時期、具体的には、Microsoft Windows 98 発売（1998 年）より前から利用していたＣとＰの２名は、Ｃは父が「機械のオタク」、Ｐは父が「SE（システムエンジニア）」であったことを家にPCがあった直接の理由として挙げており、早期にインターネットを利用し始めるにあたって、親の影響が大きかったことがうかがえる。

一方で、住居内に設置されたPCを用いたグループに属する調査対象者のなかには深夜に定額でインターネットに接続できるサービス[7]の利用者が含まれていたが、その時間帯にインターネットを利用する許可を得るため、自ら親と交渉したという語りも３名（N、O、P）から得られた。

たとえばＰは、高校入学以降に、「『スレイヤーズ』系のチャットに毎日日参するように」なってからは、サービスの開始時間である「11 時まで勉強して」、「でもその代わり１時には絶対寝るのよ、っていう約束」を親と交わしたうえでインターネットを利用していた。

他にもＯは「日常生活に支障が出てなければ（よい）」という親の認識のもと、リビングに置かれた家族共用のPCからチャットに参加していたほか、ＮはPC自体を「親にねだって買ってもらい」、定額のインターネット接続サービスについては「何言ってるか、さっぱり、親、分かんないから［…略…］、夜中の 11 時からこそこそやるので、この契約でお願いします。そういう契約あるんです、っていう契約自体を説明して、オッケーもらって」、自ら契約したという。

こうした語りからは、本人や親が提示した条件に基づいた交渉・調整によって、ファンとしてインターネットを利用する許可を親から獲得していたことが読み取れる。

以上を踏まえて、調査対象者のインターネットの利用開始にまつわる経験をまとめると、インターネット普及過程においては家族のなかでも親がその導入を決定する場合が多く、一定の物理的空間を要するPCの設置場所としてはリビングのような住居内の共用部が選ばれやすいため、ファンとしてインターネットを利用するには、子どもという立場から利用の仕方を親と交渉・調整する必要があったといえる。

また、居住地の地理的条件がインターネットの普及しづらさと結びつけられることで、住居の外部にあって公共的な性質を備えた学校という場所においても、ファ

7）NTTによる電話料金の深夜割引「テレホーダイ」のサービスが開始されたのは 1995 年。当時のインターネット接続と料金の状況については、飯田豊の説明がくわしい（飯田 2018b: 46）。

ンとしての私的な利用が認められる状況が成立していた可能性があることも指摘できる。

5 「スレイヤーズ」ファンをやめずに済ます実践と「ホーム」

つづいて、作品を知ってから10年単位で年月が経過した後に共通する経験として、ファンをやめずに済ますという実践そのものに注目する。

調査対象者は、現在自身をファンではないと考えているMを除いて、ある人は迷わず、ある人は悩みながらも自身をファンだとみなしていた。本章ではファンであるか否かを本人の認識を基準に判断しているが、ファンを続けるということの内実もまた本人の意味づけによって大きく異なっている。そこで、本節では「続ける」という経験よりもむしろ、「やめない」という経験の共通性に着目していく。

何人かの調査対象者からも言及されたように、これまで「スレイヤーズ」のファンであったことがある人びとの総数を考えれば、現在もファンを続けている人よりもやめていった人のほうが圧倒的に多く、これはファン全般についても同様であると想定できる。そのため、ファンをやめる事態につながる潜在的な要因は、調査対象者の身近にも一定程度存在してきたと考えられる。その意味では、やめていった大勢の人びとと同様の問題に直面しながら、問題が深刻化しないようにうまく対処して、ファンをやめずに済ましてきた実践こそが、長くファンを続けている人びとの共通経験として重要だといえる。

そこで、本節ではファンをやめる事態に発展する可能性があった出来事に関する二人の語りに注目して、本当にファンをやめることにならないよう対処する実践が、いかに「ホーム」と関係していたかを分析していく。

まず取り上げるのは、2015年ごろにAが直面した問題である。当時、Aは自身が主催するオフ会で使用したいと考えたことをきっかけに、「スレイヤーズ」のテレビアニメが収録されたDVDの購入を思い立った。しかし、東京都内の実家で同居していた姉が「オタクに対してめちゃくちゃ、なんかこう、批判的」で、「壊されるのも嫌だった」ために積極的に関連商品を所持することがためらわれたという。

この問題を「ホーム」の複数の次元の組み合わせとして整理すると、メディアミックス作品に関連するメディアを保管する空間として住居を利用したいと考えたものの、同居している家族が懸念材料となり、物理的には大きな問題がないにもかかわらず、安心して保管できない場所として住居を意味づけていたとまとめられる。

これに対してAは、住居と居住地の双方を移動させて、家族との結びつきが顕在化しない「ホーム」に住み替えるという実践を行った。

具体的には、ファンとしての懸念にくわえて、家族仲の悪化によって日常生活の拠点としても苦痛を覚えるようになったこともあり、2017か18年ごろに実家を出て池袋で一人暮らしをするという決断を下したという。

その結果、「もう、よっしゃー、もうどこにでも買いにいけるぜ、みたいに、アニメイト（アニメグッズ専門店）近えーみたいな感じで」、「はっちゃけて」、「家出てしまってから、まあ、どんどんどんどん物が増えて」いって、ファンをやめる事態は回避された。

それでは、Aが実家を出て一人暮らしを始めた時、ファンとしての消費の機会を急増させることにもつながった「ホーム」の変化は、どのようなものだったのだろうか。

まず、自分以外の家族と「ホーム」の結びつきが薄くなり、住居内で他人から害される可能性がなくなったことで、住居をファンとして自由に振舞える場所だとみなせるようになった。また、物理的な空間を一人で占有できるようになったことも、ファンとしての消費を増やす方向に作用した可能性があるだろう。

さらに、しばしば女性のオタクたちが集まる街として表象され、実際に多くの関連店舗が立地している池袋を居住地としたことも、大きな影響を与えた。Aにとって池袋はそれ以前から「庭ですみたいなレベルで」身近な場所として認識されていたものの、「電車に乗るのと、徒歩3分とか5分で行けるの全然違うんで」と、所要時間や公共交通機関の利用が不要になるなどの変化を受けて、「息を吸うようにオタクを満喫してる」と感じるほどに、ファンとしての消費を行うようになったという。

Aの事例からは、「ホーム」における住居、家族、居住地は、組み合わせ次第でファンとしての経験と日常生活の双方をネガティブなものからポジティブなものへ変化させるほどの影響力をもつことが理解できる。

もう一つ、「ホーム」の複数の次元をまとめて変化させるという手段を選択できたAとは異なり、現状では解消しえない問題を抱えたLの事例を見ていこう。

Lは熊本県で生まれ育ち、就職を機に千葉県へ移動して、その後しばらくは同人活動や「スレイヤーズ」からは遠ざかっていた。しかし、結婚と二人の子どもの出産を経て、地元の友人の手伝いをきっかけとして、2015年ごろから同人活動や「スレイヤーズ」ファンに復帰したという経歴をもっている。

Lは千葉県へ移動した翌年から現在の夫と暮らしているが、相手は「オタクではない」ため、自身が「18（禁＝成人向けの作品）を描いてる」ことや、「薄い本（同人誌を）買ってる」ことを悟られないように振舞っており、「隠せてると私は信じてる」という。

Lは、現在は専業主婦で、持ち家の一戸建で夫と二人の娘と四人で暮らしている。そのため、もともと実家に暮らしていた未婚のAと比較して、「ホーム」のどの次元においても現状から大幅に変化させることは難しいと考えられる。そもそも隠している目的が、自身を「純粋なままで見てほしい」と夫の認識を変化させないことにあるため、こうした実践をやめない限り、問題を根本的に解決することは困難な状況に置かれている。

ただし、Lは夫や2人の娘に対して、ファンとしての実践に関わるすべてを隠そうとしているわけではない。友人の手伝いという名目で絵を描いていることや、好きな作品のタイトル、欲しいグッズの情報などは、むしろ積極的に開示している。あくまでも見せたくないのは「こんだけ腐って（BLが好きな）んだぞっていうの」や、「薄い本を買って、薄い本の18（禁）読んでるとか、薄い本の、本、自分で18（禁）を出してるとか」の「自分の性癖」に関する事柄に限られている。Lが同居家族に対して行っているのは、ファンとして見せてよい部分だけを呈示し続けるという不断の取り組みだといえる。

一方で、Lは自身の母親が家族を献身的に世話していたことを指して「母が完璧すぎた」と表現したうえで、「家のことは全部やらなきゃっていうふうな」気持ちがあると語り、仕事やファンとしての実践を自制していることもうかがえた。

その意味で、Lにとっての「ホーム」は理想の母親像を体現すべき場所であり、そういった母親像とも関連しうる、性的なことに対して貞淑であるべきという規範から逸脱するものとして「自分の性癖」を位置づけている可能性がある。

このように絶え間なく行われる実践は、住居における物理的空間の有効活用や、ここは何をしまう場所で誰のテリトリーなのかといった家族内で共有される住居内の意味づけをコントロールすることが重要になる。

空間については、精力的に活動する「スレイヤーズ」ファンへの「（グッズを）置く場所もあるわけですから。わーいいなー、とは、ほんとにもう、羨ましい」という語りを鑑みるに、必ずしも余裕があるわけではないことがうかがえる。限られた空間で安全な保管場所を確保するうえで、Lが専業主婦として多くの時間を住居内で過ごしていることもプラスに働いていると考えられる。

Lから家族と過ごす場としての「ホーム」に対する不満が語られることはなかったが、以上で示してきたように、ファンとして安心できる避難所だとは言い切れないものであり、「ホーム」における意味づけは個人内でも対立しうるといえる。

ただし、Lは現在の「ホーム」の変えられなさに不満を抱くのではなく、実現可能な対策を打つことで、ファンをやめずに済ます実践を達成し続けていた。

6 ファン経験と生活が交差する「ホーム」

本章では、多層的な場所としての家とメディアに関する、あるいは、メディアを通したファンの経験の関係に注目して、ファンとしての経験と、必ずしもファンと関わりがあるとはいえない日常生活が交差する現場となる家がファンの人生にどのような影響を与えているのか、「ホーム」概念を用いて検討してきた。

インターネットの利用開始という、作品を知って間もない時期にファンとして深く関わるきっかけとなった経験については、当初から住居内でPCから接続していた人びとの経験を中心に分析したが、同居家族、とりわけ親の影響が大きく、子どもであったファンは可能な範囲で親への交渉を挑む立場に置かれやすかったことが見出せた。

また、調査対象者のうち住居内でPCから利用していたグループが多数派であったことを鑑みると、彼らの暮らす「ホーム」に早期にPCが導入された結果、作品と出会ってすぐにファンとしての楽しみ方が多様化した、とりわけ他のファンとのつながりが構築されたといえ、PC、ひいては「ホーム」が、熱心かつ長期的に特定の作品のファンを続けていく基盤を整えるのに寄与した可能性があると考えられる。

その後、各自はさまざまなライフコースを辿ってきたが、ある程度ファンを続けた後でファンの継続を下支えした共通経験として、ファンをやめずに済ます実践を取り上げた。容易には変えられない「ホーム」で生じた問題に対して、何とか「ホーム」を変化させることで解決できた事例もあれば、「ホーム」内で葛藤を抱えながら不断に対処し続けている事例もあり、それぞれが暮らす「ホーム」の状況に応じて利用可能な手段が選択されて、短期的または長期的に対処されていることを明らかにできた。

最後に、自身をファンとみなす人びとは、ただファンとしてだけ過ごしているわけではなく、同時に自分の人生や日常生活を営む存在でもあることを強調したい。ファンを続ける経験は、生活拠点としての「ホーム」をうまく利用しながら、ファンをやめずに済ます実践を積み重ねた結果として捉えることで、より深く理解できるといえよう。

【付　　記】
調査にご協力いただいたみなさまに深謝いたします。なお、本章の調査の一部は科学技術振興機構（JST）次世代研究者挑戦的研究プログラム（JPMJST2123）の助成を受けたものです。

■ 参考文献リスト

飯田豊, 2018a,「モバイルメディア――公衆電話が架橋した〈声の文化〉と〈文字の文化〉」高野光平・加島卓・飯田豊編『現代文化への社会学――90年代と「いま」を比較する』北樹出版, pp. 12–22.

飯田豊, 2018b,「インターネット――大学生文化としてのWeb1.0」高野光平・加島卓・飯田豊編『現代文化への社会学――90年代と「いま」を比較する』北樹出版, pp. 43–53.

臺純子・幸田麻里子・崔錦珍, 2018,「ファンツーリズムの基本的構造――アイドルファンへの聞き取り調査から」『立教大学観光学部紀要』20, 123–131.

ハーバート, D., 2021, 生井英考・丸山雄生・渡部宏樹訳,『ビデオランド――レンタルビデオともうひとつのアメリカ映画史』作品社（Herbert, D., 2014, *Videoland: Movie Culture at the American Video Store,* University of California Press.）

Mallett, S., 2004, Understanding Home: A Critical Review of the Literature, *The Sociological Review*, 52(1), 62–89.

Morley, D., 1986, *Family Television: Cultural Power and Domestic Leisure*, Comedia.

Silverstone, R., 1994, *Television and Everyday Life,* Routledge.

第4章 アニメの「聖地」に暮らす

アニメツーリズムを契機とした大洗移住

田澤 真衣

1 ガルパンの「聖地」への移住

1-1 「聖地」に暮らしたい

本書の読者のなかには、アニメなり映画なりドラマなり自分の好きなコンテンツの舞台となった「聖地」を訪れてみたことのある人はいるだろうか。近年、そのようなファンの行為に注目し、「アニメ聖地巡礼」（☞第5章）と呼び、考察する研究が行われてきた（岡本 2018；大方ほか 2020 など）。なかには「アニメ聖地巡礼」を通して訪れた「聖地」を気に入り、いっそここに住みたい、と思ったことのある人もいるかもしれない。あるいは、「聖地」などと言われても、ちょっとよくわからないし、想像もつかないと思われる人もいるかもしれない。いずれにせよ、本章で取り上げる事例は、アニメ「聖地」への移住を行動に移した人びとの語りである。本章では、こうした「アニメ聖地巡礼」を契機にして当該地域に移住した人びとがなぜ移住を決めたのか、彼らの観光経験とその語りから論じていく。

本章では、アニメ『ガールズ＆パンツァー』（以下、ガルパン）の舞台として設定されている茨城県東茨城郡大洗町を扱う。「ガルパン移住者」の存在はSNSや現地で噂になっている。その数は一説には200人にものぼるとされているが、行政や商工会もその実際の数は把握していない。転出入者アンケートにも反映されていない。しかし本章では実際の人数は重視していない。重要なのは、アニメファンや地域住民の間に「移住者が100人くらいいるらしい」という言説が確立され、受容されているということである。本章における関心は、アニメをきっかけに移住した人びとが、移住の理由をどこに見出しているのか、移住前後の関わりはどのようなものか、という点である。

図 4-1　大洗町の場所 1)

1-2　フィールド概要：茨城県大洗町

大洗町は水戸駅から東へ 10km ほど離れた海沿いの町である（図 4-1）。周囲を涸沼（ひぬま）川、那珂（なか）川、太平洋に囲まれている。大洗駅から海岸線までは歩いて 15 分ほどで、大洗駅から海の方向、南側の大貫（おおぬき）町、中央の磯浜（いそはま）町、北側の祝（いわい）町で主に構成されている。水戸駅からは大洗鹿島線を使って 15 分ほどで移動ができる。東京から水戸駅までが高速バスで約 2 時間強なので、水戸駅での乗り換えの時間などを多く見積もっても、東京から約 3 時間で訪れることが可能である。水戸駅までは東京駅のほかにも仙台駅、宇都宮駅、名古屋駅から高速バスが走っているほか、北関東、首都圏、茨城以北から高速道路が通っているため交通の利便性が高い。

大洗町がガルパンファンの来訪を受け入れる下地の一つになったのは、江戸時代に起源を遡る古くからの観光地であったという歴史である。大洗磯前神社下に巡礼者向けの料理屋「川崎屋」（現・魚来庵）が 1865 年に建てられ、1870 年には旅館も兼業するようになった（大洗町史編さん委員会 1986：85）。1800 年代後半からは行楽としての海水浴が日本全国に普及し、大洗でも海水浴場が開場した。以降は東京から少し足を延ばした距離にある行楽地として人気となる。戦後 1956 年から 1990 年代には全国的なレジャーブームを背景に、大洗鹿島線の開通など交通機関が発達し、保養所

1）https://www.google.com/maps/place/@36.0501076,140.0359265,9.8z（2024 年 5 月 20 日最終閲覧）

やマリンタワーなど観光施設も多く作られた（渡邉ら 2016：8）。この当時の大洗の観光者数は数年で大きな伸びを見せている。1981 年は 400 万人ほどだったが、1989 年には 700 万人に迫っていた。レジャーブーム以降、茨城県全体で観光客数が減少する一方で、大洗は観光施設の新設や改築が 2000 年代に相次ぐことによって集客を保っていた。2011 年に発生した東日本大震災の影響で観光客数は大きく落ち込むものの、2019 年までの観光入込客数は 400 万人台を維持している。またコロナ禍の 2020 年、2021 年は約 280 万人にまで落ち込んだが、2022 年には再び 400 万人を集客している。主な観光場所に大洗磯前神社、かねふく明太パーク、大洗マリンタワー、大洗わくわく科学館、大洗リゾートアウトレット、アクアワールド大洗（水族館）などがある。

1-3　『ガールズ＆パンツァー』について

『ガールズ＆パンツァー』は 2012 年 10 月から 2013 年 3 月まで TOKYOMX などで放送されたアニメーション番組である。2014 年に番外編オリジナルビデオアニメーション（OVA）が発売され、2015 年には劇場版が公開された。2017 年以降は約 1 年半に一本のペースで全 6 話の「最終章」と称される新シリーズが劇場で公開されている。さらに 2020 年 2 月には新作 OVA が発売されるなど、アニメ放映から 11 年経過した現在も継続している息の長いアニメである。本章が執筆された 2024 年初めには最終章第 4 話が公開されているので、向こう 3 年は継続するであろう。

簡単に物語の概要を記す。茶道や花道と並び、戦車を使用した武道「戦車道」が「乙女の嗜み」として広く受け入れられている世界において、大洗女子学園の生徒である主人公らが戦車道の全国大会優勝を目指す物語である。公式ホームページにて「ハートフル・タンク・ストーリー」と謳われているように、キャラクターの友情や心理に注意を向けた作品となっている。また戦車などの軍用機が精巧に描かれていること、過去の戦争映画のオマージュやパロディが多く含まれることから、ミリタリーファンなども惹きつけている。ガルパンアニメ単体の魅力としてはいわゆる「学園モノ」「美少女アニメ」とミリタリー要素の両立が大きいだろう。

1-4　ガルパンと大洗

そもそもなぜ大洗がガルパンの舞台に設定されたのか。バンダイビジュアルのプロデューサーである杉山潔は、インタビューでこう語っている。「女子高生が戦車に乗って、武道をやります」というファンタジーの度合いが大きい場合に、まったく架空の世界にしてしまうとリアリティが薄まるので、実際の場所に根差したい。

こう考えている間に、東日本大震災が発生した。震災報道の中で北茨城があまり報道されていないのではないか。被災地にアニメで何かできないか、という水島努監督の言葉を受けて、大洗町を挙げた（ガルパン取材班 2014）。

ガルパンは大洗の観光業に大きな影響を与えた。大洗町では、毎年11月に商工会が主催する「あんこう祭り」が開催される。ガルパン放映前は平均来場者数が2～3万人であったが、ガルパン放映直後の2012年は6万5千人、2013年は過去最高の10万人を記録した（ガルパン取材班 2014：118）。以降も順調に来場者数は伸び続け、コロナ禍前の2019年には14万人が訪れた。行動規制が緩和された2023年はあんこう祭りだけで6万人、前日の商工感謝祭と合わせるとのべ10万人が訪れた。

2　アニメツーリズムと移住はどのように結びつくか

2-1　ライフスタイル移住とアニメ聖地：観光人類学と移住研究の重なりを考える

「アニメと場所の社会学」と名づけられた本書のなかで、本章はどのような研究史の上にあるのか。まず、「「観光」から「移住」へいたるまでの〈はざま〉のスペクトラム」（山下 1996：55；1999：154）と指摘される、観光人類学と移住研究が重なる領域を考えなければならない。本章はここに、アニメという要素が足されるとどのような現象・実践が起こるのかを見ていくものである。そのため、まず、観光人類学と移住研究の重複部分がどのように研究されているかについて整理する。

従来の移住、移民は経済的・宗教的・政治的といった「やむを得ない」理由で起こると捉えられていた。しかし現在の人類の移動は、個人の意思によるさまざまな理由や形態を取っている。観光、留学、出張、ワーキングホリデー、国際結婚など期間も目的も多様である。どこかへ移動し、長く滞在し、場合によってはその地に住む「移住」という実践は、「移動し、移動先に暮らす者」という幅広い概念で捉えられる傾向にある（山下 2009）。先ほど挙げたいくつかの移住のかたちを一括した概念が「ライフスタイル移住」である。

ライフスタイル移住者は「仕事や政治的理由などの伝統的な要因ではなく、多くは生活の質と広範に言われる何かに駆り立てられて移住する人々」と定義されている（Benson 2009）。ライフスタイル移住に括られる移住概念の共通点として、「観光や滞在経験と移住のつながり」（長友 2013）が挙げられている。ただし、この「つながり」の間にある要素は移住先や移住者の属性によって異なる。先に挙げた長友はオーストラリアに移住した日本人女性を対象にしている。ここでは、観光経験によって海外への憧れや理想や生活のイメージが増幅する様子が描かれている（長友 2013）。

他に例を挙げると、沖縄県を事例として調査を重ねる小原の研究がある。小原によると、ライフスタイル移住は以下のプロセスを踏みながら進行するという。

①ポジティブ経験、②肯定的経験評価、③訪問回数（リピート訪問）、
④移住不安、⑤移住意図、⑥現状不満、⑦移住決断（小原 2020）。

これは観光と移住の間の態度にどのような変化が起こるかを説明するのに、順当な要素だといえる。その上で、「ポジティブ経験」や「肯定的経験評価」を形作る要素は、観光形態や移住先によって異なる可能性も捨てきれない。このモデルを精緻化させるために、人びとの具体的な語りを蓄積することが重要である。同じく沖縄県をフィールドとして1990年代以降の移住を検討した須藤（2011）は、沖縄県への移住者は沖縄を「特別な場所」として差異化・固定化し続けるとしている。移住を契機にして移住者の自己の在り方は大きく変化する一方で、沖縄の「非日常」「特別な場所」としてのイメージ・場所性を固定化していくという。

以上、観光と移住のつながりについて述べたいくつかの研究を挙げた。これらと比べてアニメツーリズムによる移住の特異性は、「ライフスタイル」の軸にアニメが参入していることにある。以上に述べた先行研究は場所性がイメージとなっていたが、アニメ聖地はアニメが地域の具体的イメージとして先行することに特徴がある。

2-2 「観光のまなざし」と「真正なものがたり」論

コンテンツツーリズムをきっかけとした移住という現象を検討するうえで、本章では、J・アーリの「まなざし」概念と、橋本和也が提唱する「真正なものがたり」を概念として用いることとする。

アーリは観光を、メディアによって作られた場所のイメージ（「まなざし」）をその場所で消費するために出かけることだとしている（アーリ 1995）。「まなざし」はM. フーコーによって概念化され、「見る」「見られる」という関係が権力構造のもとに制度化されたものである。本章で対象としているアニメツーリズムとしての大洗観光は、アニメによって作られた大洗のイメージを、観光者が現地に赴き投影することを指す。これはアーリのいう「メディア化されたまなざし」である（アーリ & ラースン 2014）。しかし、「まなざし」概念に対する後年の指摘にもある通り、観光地におけるまなざしは観光者からの一方向だけではない。大洗における「聖地巡礼」を楽

しむ観光者が地域住民に「ガルパンさん」と総称されているように、地域住民もまた観光者をまなざしている。この交錯したまなざしのなかで、観光者と地域住民の交流が生まれていく。

「真正なものがたり」は、真正性の議論に関する橋本独自の展開である。真正性とは、「観光対象が真正か否か」に関わる一連の議論である。従来の真正性の議論では、「まがいもの」に目を向ける観光者については触れてこなかった。橋本によれば、現在は観光者にとって観光対象が真正かどうかは問題ではない。観光者は自分の観光対象が真正でないとわかったうえで選んで観光を行っており、むしろ観光経験が自分にとって真正であるかどうかに重点が置かれている（橋本 2018）。そしてここには観光者（ゲスト）を「もてなす」ホストによる「真摯な」対応の経験も含まれる。この視点を導入することによって、従来批判されてきた「まがいもの」を楽しむ観光者を議論に乗せることができる。

橋本の概念は、従来「地域（住民）に対する愛着」と一言で片づけられてしまいがちな、地域住民と観光者の関係を詳細に描き出すことができる。加えて、描き出された「ものがたり」は、観光地に関わっていく観光者の重要な原動力の一つとして捉えることができる。

さまざまな「まなざし」が溶け合った観光地を歩く観光者と、彼らの経験である「ものがたり」を描くことにより、残された課題である「観光者はどのようにして移住者となるのか」という問いに答えることができる。

3 「ガルパン移住」を取り囲む人びと

本節では、アニメをきっかけに大洗へ移住した人の語りを紹介する。また、3-3項では地域住民とアニメファンがどのように交流を重ねるのかを見ていく。

3-1 「勝手知ったる町」になる

最初に紹介するのは、大洗でダイニングバーＯを経営するＮ氏である。Ｎ氏は福島県出身で、ダイニングバーＯの開店とともに移住してきた。彼の移住に至るまでの大洗との関わりを見ていこう。

1）「言われてから 30 秒で決めました」：ダイニングバーＯの開店と大洗移住

Ｎ氏は「聖地巡礼」のために 2012 年に大洗を初めて訪れた。出身地から近い場所でアニメとのタイアップを町ぐるみで行なっていることがものめずらしかったという。彼は2015年に初めて移住したが、この間の3年間は週に1回という頻度で大洗を訪れていた。1か月ほどで「巡礼」のスタンダードな場所を回り終えると、飲食店を中心に大洗をめぐった。ここから大貫町に店を構えるY酒店の店主、Y氏と親しくなった。

2015年、Y酒店の新事業としてダイニングバーOを開店することになった際、Y氏から働かないかと打診された。当時N氏の勤務先が閉店することとなっており、就職先を考えている最中だったため、Y氏の提案から30秒で働くことを決断したという。これがN氏の最初の大洗移住だった。以降N氏はダイニングバーOのバーテンダーを勤め、「チーフ」の愛称でファンや客から親しまれた。

2)「過ごしやすいことがわかっていた」：退職と2度目の移住

N氏はダイニングバーOで2年ほど働いたが、一度退職し福島県に帰っている。彼は趣味で多くの動物を飼っており、一度特定動物を飼ってみたいという願望があった。しかし賃貸での飼育は法制度上不可能なため、仕事よりもそちらを優先して実家に戻ったのだ。しかし事務手続きなどが間に合わなかったため、結局は特定動物を飼うという願いはかなわなかった。地元で就職が決まっていたことに加えコロナ禍が始まり、変に動くよりおとなしくしておこうと考えた彼はそのまま2年ほど福島県で過ごした。

2022年に再び大洗に戻る機会が訪れる。N氏の「卒業」後ダイニングバーOに勤務していた店長を含む2名が退職することになった。ちょうど、その頃N氏も「大洗に戻ろうか」と考えていたところだった。どこからかそれを聞きつけたY氏が、N氏に「店買わない？　安くしとくぜ」とオーナー譲渡を持ち掛けてきた。了承したN氏は、福島県の職場を退職するまでは週に1回ダイニングバーOで勤務を再開し、2023年から再び大洗に移住しダイニングバーOの経営兼店長をしている。

一度地元に戻ってから再び大洗を移住先に選んだことについては就業のほかに「勝手知ったる町で、過ごしやすいことがわかっていた」ことがあるという。

3-2 「糸を引いてお手伝いしたい」：大洗でイベントを開催する移住者

次に、大洗で移住者、観光者、商店街の人々を巻き込みながら多くのイベントを主宰している、移住者のKM氏（50代男性）の事例を挙げる。KM氏は2014年に大洗に住民票を移しているが、2019年7月に就業の関係で転出し、現在はひたちなか市在住である。派遣会社との契約満了次第、大洗に再び転入予定であるという。

1）ふたたびの大洗

KM 氏は茨城県日立市出身である。移住前は栃木県宇都宮市の不動産会社に勤めていた。当時は経済的にかなり余裕があったものの、課せられた役職へのストレスから、2014 年 8 月頃には 2 日に 1 キロのペースで体重が減少するほどであった。「こんなにつらい思いをして体壊すくらいだったら［…略…］、仕事見つける前にとにかく引っ越しちゃったほうがいいかなって」と語るように、激務から「逃れる」ようにして大洗移住を果たした。

KM 氏はなぜ逃避先として大洗を選んだのか。その理由は彼の税務署勤務時代の経験、そしてガルパンの存在である。KM 氏は高校卒業後、国税局に就職し、職員を約 20 年間務めた。最初の赴任先が水戸税務署、担当地区は大洗町であった。この時、町議や商店街などの人びとと大きな関わりを持つこととなったという。

図らずもそのような思い入れのある町がアニメの舞台に設定されることになり、KM 氏はふたたび大洗に強い関心を向けた。茨城県在住のインターネットで知り合った友人にガルパン視聴を勧め、2014 年に友人らと初めて大洗で「聖地巡礼」として町を巡った。移住まで月に 2 回ほど単身で大洗を観光し、来訪時は SNS で得た情報をもとに町内を散策していたという。そのうち数軒「行きつけ」を作り、移住以前から通い続けることで店主らと友好を深めていった。この関わりが彼の大洗での活動に大きな影響を与えていくこととなる。これに、「茨城弁を話す生活がしたい」という故郷へ回帰する欲求、そして不動産会社での激務のストレスが重なり、移住を決意した。

2）大洗を「重ねる」

彼は税務署勤務時代の郷愁を胸に、記憶を辿り当時との比較を楽しみながら大洗を散策していた。当時との「違い」の一つであった店舗が、移住後 KM 氏の活動の拠点の一つとなった。その店舗が、前項でも取り上げた Y 酒店である。

> KM 氏：僕は「大貫の Y 酒店」っていうのはそこ（東日本大震災発生以前の場所）しか分からなくて。大洗に通っているときに、いつ行ってもいない。いつも見つけられなかったんですよ。諦めて帰ろうとしたらそこ（現在の場所）にあって、「ここってあの Y さんですか？」って聞いたら「そうだよ」って。当時まだ 3 代目が小学生だっ

たんですよね、自分が配属されたときは。2代目の大旦那と女将と「老けたね」みたいな感じで。そんな感じで仲良くなったんです。（括弧内は筆者注）

大洗に通っているうちに旧知の人と再会を果たしたKM氏は、移住後は毎日のようにY酒店に訪れていたという。

そこで、「お世話になっているんだから」とKM氏と友人3名で「勝手にY大感謝祭」というイベントを企画した。当初は参加者10人程度の規模で考えていたが、SNSで告知の投稿を行ったところ、当日の開始時間である午前11時30分の時点で60人ほどが集まっていた。KM氏は大洗の商店街から購入した食材や農家から分けてもらった野菜でもつ鍋を作っていたが、開始30分ほどですべて無くなってしまったという。その後は多くの参加者が食材を持ち寄り、バーベキューを楽しんだ。最終的な入場者は100人ほどになった。この入場者のほとんどは、イベントの情報をSNSから得た人びとであった。

KM氏は移住して1年ほどは就業をせずに過ごしていた。前職でのストレスから「もういいかな」「なるようになるしかないかな」と、「開き直って」いたという。それまでの就労による経済的余裕も後押しし、2014年から2015年にかけてほぼ毎月大洗でイベントを主宰、または幹事として参加していた。こうして彼の関わるイベントを中心に、一部の観光者、地域住民、移住者にコミュニティが形成されていくこととなる。2014年12月31日、大洗町磯浜町に店を構えるU精肉店にて、U精肉店経営者と移住者数名で主宰された「Uオールナイト」という、大晦日から元旦の朝8時ごろまで酒類や惣菜を提供するイベントが開催された。2015年から2018年はKM氏が主宰を務めた。2016年からは事前に参加者やボランティアスタッフも募集し、2018年までの推定参加者は、毎年約300人であった。

彼は多くのイベントを主宰しているが、一貫して大洗の飲食店から会場や食事提供の協力を得て行っている。そしてそのイベントには移住者や「ガルパンさん」と呼ばれる観光者が参加することとなる。参加者はガルパンが好きという一致点で集まっているが、KM氏の主宰するイベントはアニメに直接関係するものではない。ガルパンを超えて大洗町そのものに愛着を向ける人びとの集いといえる。KM氏は、彼のイベントに参加するなど大洗町の地域住民と友好な関係を築こうとする観光者について、そしてイベントを主宰する自らについて次のように述べた。

KM氏：そういう関係性を、ほかの巡礼者も求めてるんですよ。仲良くなりたい。で、やっぱり、最終的に居場所が欲しいんでしょうね。イベントがあった時に、屋台の向こう側に立ちたいと思うんです、皆さん。自分はもう移住した以上「ゲスト」じゃないな、と。でも「キャスト」[2)]でもないな、と。じゃあ黒子の虎でいいから、糸を引いてお手伝いできれば、盛り上がってみんなでなんかできたらいいな、って思ったら、じゃあイベントやろうか。って。

KM 氏は上記イベントのほかにも、O 食堂の料理とお酒を楽しむ会、通称「O 会」という会員制の食事会の主宰ほか、あんこう祭りで O 食堂や F 食堂のスタッフとして参加している。

3-3 交差する人びと：地域住民、移住者、観光者

ここまで、大洗に移住してきた人たちの実践を記述してきた。本項では、大洗で地域住民と移住者、観光者がどのような関わり合いを行なっているかを見ていく。

筆者は 2023 年 11 月 17 日から 19 日まで大洗を訪れ、「商工感謝祭＆あんこう祭り」前日と当日の町を観察した。この日を選んで調査を実施したのは、あんこう祭りなど大洗で催されるイベントはガルパンファンや移住者の一大結集点のためである。以下はそのフィールドノートに基づく記述である。

1）喫茶 B

まず喫茶 B を訪問した。喫茶 B は 70 代女性が経営する喫茶店である。アニメ内には登場しないため直接の「聖地」ではない。来店するとノベルティグッズがもらえること、ガルパンの描写に因んだ食事を提供することから「巡礼」を行うファンに人気の店舗である。大洗でイベントが開催される日や週末のお昼時は店前に行列ができる。普段は店主一人で営業しているが、混雑が予想される日だけアルバイトを一名雇用している。

店主が「看板娘」と称するキャラクターの等身大パネルは店内にあった。雨だから外に出さなかったのだろう。店内は四人席が四つと、麻雀ゲームの筐体にテーブルクロスを敷いた一人用の席が一つ。店内はアニメに関するポスターや来店客の名刺などで埋め尽くされている。普通の喫茶店なのにアニメグッズのゴテゴテした感じが落ち着かなく、なんとなく奇妙な感じがする。

2）発言ママ。観光人類学での二項対立は「ホスト／ゲスト」。KM 氏の発言は大洗を東京ディズニーリゾートになぞらえたものだと考えられる。

筆者とほぼ同時に女性が入店した。着席してすぐ、女性の連れ合いであろう男性が入店し、店主と駐車場所の確認をしている。2分ほど後に男性の二人組が入店。筆者の隣の入り口に近い席に着く。店主は入店した順に注文を聞いていく。女性と男性の二人組は鉄板ナポリタン。セットになっているドリンクを作ってから、筆者の注文を聞きに来た。男性二人組の注文は聞かずに、最初の二人組の調理に向かう。およそ5分後、二人分の鉄板ナポリタンを運んできた。「レディーファーストね」と女性へ先に渡す。筆者が注文したドリンクをサーブした後、男性二人組の注文を聞く。男性たちに「久しぶりですか」と声をかける。男性たちは5か月ぶりに来たという。「明後日あんこう祭りだから、当日は混むでしょう」と一人の男性が言うと、店主は「当日じゃない。明日から月曜まで混むよ。今日は嵐の前の静けさ」と言いながら厨房に戻り、調理を始める。

調理中、厨房に近い席に座る二人に店主が話しかける。「大洗は初めて？」女性が「大洗は3回目だけどこのお店は初めてです」と返す。「今日来てよかったね。ここが歩行者天国の始点だから、この空間はどうなることやらって商工会の人からおどされてます。だからね、明日から3日間はバイトを雇ってるの」と店主が語る。

男性二人組の注文が届くころ、男女二人組は店を去る。男性二人が会計中、「これ貰った？」と店主が細長く丸まった紙を渡す。喫茶Bで食事をすると貰えるノベルティで、今回は紙製のランチョンマット。昨年訪れた時は紙製のコースターだった。男性たちに「どこに泊まってるの？ あんこう祭りプランがあるよね」と話している。

男性たちが退店すると客は筆者だけになった。ゆっくりと食事をしながら店主と話をする。店主は次のように語ってくれた。

喫茶Bは店主が26歳のとき、1973年に開店しておよそ50年経っている。アニメファンに向けた店づくりをする前はいわゆる「地域の喫茶店」で、メニューの種類も豊富だった。現在の路線に切り替えてからは、「ガルパンファンしか店に入れていない」という。

ガルパンプロジェクトが動き出した2011年頃、店主は持病の悪化や夫の死、体調不良でガルパンに関わる余裕がなかった。商工会や役場の職員が話に来たもののあまり興味が湧かなかった。しかし「巡礼」で訪れたファンに事情を話してみると、ファンが独自のメニュー作りなどさまざまな提案をだしてくれた。ガルパンにくわしくない店主のために、名刺づくりもファンが請け負った（ガルパン取材班 2014）。ファンたちの態度に触れ、店主はファン向けの店づくりを始めた。こうして、現在はファンに人気の店となった。

前項で事例に挙げたKM氏は、この店主に「来ちゃえば？」と言われて移住を後押しされたと語っている。以前筆者が平日昼間に同店を訪れた際には複数の移住者が来店していた。ファンや移住者にとって関わりを持っていたい店の一つであることが伺える。

2）クラブM

Mはいわゆる角打ちと呼ばれるスタイルの店で、来店客は生ビールを注文するか、半地下のワイン専用部屋から店主と一緒にワインを選ぶか、店内で販売されている飲み物を買って飲むか、そしてただ買い物に来ただけかの四つに大別される。

調査日は商工感謝祭の前日で金曜日のため混んでいると思ったが、14時過ぎに筆者が訪れたときは七つのカウンター席を半分ほど埋める程度だった。いちばん手前の席に座る。店主の妻が「お久しぶりね」と声を掛けてくれた。「今年は空いてますね」と返すと店主や客が口々に「今日は雨だから」「去年の金曜日は忙しかったけどね」「3時ごろにホテルのチェックインが始まるから、それ超えたら前泊してる人たちがうろうろし始めるよ」「まあどっちかというと今年は月曜日の方が混むだろう」と言っていた。見知った顔がいるな、と思ったら昨年の商工感謝祭前日に同店でボジョレーヌーボーなどをご馳走してくれた東京都大田区からの常連客、A氏だった。隣にはL大学に在籍する中国出身のS氏、大洗住民のD氏、そして大洗移住者のC氏が座っている。彼は2019年に新潟県から移住してきた40代男性で、大洗で就職した。昔から雪が大嫌いで新潟を脱出したいと感じており、「来ちゃえ！」と思ったと話していた。家はクラブMに通いやすいところ、ということをいちばんの基準として探したという。

D氏はクラブMをきっかけに移住者やガルパンファンと友人になり、ほぼ毎日ネットゲームをして遊ぶほど仲がよいのだという。筆者も今回の訪問をきっかけにS氏と頻繁に連絡を取り研究の相談などを気軽に話せる友人になった。ガルパンというアニメを出発点にしながら、アニメという共通点を超えて関係が創られていくのである。

4 「聖地」に暮らすまで

大洗における「聖地巡礼」は、アニメによって作られた大洗のイメージを、観光者が現地に赴き投影することを指す。また「聖地」を「巡礼」することはもちろん、周囲の観光スポットやご当地グルメを探すだろう。その時旅する先は、「聖地」とともに一つの観光地としてまなざされている。先にも述べたように、地域住民もまた観光者をまなざしている。交錯したまなざしのなかで、観光者や移住者、地域住民は関わりあっていく。この交流がポジティブなものであったとき、観光者は大洗を「自らの新しい居場所」としてまなざしていく。これが繰り返されることにより観光者の大洗への愛着は高まっていく。アニメの愛好に「場所」への愛好が加えられる。さらに移住者の語りには、本章で取り上げたような「勝手知ったる町」「ゲストでもキャストでもない」というもののほかにも、「何回も通うくらいなら住んだ方がいい」「時間ができたらすぐ大洗に帰りたい」「帰洗」というものが見られる。もはや大洗はアニメファン観光者にとって、「行って帰る」場所ではなく、「帰る」場所になっていく。

ここまで観光者の向けるまなざしに言及したが、3-3では地域住民とアニメファンの交流の実態を見た。喫茶Ｂの店主は店の運営方針を大きく変え、地域の喫茶店からガルパンファンのための喫茶店になっている。店主も来店するファンほぼ全員に声をかけ、積極的な関わりを楽しんでいる。クラブＭでも移住者・地域住民・観光者が「常連」としてＭに集まる。彼らは店主も含めたコミュニケーションを望んでおり、自らが「観光者」「移住者」「ガルパンファン」としてまなざされることに抵抗はない。喫茶Ｂの「ガルパンさん」向けの「真摯な」店づくり、クラブＭ店主の「真摯な」態度による観光客の常連客化に現れているように、まなざし、まなざされた観光者と地域住民が「真摯な」関わりを持つことによって、その経験が「ものがたり」として構築されていく。ここでいう「ものがたり」とは、記憶された諸々の出来事をあるコンテクストのなかに再配置し、さらに時系列順に配列することである（野家 2005）。本章で取り上げた事例に落とし込んでみると、以下のようになる。

Ｎ氏は単なる「聖地巡礼」から「観光地の飲食店見学」と大洗訪問の目的を少しずらし、その中でＹ酒店と交流を深めて移住をしている。一度地元に戻った後も、「やりたいことができないなら大洗にいる」という優先順位を持っている。

KM氏は、はじめの大洗観光では「過去の勤務地」と「聖地」という二つのまなざしを向けていた。そして多忙で苦しい毎日からの逃亡先でもあった。繰り返し訪問するうちに地域住民との親交を持ち、自分の新しい居場所だと定め、転職して大洗に関わっている。彼らにとって大洗は、観光や「巡礼」する場所から、自分が住むべき場所に変化している。これが彼らの「ものがたり」なのである。

言い換えるなら「「観光」と「移住」にいたるまでの〈はざま〉」には、まなざしを変化させ、地域住民との「真摯な」関わりによって、「真正なものがたり」を構築するという過程が存在しているのである。

【付　記】

本章は、2020 年度に成城大学文芸学部に提出した卒業論文「聖地に「暮らす」――コンテンツツーリズムを契機とした大洗移住」を改稿したものです。調査にご協力いただいた大洗町のみなさま、誠にありがとうございました。

■ 参考文献リスト

アーリ, J., 1995, 加太宏邦訳,『観光のまなざし――現代社会におけるレジャーと旅行』法政大学出版局（Urry, J., 1990, *The Tourist Gaze: Leisure and Travel in Contemporary Societies*, Sage.）

アーリ, J. &ラースン, J., 2014, 加太宏邦訳,『観光のまなざし（増補改訂版）』法政大学出版局（Urry, J. & Larsen, J., 2011, *The Tourist Gaze 3.0*, Sage.）

大洗町史編さん委員会, 1986,『大洗町史』大洗町

大方優子, 岩崎達也, 津村将章, 2020,『アニメ聖地巡礼の行動特徴と地域施策――事例からの考察』九州大学出版会

岡本健, 2018,『アニメ聖地巡礼の観光社会学――コンテンツツーリズムのメディア・コミュニケーション分析』法律文化社

小原満春, 2020,「観光経験と観光地関与がライフスタイル移住意図へ及ぼす影響」『日本観光研究学会機関誌』32(1), 33–46.

ガルパン取材班, 2014,『ガルパンの秘密――美少女戦車アニメのファンはなぜ大洗に集うのか』廣済堂出版

須藤直子, 2011,「新しい「移住」のかたち――1990 年代以降の沖縄への移住を事例として」『早稲田大学大学院文学研究科紀要. 第 1 分冊, 哲学 東洋哲学 心理学 社会学 教育学』56, 63–80.

長友淳, 2013,『日本社会を「逃れる」――オーストラリアへのライフスタイル移住』彩流社.

野家啓一, 2005,『物語の哲学』岩波書店

橋本和也, 2018,『地域文化観光論――新たな観光学への展望』ナカニシヤ出版

山下晋司, 1996,「《南》へ――バリ観光のなかの日本人」青木保・内堀基光・梶原景昭・小松和彦・清水昭俊・中村伸治・福井勝義・船曳建夫・山下晋司編『移動の民族誌（岩波講座 文化人類学 第 7 巻）』岩波書店, pp. 31–59.

山下晋司, 1999,『バリ――観光人類学のレッスン』東京大学出版会

山下晋司, 2009,『観光人類学の挑戦――「新しい地球」の生き方』講談社

渡邊瑛季・阿部依子・伊藤瑞希・猪股泰広・王瑩・名倉一希・松原伽耶・山下清海, 2016,「茨城県大洗町における海浜観光地域の継続的発展要因」『地域研究年報』38, 1–29. https://tsukuba.repo.nii.ac.jp/records/37619

Benson, M. 2009, A Desire for Difference: British Lifestyle Migration to Southwest France. M. Benson, & K. O' Reilly (Eds.). *Lifestyle Migration: Expectations, Aspirations, and Experiences,* Ashgate, pp.121–135.

第5章

中国のアニメファンにとってのアニメ聖地巡礼

さまざまな壁を越えた受容とファンたちの国際移動

董 鎧源

1 「場所の消費」とアニメ聖地巡礼

イギリスの社会学者ジョン・アーリが1995年に著した『場所を消費する』は、タイトルどおり場所と消費を考察した本だが、そのなかで、場所が次から次へと消費される「ツーリズム産業」の出現に次のように触れている。「場所がしだいに、商品およびサービスの比較、評価、購入、使用のためのコンテクストを提供するような消費の中心地として再構築されてきている」(アーリ 2003: 4)。須藤によれば、「観光客と地元住民とが共有するはずの〈コンテクスト〉や「意味」は、観察の対象、消費の対象となることにより、消費者である観光客にわかりやすいように作り変えられる。こうして、観光対象の〈コンテクスト〉や「意味」は、観光地や観光地住民の「いま、ここ」といった「生きられた日常」との「つながり」を絶ってしまう」(須藤 2008 : 164)。「場所は、そういう観光者の種々のまなざしのかたちによって作られ、作り直されたものなのだ」(アーリ & ラースン 2014 : 186)。アーリの「観光のまなざし」論では、観光対象が社会的に構築されることに「観光の本質」を見出した。しかし、「観光対象を創造するのは観光専門家に限定されるわけではない。観光者もまた観光対象の創造に関与する可能性」(周藤 2018a) がある。アニメ聖地巡礼はこのよい例だといえる。

日本において、アニメ聖地巡礼というファン行為は、1990年代初めに登場し (岡本 2009)、2000年代初頭に確立したといわれており (大石 2011)、アニメ作品の制作過程における部分的な電子化とDVDの普及による画質の向上を背景としていたと考えられる。2000年代後半になると、現地を訪問するアニメファンのムーブメントを地域活動に取り入れる地域が出現するようになった。地域は、活性化の手段の一つとして、アニメ聖地巡礼に期待のまなざしを向けるようになった。2010年代になるとアニメ作品の制作段階から地域との連携を模索する作品が出現するようになった（周藤 2018b）。

要するに、アニメ聖地巡礼という行為は、アーリの言う「観光のまなざし」に完全には支配されていない。「「観光のまなざし」を超えた実践も、また我々が実際に「聖地巡礼」を行うとき経験するのである」（周藤 2016）。アニメ聖地巡礼とは「特定のアニメのファンが、そのアニメに描かれた場所や建造物などを「聖地」と呼び、そこに「巡礼」と称して訪れるという文化・社会現象を意味する」（由谷・佐藤 2014：9）。そして、「アニメ聖地巡礼で、舞台となった土地をめぐる行為は、「その土地の文化や歴史に触れること」ではなく、あくまでも「アニメの背景を巡る行為」に他ならない」（田所 2017：64）。場所は、「アニメの世界観やストーリーという新たな「コンテクスト」を呼び出すための装置として機能している」（田所 2017：64）。つまり、「場所は、ある特定の種類の居住者や訪客を引きつけたり引き離したりする情動の場となることもある」（アーリ 2015：372）。

現在、中国のアニメファンは、日本のファン文化の一部を受容し、日本のアニメファンの文化のなかで育まれたファン行為であるアニメ聖地巡礼を行うようになっている。そして中国でも日本のアニメ聖地巡礼に関する研究がここ数年注目され、2023年末までに、アニメ聖地巡礼に関する中国語の論文が50本弱、登場している。しかし、これらの論文の大半は、主に日本人のアニメファンの行為に注目しており、中国人のアニメファンの「聖地巡礼」行為について言及している論文は限られている。張（2018）は、中国のソーシャルメディアの発展と共に、中国人のアニメ聖地巡礼者の全体像や、「聖地」に関する情報入手の仕方を明らかにすることを試みたが、ファン活動としての「聖地巡礼」がどう受容されていったかを解明してはいない。劉（2020）は『SLAM DUNK』に焦点を絞り、アンケート調査を通じて、中国人観光客の「聖地巡礼」の動向を考察した。余（2023）はアニメ聖地巡礼が、中国でどのように受容されたかを考察したが、その考察と根拠は不明瞭で、中国におけるアニメ聖地巡礼の受容のされ方を明らかにしているわけではない。

そこで、本章では中国のアニメファンが、日本のファン文化であるアニメ聖地巡礼をどのように受容し、自ら実践するようになったのかという問いを明らかにするため、最初に中国のアニメ雑誌の記事と新聞の記事を、次に、「聖地巡礼」に関して、中国のインターネット上に公開された記事やSNS上の巡礼記を分析した。最後に、関係者（第5節で言及する孟氏、軟軟冰、「木之幡米菈」、「大吉山」グループのメンバー三人）に対する聞き取り調査を実施した。

2 中国のアニメファンと「聖地巡礼」との出会い

中国のアニメファンたちに「聖地巡礼」と呼ばれるファン行為がはじめて紹介されたのは、柿崎俊道が2005年3月に出版した『聖地巡礼――アニメ・マンガ12ヶ所めぐり』（柿崎 2005）の紹介記事によってである。中国のアニメ・マンガ情報サイト「動漫頻道」[1]は4月8日付で、この本を簡単に紹介したが、「聖地巡礼」が何かについては、特に説明をしていない。中国のアニメ情報雑誌『動漫販』は、この本の一部を抜粋し翻訳したと思われる記事を、2005年9月～12月の四つの号に連載した[2]。9月号の記事において、「聖地巡礼」は「アニメのシーンの現実の所在地を探す行為」（『動漫販』2005年9月号：68）と説明される。『動漫販』が「聖地巡礼」の記事を掲載したのは、アニメに描かれた日本の実在の風景を媒介に、日本に関心を持ってもらい、自社の企画するツアーに読者を誘導するためであって、この記事を持って現地を訪問してもらうためではない。これらの記事は、4回の連載にとどまり、柿崎（2005）の一部を切り取ったにすぎなかった。「聖地巡礼」という言葉は、2005年当時の中国のアニメファンに定着することはなかった。しかし2012年までには、アニメ聖地巡礼を経験した中国のアニメファンの、いわば先駆者が存在していることが確認された。

3 中国のアニメファンにおけるアニメ聖地巡礼の先駆者たち

中国が海外旅行を解禁する前に、日本で「聖地巡礼」を行っていた中国出身のアニメファンは主に留学生だった。現在ウェブ上に残る最も古い「聖地巡礼」の記録は留学生「minachigi」が2006年10月に行ったアニメ『涼宮ハルヒの憂鬱』の「聖地巡礼」である。一方で、中国（大陸）に住む中国人は、1997年に政府が海外旅行を解禁した後[3]、海外への観光旅行を行うことができるようになった。日本政府は2000年9月から中国国籍者に対する団体旅行者のための「団体観光」査証（ビザ）の発給を開始している。「個人観光一次」査証（ビザ）が発給されるようになり、中国人が個人旅行者として日本を訪問できるようになったのは、2009年7月からである。その間のアニ

1）Ssanda3「《聖地巡礼》　発售」『動漫頻道』2005年4月8日付〈http://www.comicv.com/html/dongmanqingbao/tupianxinwen/200504/08-6644.html（2024年5月21日最終閲覧）〉

2）雑誌内では出典が明示されていないが、柿崎（2005）と対照すれば、画像は同一であり、キャプションは一部の文章を翻訳したものと確認できる。これらの記事は無断転載と見られる。なお中国において「雑誌」は政府機関や国営企業によって発行されるものであり、本章で言及しているアニメ情報雑誌はいずれも正式な「雑誌」ではない。

3）1997年施行の「中国公民自費出国旅行管理暫定規則」。

メ聖地巡礼の代表的な先駆者として、上海の「Wildgun」、広州の「組長藍青」、北京の「青年X」という三人が挙げられる。本節ではこの三人を例に中国のアニメファンによる「聖地巡礼」行動を説明する。

上海在住のアニメファン「Wildgun」は2009年5月、5日間の団体ツアーに参加し、はじめて日本を旅行した。彼は自由行動時間を利用し、恋愛シミュレーションゲーム『Memories Off』シリーズに登場する江ノ島電鉄線沿線を訪問したが、準備も時間も不足していたため不満が残り、すぐさま二度目の訪日を決意した。Wildgunが二度目の訪日に向けて、情報を収集していた際、『舞台探訪アーカイブ』[4]と『仮想旅行記』[5]という日本のアニメファンのサイトやブログを発見する。これらを通じて、彼は『Memories Off』だけでなく、他の多くのアニメ、マンガ、ゲーム作品に描かれた風景が、実際に日本に存在することに気づいた。その際、彼は、このような作品の舞台となった場所を訪問するファン行為を、日本で「聖地巡礼」と呼んでいることを知った。

Wildgunは2009年7月11日に、日本のアニメ『CANAAN』の「聖地」を訪問した。当時、日本で放送が始まっていたこの作品の第6話までの舞台は上海（シャンハイ）であり、東方明珠電視塔（とうほうめいしゅ）など浦東（ほとう）新区の景観や外灘（ワイタン）観光隧道（トンネル）、豫園（よえん）と見られる光景が登場している。彼は『CANAAN』の第1話が日本で放送された直後に、オープニングのシーンに上海が登場することを発見し、現地を訪問し、その日のうちに写真を添えて、中国最大のウェブ掲示板サイト「百度貼吧（バイドゥティエバ）」に投稿した。作品の物語が進行するにつれて、彼は上海をモデルとしたと思われるすべての場所を訪問し、「聖地」の情報を、掲示板だけでなく、個人サイトやブログ、アニメ情報サイトでも公開した。彼は中国での最初の「開拓的アニメ聖地巡礼者」[6]である。彼のこの行為は、同年7月に上海の新聞『新聞晨報』で紹介された。2009年8月、2度目の日本旅行に際して、Wildgunは、日本に留学中の中国の留学生「1nm」の助けを借りながら、『Memories Off』シリーズの「聖地」と『CANAAN』の第12話に出てくる渋谷を一緒に回り、この「巡礼」の記事をウェブ掲示板と個人サイトに掲載した。

広州在住のアニメファン「組長藍青」は、2008年頃から日本のウェブサイトで、日

4）大石玄『舞台探訪アーカイブ』〈http://legwork.g.hatena.ne.jp/（2024年5月21日現在アクセス不可）〉。

5）USO9000『仮想旅行記』〈http://www7a.biglobe.ne.jp/~uso9000/travel/travel.htm（2024年5月21日最終閲覧）〉。

6）開拓的アニメ聖地巡礼者は、アニメ聖地を「発見」する巡礼者である。つまり、アニメの視聴と外部情報から、背景として描かれた場所を「発見」し、舞台に関する情報を初期に構築して、「聖地」としての価値づけを行うアクターである。（岡本 2018：127）。

本のアニメファンが行っている「聖地巡礼」を知っていたが、実際に行なったのは2010年4月の2度目の日本旅行のときだった。この6日間の旅行は、大部分がアニメ聖地巡礼のためのものであり、6作品の「聖地」を巡礼した。この旅行のスケジュールは、彼が情報を収集して自分で組み立てたものであるが、香港のアニメファン「CR琵琶湖支社長[7]」と台湾のアニメファン「小明」から現地の詳細な情報について提供を受けていた。このときの巡礼記は、2011年12月頃からブログに掲載された。

北京出身の「青年X」は2010年2月にはじめて日本旅行をした。当時、北京住民向けの「個人観光一次」査証（ビザ）は2009年7月より解禁していたものの、「青年X」は団体ツアーを選び、自由行動するときは、日本に暮らす大学時代のルームメイト「阿宝君」を連れて回った。2010年11月の2度目の訪日の際は、「個人観光一次」査証（ビザ）を使い、『らき☆すた』を「巡礼」した。「青年X」の2010年11月と2012年8月の『らき☆すた』の「巡礼」記は、現在でも中国のインターネット上で一番くわしい「聖地」の情報である。

このように中国のアニメファンは、2000年代後半には日本のファンが行っている「聖地巡礼」を知り、個人旅行が解禁される2010年前後から、アニメ聖地巡礼を目的に日本を訪問するようになっていった。はじめは団体ツアーで訪日していたものの、2度目、3度目となると「個人観光一次」査証（ビザ）を取得するようになり、行動範囲も広がるなかで、次第に中国のアニメファンによる「聖地巡礼」が行われるようになっていったといえる。とはいえ2010年前後に実際に「聖地巡礼」を行っていたのは、中国のアニメファンのなかでも大都市出身のごく一部にすぎず、「聖地巡礼」という概念もまだそれほど知られてはいなかったのが実情である。

4　中国における「アニメ聖地巡礼」概念の定着と個人旅行の広がり

「聖地巡礼」という概念が中国のアニメファンの間により広く知られるようになるのは、2012年のことである。中国最大の検索エンジン「百度（バイドゥ）」で「聖地巡礼」をキーワードとして検索すると、アニメ聖地巡礼に関するものは2011年以前には合わせて30件であった。2012年には110件に急速に増え、2013年には126件、2014

7) CR琵琶湖支社長は2006年に香港で成立した同人サークル「CR琵琶湖支社」の代表であり、当時日本に留学していたと見られる。彼は自身のウェブサイト（http://www.cuhkacs.org/~yanlee/blog/）を持ち、主にアニメ「聖地」の情報を発信している（2024年5月21日現在アクセス不可）。彼は、「CR琵琶湖支社」名義で日本で「聖地巡礼」の同人誌を発行しており、日本におけるこの種の同人誌の先駆者の一人である。

年には176件、2015年には272件に達した。

2012年はまた、中国のマスメディアが一般向けの記事で「聖地巡礼」に関する記事をいくつか掲載した年でもある。その発端は、2012年1月4日に中国中央電視台のウェブニュースが千葉県鴨川市で『輪廻のラグランジェ』のガイドマニュアルを作成する動きについて報じたものであった[8)]。また、2012年1月17日には、Record Japan[9)]からの提供による「アニメ“聖地巡礼”による日本観光業の振興」と題する記事が中国共産党の機関紙『人民日報』のウェブ版『人民網』などに掲載された。この記事で、日本のアニメ・マンガ産業は経済システムとして完熟期にあり、作品に関係する地域にファンが訪問する「聖地」が形成され、地域経済の繁栄と発展がもたらされていると述べ、具体的には『名探偵コナン』の鳥取県北栄町、『らき☆すた』の鷲宮神社、『夏目友人帳』の熊本県人吉地区、『輪廻のラグランジェ』の千葉県鴨川市が紹介された[10)]。記事のタイトルには、「聖地巡礼」とあるものの、記事内では発音が同一の「勝地」という言葉が「聖地」と併用されており[11)]、まだ一般的な語にはなっていなかったことがうかがわれる。

こうした中国の大手マスメディアの報道を出発点として、2012年にはファン向けのメディアで「聖地巡礼」の記事が掲載されるようになっていった。中国のインターネット大手企業「新浪（シンラン）」は、運営するポータルサイトのアニメ専門コラム「新浪動漫」で、2012年2月17日に掲載した「日本のネット利用者が聖地巡礼10か所を精選」[12)]を皮切りに、2012年中に7回ほど「聖地巡礼」に関する記事を掲載した。中でも、7月11日には、「聖地巡礼特集」として、『氷菓』の岐阜県高山市、『夏色キセキ』の静岡県下田市、『咲-Saki- 阿知賀編 episode of side-A』の奈良県吉野町が紹介された[13)]。

---

8)「鴨川市推《輪回的拉格朗日》聖地巡礼旅行手冊」『中国中央電視網』2012年1月4日〈http://news.cntv.cn/20120104/125393.shtml（2024年5月21日最終閲覧）〉。この記事は、中国のアニメ・マンガ情報サイト『178動漫頻道』からの転載である。

9) 中国情報専門サイトを運営し、中国関連の記事を日本向けに提供する日本企業「Record China」社が、当時運営していた中国向け日本情報専門ポータルサイト。同社は、当時、中国の大手メディア「新華社」や「人民網」などに記事を配信するようになっていた。

10)「振興日本旅游業的動漫“聖地巡礼”」『人民網』2012年1月17日付〈http://comic.people.com.cn/GB/122400/130243/16899893.html（2024年5月21日現在アクセス不可）〉。

11)「勝」には日本語の「名勝」や「景勝」などの語に見られるように、景色の優れた場所という意味がある。

12)「游覧推薦：日本網友聖地巡礼10処精選」『新浪微博』2012年2月17付〈http://comic.sina.com.cn/n/2012-02-17/11244361.shtml（2024年5月21日最終閲覧）〉。

13)「2012年4月新番聖地巡礼地図」『新浪微博』2012年7月11日〈http://comic.sina.com.cn/zt/2012q2/（2024年5月21日最終閲覧）〉。

また中国のアニメ情報雑誌では、「聖地巡礼」という用語の使用状況から、該当する現象についての認識が広がっている様子が窺える。2011年1月～3月に発行された『動感新時代』の96～98号の編集者雑談コーナーでは、「勝地巡礼」[14] という言葉が使われていたが、2011年12月に発行された同誌の「あの花SP」号に掲載された記事では「聖地巡礼」という用語が使われるようになっていた[15]。これが中国のアニメ情報雑誌の中で確認できる「聖地巡礼」を使った最初の記事である。2012年内の『二次元研究』では3号にわたって「出発！三次元の世界に行こう――聖地巡礼ガイドブック」が連載され、『動感新時代』の「夏目友人帳SP」号、『動漫販』の「氷菓特集」号では、それぞれの作品の「聖地巡礼」記事が掲載された。

2012年には中国のアニメファンも、ブログやウェブ掲示板などで「聖地巡礼」に関する記事を積極的に発表するようになる。前出のアニメファン「Wildgun」は、2012年8月に「聖地巡礼攻略」と題する記事を、アニメ・マンガ・ゲーム批評サイト『ACG批評』に発表した[16]。この記事は中国のアニメファンに有名なサイトに掲載されたため、よく読まれている。また、前出の「組長藍青」や「青年X」も、2012年に自分が日本に行った巡礼記をブログにそれぞれ掲載した。

日本における「聖地巡礼」という概念の定着に対して、中国のアニメファンにおける「聖地巡礼」という概念の定着は、若干の遅れを伴いながら反復しているように見える。ここで重要なことは、この時期になって初めて、中国のアニメファンが日本を訪問しやすい環境が整ったことである。すなわち、日本政府による中国国籍者に対するビザ発給条件の緩和は、学生を含む若者が個人旅行で日本を訪問することを可能にしていった。先に述べたように、中国人向けの「個人観光一次」査証(ビザ)の発給は2009年7月から始まったが、最初は北京・上海・広州に居住する「十分な経済力を有する者」に限定されていた。2010年7月には対象が全国に拡大されたが、経済条件に加えて公務員や大企業の従業員など「一定の職業の地位を有する」ことが条件となっていた。こうした個人での観光旅行を目的とした短期滞在（3ヶ月）のビザの発給は、2011年9月からは「一定の経済力を有する者」として経済条件が緩和された。この緩和措置によって、中国の人びとにとって個人旅行がより大衆的なものとなった。

14）中国語では、「勝」と「聖」の発音は同一である。
15）実際に販売したのは2012年1月である。
16）Wildgun「聖地巡礼攻略！～出発前～篇」『ACG批評』2012年8月5日付〈http://www.acgpiping.net/2012/1762/shengdixunligonglue_chufaqianpia/（2024年5月21日現在アクセス不可）〉、「聖地巡礼攻略！～巡礼中～、～帰来後～篇」『ACG批評』2012年8月7日付〈http://www.acgpiping.net/2012/1772/shengdixunligonglue_xunlizhongguilaihoupia/（2024年5月21日現在アクセス不可）〉。

そしてアニメ聖地巡礼を目的とした日本旅行は、経済的に豊かな1980年代生まれから、下の世代にも広がっていった。20代の大学生などの若者も、経済的に余裕がある家庭の出身であれば、個人で日本旅行をすることが可能になったのである。

このように2012年の中国における「聖地巡礼」という概念の普及は、単に中国のマスメディアがそれを取り上げたからだけではなく、中国の若者に日本への個人旅行が広がったことが背景にあると考えられる。「聖地巡礼」旅行は、日本政府の中国に対するビザ政策の変化という制度上の追い風もあって、中国のアニメファンにとって、現実のものとなっていったのだといえよう。

5 中国のアニメファンのアニメ聖地巡礼はビジネス化されたのか

中国のアニメファンに「聖地巡礼」という概念が広がるにつれて、アニメファン向けの日本旅行の団体ツアーのなかには、特定の作品の「聖地巡礼」を目的としたツアーが開発されるようになった。その最初の事例は、2013年12月に『動漫販』出版社によって開催された『有頂天家族』の「聖地巡礼」ツアーである。このツアーの募集定員は30名で、料金は1名につき北京発10,800人民元（約17.5万円）、上海発9,900人民元（約16万円）であった。『動漫販』出版社は、2015年11月と12月に、『氷菓』（高山）と『ひぐらしのなく頃に』（白川郷）の「聖地巡礼」を目的とした5日間の団体ツアーも企画している。また、2014年にはアニメ情報サイト「和邪社」も旅行会社と合同で『艦隊これくしょん―艦これ―』『秒速5センチメートル』『らき☆すた』の聖地巡礼ツアーを行っている[17]。

アニメファン向けの団体ツアーは、「聖地巡礼」が本格化するにしたがっていくつか試みられたものの、多くの作品が発表され嗜好が細分化されていくアニメファンには対応しきれていないのが現状であった。そもそも「聖地巡礼」は、一人か少人数で訪問してこそ、物語世界を想像力でもって「現実」世界に再現できるのであるから、大人数の団体ツアーにはあまり向いていない。顧客の要望に合わせてカスタマイズされた個人ツアーは、中国では「定制游（ディンジィヨウ）」と呼ばれる。「定制游」は、現地情報の問題、言語の問題、ビザの問題などを一気に解決できるので、旅行者にとって有力なプランになり得る。旅行会社は、中国では、航空券やホテルの手配、観光ビザの取得を仲介し、日本では、通訳兼ガイドのサービスを行う。

17）Wildgun「小議：聖地巡礼……団？」『和邪社』2016年2月16日付〈https://www.hexieshe.com/652932/（2024年5月21日最終閲覧）〉。

2014年、ビリビリ動画は旅行事業部を立ち上げ「bilibili yoo」をブランド名として、アニメに関わる日本への旅行を専門とする事業をはじめた。このサービス部門は、2016年にビリビリ動画から独立し、旅行会社「銀河漫游指南」となった。この銀河漫游指南は、中国のアニメファンの希望に応じて、個人向けにツアーのスケジュールを組み、日本での「聖地巡礼」旅行がうまくいくように手厚いサポートを提供してきたが、残念ながら2017年以降活動を中止した。また2017年12月に日本在住の六人の中国人によってアニメファン向けの個人ツアー「定制游」を行う旅行会社「東京FAN」が立ち上げられた。アニメと旅行好きの創立メンバーの六人のうち、五人が元留学生である。だが、この会社も2019年にはなくなってしまった。以上のように、日本語が得意ではなく、友人・知人のサポートがない中国のアニメファンにとって、定制游のような個人向けのツアーを利用することは、有力な選択肢の一つとなるのだが、これまでのところ聖地巡礼をビジネスとした会社は、なかなか軌道にのらず、せいぜい2、3年で閉業に追い込まれている。

しかし、こうした試みは中国でまだまだ続いている。そのうちの一つが、ファン同士で「聖地巡礼」をサポートし合った経験をもとに形成されたものである。ネット上で知り合ったアニメファン同士のファングループの「聖地巡礼」は、一種の「オフ会[18]」である。中国のアニメファンは、アニメ情報サイト、新浪微博(シンランウェイボー)、百度貼吧などを通じて、ネット上で知人になり、テンセントQQや微信(ウェイシン)（中国国外ではWeChat）などのインスタントメッセンジャーで同好グループをつくり、コミュニケーションを取ってきた。そうしたグループのなかで、同行者を募り、ファン同士による「聖地巡礼」が行われる。

たとえば、孟金（仮名）はこうしたファン同士による「聖地巡礼」を主宰する30代のアニメファンである。彼は、日本のアニメ・ゲームをテーマとしたテンセントQQのグループ「東游記」を創立しており、25人ほどのメンバーを抱える。メンバーたちはみな、インターネット上で知り合い、普段はそこで、日本のアニメをめぐって雑談をしている。孟はいままで日本に来て、「聖地巡礼」をしたことは6度ほどある。2018年になると、彼はファングループのメンバーと「聖地巡礼」をするようになった。孟の主宰する「聖地巡礼」旅行に見られる特徴は、参加者が主宰者

18）オフ会とは、オフラインミーティングの略称で、ネットワーク上ないしオンラインのコミュニティ（SNS・電子掲示板等のインターネットコミュニティやサイト）で知り合った人びとが、ネットワーク上ではなく「現実」世界（オフライン）で実際に集まって親睦を深めることである。主に小規模・私的なネット・コミュニティに多く見られる。

にお金を支払うことである。参加者は自分の行きたい「巡礼」目的地を提出し、そこをグループで訪問する。この「聖地巡礼」旅行において、孟は旅行会社の職員のような役割を果たしている。孟本人も一種の小商いと認識しており、ファン同士の「聖地巡礼」旅行に、商業的要素が入り込んできているのである。

他の例としては、聖地巡礼のベテランである「木之幡米菈」が2018年から「夢途動漫聖地巡礼」という商業プロジェクトを企画し、2024年を目処に活動を始めるといわれている。また、聖地巡礼のベテランたちによって結成された「大吉山」グループは、2022年から巡礼用の聖地地図（注：https://anitabi.cn/map）を開発するようになっている。さらに、アニメ「聖地巡礼」をビジネス化した成功例といえそうなのは「痛新聞」グループの発起人かつ中心人物である「軟軟冰」である[19]。彼女は小さい頃から日本のアニメを見て育ったことをきっかけに、日本文化が好きになり、大学では日本語学科に進学し、アニメサークルに入ってコスプレなどのファン活動を始める。彼女は2012年に交換留学生として初来日した際、日本のファンが行っている「聖地巡礼」をくわしく知り、興味をもったという。2013年に早稲田大学の修士課程に進学した彼女は、留学生の仲間たちを中心に「痛新聞」グループを結成し、在学中活動した。「痛新聞」グループが、最初に発表した動画は、2013年5月21日にビリビリ動画で公開した『あの花』の巡礼ビデオである。このグループが制作するのは、軟軟冰がアニメ聖地巡礼をする模様を5～20分程度の長さのビデオにまとめたもので、動画共有サイトで公開した。また、独自サイトにおいて動画の内容を紹介し、実際の巡礼に有用な詳細な情報――「聖地」とされる場所の詳細や交通アクセス、注意事項など――を公開した。これらの情報は、日本で「聖地巡礼」を行おうとする中国人アニメファンにとって、実用的な情報として貴重である。

2015年に軟軟冰たちが卒業を迎えたことで、「痛新聞」グループは解散の状態となったが、動画共有サイト「ビリビリ動画」を中心に新たに「軟游記」というシリーズで「聖地巡礼」ビデオを公開する活動を続けている。その後、彼女の動画の制作、ビリビリ動画での公開を支えるために、日本で映像制作会社を設立した。彼女は、2018年12月30日にビリビリ動画において公開した動画において、自分の会社の経営に専念することを発表した。今後の活動として、ビリビリ動画の自身のアカウントでの「聖地巡礼」チャンネルを引き続き運営し、以前よりもっと時間をかけて「聖地巡礼」ビデオを制作したいと抱負を述べた[20]。

19）中国のSNS（ビリビリ動画やミニブログ）上で、総計100万以上のフォロワーを集めた。そして聖地巡礼を中心に会社を作った。

6　中国のアニメファンによる「聖地巡礼」の今後

アニメ聖地巡礼というファン活動は2000年代後半に中国に紹介され、2010年代に入って中国のアニメファンの間に浸透した。中国人向けの「個人観光一次」査証（ビザ）が解禁される2010年前後には、「聖地巡礼」を始めた先駆者たちやアニメ情報雑誌のライターにより、中国の「聖地巡礼」に関わる情報空間が構築されていった。2012年以降、「聖地巡礼」という概念がアニメファンの間で一般化すると、「聖地巡礼」に関わる情報空間の発達が加速していった。それらは、はじめは日本の情報空間における日本語の情報の翻訳、要約、抜粋であったが、次第にそれらの情報を参考にしながら、オリジナルな情報を提供するようになる。

日本のアニメファンの「聖地巡礼」は、基本的にファンたちの自発的な活動によって構成される。しかし、中国のアニメファンが実際に日本でアニメ聖地巡礼を行うとすると、いくつかの「壁」がある。それは国境の「壁」、言語の「壁」と情報の「壁」である。特に、中国のアニメファンが、「聖地」情報を入手するのはほぼすべてインターネットを介してである。そして基本的には、中国語の情報を参照する。これは、グレート・ファイアウォール[21]によって、中国国内から直接外国の情報を入手することに障害があるためである。そのため、中国のアニメファンが「聖地巡礼」を行う際に、さまざまなサポートが必要である。こうした需要に対し、「聖地巡礼」というファン活動を何とかしてビジネスに結びつけられないかという試みが、中国において顕著に見られる。

近年さらに、日本に移住した中国のアニメ聖地巡礼者も出てきた。前出のWildgunは2019年に京都で留学を始め、「大吉山」グループの1人が2015年から、「木之幡米菈」が2022年から日本に留学していた。彼らも現在も日本に滞在している。「軟軟冰」は2018年12月に永住許可を得て、いまは日本に定住している。日本のアニメをきっかけとして日本に関心を持ち、アニメファンとして日本に来た留学生／移住者たちが、日本で生活を続ける手段として、「聖地巡礼」を利用しはじめるとき、果たして「聖地巡礼」というファン行為が持っている奥深さをうまく伝えることができるだろうか。

20）軟軟冰「辞掉年薪500万日元的動画相関工作，UP主在日本創業?!関于我的50箇問題」2018年12月30日付〈https://www.bilibili.com/video/av39421486（2024年5月21日最終閲覧）〉。

21）「グレート・ファイアウォール（防火長城）」と呼ばれるファイアウォール機能は、国民管理システムである金盾計画の一部にあたり、その中でも最も有名な部分である。中国国内外で行なわれるインターネット通信に対して、接続規制・遮断する大規模な検閲システムである。ウェブサーバへの接続の規制において、検閲対象用語を基に遮断を行なうのが特徴である。大衆には「墻」（壁）と略称される。

【付　記】
本章は、董鎧源, 2020,「ファン活動としてのアニメ「聖地巡礼」――中国のアニメファンの場合」『社学研論集』35: 16-29. を大幅に加筆修正したものである。

■ 参考文献リスト

アーリ, J., 2003, 吉原直樹・大澤善信訳,『場所を消費する』法政大学出版局（Urry, J., 1995, *Consuming Places*, Routledge.）
アーリ, J., 2015, 吉原直樹・伊藤嘉高訳,『モビリティーズ――移動の社会学』作品社（Urry, J., 2007, *Mobilities*, Polity Press.）
アーリ, J. &ラースン, J., 2014, 加太宏邦訳,『観光のまなざし（増補改訂版）』法政大学出版局（Urry, J. & Larsen, J., 2011, *The Tourist Gaze 3.0*, Sage.）
大石玄, 2011,「アニメ《舞台探訪》成立史――いわゆる《聖地巡礼》の起源について」『釧路工業高等専門学校紀要』45, 41–50.
岡本健, 2009,「アニメ聖地巡礼の誕生と展開」『CATS叢書：観光学高等研究センター叢書』1, 31–62.
岡本健, 2018,『アニメ聖地巡礼の観光社会学――コンテンツツーリズムのメディア・コミュニケーション分析』法律文化社
柿崎俊道, 2005,『聖地巡礼――アニメ・マンガ12ヶ所めぐり』キルタイムコミュニケーション
周藤真也, 2016,「アニメ「聖地巡礼」と「観光のまなざし」――アニメ『氷菓』と高山の事例を中心に」『早稲田社会科学総合研究』16(2・3), 51–71.
周藤真也, 2018a,「ツーリストとは誰か？――「観光のまなざし」論の展開に向けて」『早稲田社会科学総合研究』18(1): 1–10.
周藤真也, 2018b,「アニメツーリズムの現在――『あの花』から『君の名は。』まで」第65回文化社会学研究会報告
須藤廣, 2008,『観光化する社会――観光社会学の理論と応用』ナカニシヤ出版
田所承己, 2017,『場所でつながる/場所とつながる――移動する時代のクリエイティブなまちづくり』弘文堂
張敏康, 2018,「新媒体語境下国内“聖地巡礼”文化的参与式建構――基于日本経験的启示」西南交通大学修士論文
由谷裕哉・佐藤喜久一郎, 2014,『サブカルチャー聖地巡礼――アニメ聖地と戦国史蹟』岩田書院
余湘萍, 2023,「ソーシャルメディア時代におけるクールジャパンの展開 ――中国におけるアニメツーリズムの受容とインバウンド観光発展の可能性」『愛知大学国際問題研究所紀要』161, 79–109.
劉希宸, 2020,「聖地巡礼による中国人観光客の動向に関する一考察――『SLAM DUNK』の分析を通して」『コンテンツツーリズム学会論文集』7, 12–22.

■ 参考資料リスト

『動漫販』2003年～2013年号
『動感新時代』1～140号、「花開未聞SP」、「夏目友人帳SP」
『二次元研究』1～6号
Wildgunの個人サイト「？？？」〈http://wildgun.net/（2024年5月21日最終閲覧）〉
組長藍青のブログ「新浪博客」〈https://blog.sina.com.cn/u/1575680050（2024年5月21日最終閲覧）〉
青年Xのブログ「豆瓣」〈https://www.douban.com/people/youthx/（2024年5月21日最終閲覧）〉
軟軟冰の「ビリビリ動画」のページ〈https://space.bilibili.com/425642（2024年5月21日最終閲覧）〉

第2部
生産をめぐるネットワーク・制度と場所の関わり

第6章

制作進行による スケジュール管理の実践

多拠点で進行する仕事をいかにして協調させるのか

松永 伸太朗

1 マネジメント職としての制作進行

1-1 働く場所の複雑さと制作進行の仕事

本章では、アニメ産業における職種の一つである制作進行に着目し、アニメーターをはじめとしたクリエイティブ職に対するマネジメントの実践を記述することを通して、そこにある課題や現場での解決のあり方について明らかにする。

制作進行は、商業アニメ制作に必要となる制作管理を担う職種の一つである。その業務内容を理解するうえで、まず一般的な商業アニメ制作の工程について確認しておく。次頁の図 6-1 はアニメ制作のフローチャートを示したものである。

一般に、商業アニメ制作の工程は企画や構想段階にあたる「プリプロダクション工程」、作品に必要な素材を制作する「プロダクション工程」、制作された素材について編集などを行い映像を仕上げる「ポストプロダクション工程」の三段階に大分される。制作進行は、担当する話数などにおいて、これらの工程がスケジュール通りに進行するように、各種打ち合わせに参加したり、細分化された部門を担っているクリエイティブ職の管理などを担当する。とくに制作進行の役割が大きいのがプロダクション工程であり、ここでは作業者が数十名単位で存在していることも少なくない。作業者は他の制作会社で働いている場合や個人のフリーランスである場合もあり、個々の職場が別の場所に点在しており、さらには海外のクリエイティブ職とやりとりしなければならない場合もある。このように関与する人数の多さやその空間的な配置の複雑さが存在するもとで、制作進行は個々の進捗状況などを同時進行的に把握しつつやりとりをしなければならない。

行政的な文書では、その業務内容はアニメーターへの作業の打診・素材や成果物

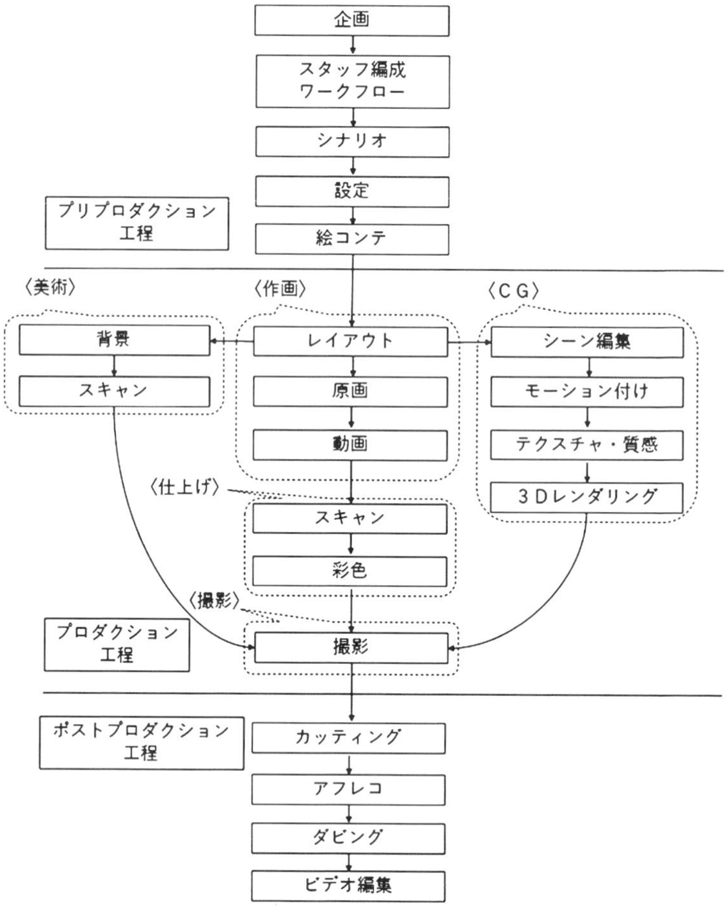

図 6-1　商業アニメ制作のフローチャート
（出典：日本アニメーター・演習協会（2009）をもとに筆者作成）

の配布回収・成果物のチェック・データ整理・スキャン・打ち合わせ・スケジュール管理など多岐にわたるとされている（経済産業省 2017）。こうした業務内容のリストそのものは妥当であるが、制作進行の仕事を場所との関係で考える議論はほとんどされてこなかった。本章ではとくに制作進行の主たる業務といえるスケジュール管理に着目して、制作進行が行うクリエイティブ職に対するマネジメントがそれが行われる場所性とどのように関わっているのかについて検討したい。

1-2 「マネジメントの仕事」としての制作進行の仕事

本章では制作進行をマネジメントの仕事（managerial work）を行う職種として捉える。制作進行はキャリアパス上は初職で担当することも多い職種であり、いわゆる労務管理について経営者と一体的な立場にあるという意味での管理監督者（管理職）にはほとんどの場合あたらないが、その業務内容に既存のマネジメント研究との関連性を深く見出すことができる。

経営学のなかでは、企業でマネジメントを担うマネジャーの仕事にはどのような特徴が見出せるのかという問題に関心が持たれてきた（Mintzberg 1973）。マネジメントの仕事は、一般に①不確実で潜在的に無関連な情報が多く存在するなかで何をすべきかを把握しなければならないこと、②大規模で多様な集団を、それらの多くに対する直接の統制権がないなかで物事をなさなければならないことという要素を持ち、一定のスキルを求められる仕事である（Kotter 1999）。

本章で扱うスケジュール管理もマネジメントの仕事と関連の深い業務である。一般にこうしたスケジュール管理に関するマネジメント業務ではさまざまな理由で遅延が発生することが常であり、たえず調整や見直しなどを行いながらプロジェクトを進行させていく必要がある。

マネジメントの仕事に携わる職種のなかでも特に制作進行が興味深い点としては、①一定のスキルが必要なマネジメント業務を担うにもかかわらず、しばしば経験のない初職の者が担当すること、さらに②マネジメントの対象が自身の所属する組織の外部にいるフリーランサーなどであることが多くあるという点が挙げられる。いわゆるマネジャーの仕事を描く研究は、全体としてその業界や企業にて一定年数以上のキャリアを有しており、かつ同じ企業内の部下などを管理する場面に注目してきた。これに対して制作進行は、部下ではない相手に対して、したがって命令にはよらない形で、行ってほしい作業などについて指示をしなければならない。こうした制作進行が有する特徴は、よりいっそうその業務遂行を困難にする要素を含んでいるといえるだろう。

こうしたなかで、実際に制作進行はその業務においてどのような困難に直面しており、どのようにして直面した困難に対処しようとしているのか。本章ではフィールドワークから得られたデータに基づいてこの問題を明らかにすることを通して、制作スタジオという場所が作品制作に必要となる協働において有している意味について考察したい。

2 クリエイティブ・ヒエラルキーとカジュアルなインプット

2-1 クリエイティブ・ヒエラルキー

制作進行をマネジメントの仕事を行う存在として捉えたうえで、とくにアニメ産業におけるマネジメントにはいかなる特徴が見出せるのだろうか。制作進行がしばしば直面する問題の一つとして「クリエイティブ・ヒエラルキー」の存在が指摘されてきた。

バンクスは、文化産業における労働の特徴について議論するなかで、創造的な仕事をする者に対するマネジメントは一般的な営利企業と異なり経済的な利益確保の論理のみでは成り立たず、クリエーターが志向する芸術性を考慮することを求められると指摘している（Banks 2007）。モリサワはこういった議論を参照し、参与観察を通して制作進行の労働の分析を行い、制作進行が直面する困難が「クリエイティブ・ヒエラルキー」によるものだと指摘した（Morisawa 2015）。これは、文化や芸術がかかわる産業において、その作品や商品を直接生み出すクリエイティブ職が、業界内のヒエラルキーにおいてマネジャーに優越するという現象のことである。モリサワは、キャリアの浅さによって所属する企業内で従属的な位置に置かれるだけではなく、アニメーターなどのクリエイティブ職に対しても従属的な位置にあるとみなされ、二重の従属性のもとにあるという。こうした構造のもとで成果物をスケジュール通りに回収し管理するなどの業務に困難が生じていることをモリサワはエスノグラフィックに描いている。結果として、制作進行はアニメーターとの関係性を維持することに苦心し、その業務に感情労働としての特徴が生じてくることを明らかにしている。

2-2 アニメ制作の多拠点性とカジュアルなインプット

クリエイティブ・ヒエラルキーの概念は制作進行がクリエイティブ産業におけるマネジャーとして働くことの難しさの一側面を描いているが、制作進行が仕事をする場面を単純化して捉えてしまっている部分もある。モリサワは制作進行とアニメーターが１対１で、かつ対面状況でやりとりをする状況を中心的に描いていた。それはたしかに制作進行の業務の典型的な場面の一つではあるが、制作進行は組織の一員として他の制作進行や別職種の者と協力をしたりすることもあれば、クリエイティブ職や会社の同僚とリモート状況でやりとりをする場合もある。

労働社会学の議論においては、リモートワークが導入された際の場所の使い分けやタスクの分類を検討することが重要になることが指摘されてきた。ハルフォードは、リモートワークについて一般に在宅勤務が想定される傾向にあるが、実際には多くの労働者が通勤可能な範囲でオフィスと在宅を使い分ける多拠点（multi-located）な働き方をしていることを指摘した（Halford 2005）。とくにハルフォードは、他者との協働が必要な仕事についてはオフィスを仕事場として選択する者が多いことを指摘し、その理由として「カジュアル〔日常的〕なインプット」の手に入りやすさを挙げている。「カジュアルなインプット」とは、職場にいることにより聞こえてくる同僚の会話や行動などから手に入る、さまざまな仕事に関する情報のことである。リモート状況では自ら問い合わせるなどしないと手に入らない情報が手に入ることが、円滑な協働の実現に効果的に働くことがあるので、協働が必要な仕事では人びとはオフィスを仕事場として選択する傾向が出てくるという。

一般にアニメ制作は複数の企業やフリーランスの協働によって担われており、したがって常に多拠点で作業が行われているという性質を有している。このなかで、アニメーターをはじめとしたクリエイティブ職は特定のスタジオに集まって働いていることもあるが、さまざまな場所に散らばったクリエイティブ職をつなぐ役割がマネジメント上必要であり、それを制作進行は実際に担っている。こうした、働く場所と協働に関する視点を加えることにより、1対1の関係性に着目していたモリサワとは異なる制作進行の仕事の内実が見えてくると思われる。

さらにいえば、モリサワは制作進行を「生産（プロダクション）オペレーター（production operator）」と英語で表現している。この語は生産ラインを十全に機能させるための指示や調整をするというニュアンスが強く、この生産ラインが組織や場所を横断する複雑な協働によって成り立っており、制作進行がその最前線でさまざまな調整をしていることのニュアンスがうまく捉えられないのではないかと思われる。そうした意味でも、制作進行の仕事をとりわけマネジメントの仕事として捉えることには意義がある。

このように、モリサワが扱った状況とは異なる状況を扱ってみることによって、本章ではクリエイティブ・ヒエラルキーというよりもカジュアルなインプットに関連して生じる問題が実際にどのように現れているのか、そしてどのように対処されているのかについて議論する。

3　制作現場でのフィールドワーク

本章では、第2節で挙げた課題に取り組むために、東京都内のアニメ制作会社（Y

社）にて実施したフィールドワークから得られたデータに基づき制作進行の仕事の内実を明らかにする。

Y社は、従業員数10名程度の制作会社であり、元請（企画、製作から制作までを一括して行うこと）やグロス請（話単位などまとまった単位での制作請負）などを通してTV・劇場・CMにて放映されるアニメ制作にかかわっているほか、海外動仕の事業も行っており、国内の制作会社から請け負った作画・仕上げ業務をアジア圏に所在する作画スタジオとのネットワークを通して外注し、成果物を国内会社に納品することによって収益を得ている。Y社内に所属するアニメーターや仕上げも存在するが、従業員の多くが制作管理に関わる者であった。

筆者は、2023年に計3週間ほどY社スタジオに通い、スタジオ内で行われている制作管理の実践を観察しフィールドノートに記録した。スタッフ同士の詳細な相互行為のあり方を捉えるために、ビデオ撮影も行った。それに加えて、調査期間中に限定して社内SNSに参加して、社内外でのテキストベースのやりとりについても記録した。筆者がY社スタジオでの観察に費やした時間は計170時間程度である。

Y社の制作進行は、一般的な制作進行と同様に特定の作品の話数などを担当し、その進行管理を担っていた。制作進行は多くの勤務日においてスタジオに出勤していたが、在宅勤務を行う裁量も与えられていた。社内外で使われるメディアは多岐にわたっており、電話・メールに加えて、複数の種類のSNSが社内外のやりとりで活用されていた。その一方で、カット袋への書き込みなどの従来的なツールも活用されていた。

筆者が調査を行った時点で、作画などの作業の発注先であるアニメーターは社外のフリーランサーであり、自宅などでリモート状況にて作業を行っていた。社内のクリエイティブ職についても、そのほとんどはスタジオを勤務場所として利用していなかった。

こうした状況のなかで、制作進行のマネジメントについてどのような問題が生じており、それにどのように対処しているのかについて以下では分析する。

4 リモート状況でのリズムの不一致と調整

本節では、リモート状況でどのように制作進行がマネジメントに取り組んでいるのかについて、社内のクリエイティブ職とのやりとりを事例として議論する。Y社は多くのプロダクション工程の業務を外注しているが、社内で雇用している仕上げ工程の担当者が少数存在する。この仕上げ工程の担当者のうちの一人であるNは、ほぼ毎日在宅で仕事をしており、社内のやりとりであってももっぱら社内SNSで行っている。さらに、夜間から朝にかけて仕事をする習慣があり、比較的日中に作業をしている制作進行とリズムが合わないという課題が認識されていた。

Nのリズムは社内の制作進行によっても認識されていたが、以下ではそのリズムにイレギュラーが生じて調整の必要が制作進行側に生じた事例を扱う。下記は制作進行SとN（この業務では色指定検査を担当している）の社内SNS上でのやりとりである。

CHAT_0303

S（0303_1454）
To N お疲れ様です。作品Bから1カット、今晩の作業で検査をお願いしたいカットが出ており、今晩中の作業でご相談させていただくことは可能でしょうか。カット番号32になりまして、PV優先カットのリテイクになります。[…略…] 素材入れのタイミングですが、ただいま動検様に修正作業に入っていただいているところで、24時までにデータをいただける予定です。[…略…] 連日のご相談で申し訳ありませんが、ご確認のほどよろしくお願いいたします。

N（0303_1500）
Re S お疲れ様です。明日健康診断で早朝に起きないとなので夜中の作業は難しいです。もっと前倒しでデータもらえませんか？

S（0303_1504）
re N ご連絡ありがとうございます。承知いたしました。動検様にどれくらいで作業できる〔か〕確認いたします。

Sは、14時54分にNを宛先にメッセージを送っている。Bという作品において、プロモーションビデオ（PV）制作に利用するカット32のリテイク作業を今晩中に進める必要があり、修正を行っている元請制作会社の動画検査担当者から素材がアップロードされてくるのが24時までであるという見込みを述べている。24時のデータ入れは、Nが普段は深夜に作業をしていることを踏まえると、ただちにトラブルになることが想定されるタイミングではない。

しかしこの事例では、Nが翌日に健康診断を控えており朝に起きなければならないため、前倒しで作業データがほしいとSに対する要望が伝えられている。これに対してSは元請制作会社の担当者に作業終了予定時刻を確認すると返答している。

この事例では元請制作会社から作業終了予定は21～22時であると返答があったうえで、結果的に作業データが22時ごろに届けられることになり、Nは1時間ほどで作業を行って23時すぎに成果物をSに対して提出している。比較的タイムラグがなくすぐに成果物が提出されていることから、Nも一定の時間調整を行い待機していたことをうかがうことができる。S自身もNが時間調整をしてくれたことについて感謝を述べていた。

このやりとりでは、結果としてトラブルやコンフリクトが明確に生じることはなかったものの、Nがもっぱら自宅のみで作業をしていることにより、カジュアルなインプットの不在によるリズムの不一致が現れたということができる。つまり、健康診断を翌日に控えているという情報が対面の会話などによってSに入っていれば、あらかじめ前倒しの可能性を探るなどの調整をすることができたと思われる。Nの事情によってSが元請制作会社との調整をするなどの追加的な調整を強いられたという点ではクリエイティブ・ヒエラルキーの要素も読み取れるかもしれないが、ここではNもすぐに作業ができるように時間調整を行っており、上下関係的なものというよりは、リモート状況の情報共有のしにくさから生じた側面が大きいといえるだろう。

このようにアニメ制作が多拠点で行われていることによって、情報共有の難しさが生じ、それを解決するためのさまざまな調整が行われていることを明らかにした。次節では、1対1ではなくよりチーム的にマネジメントの仕事が取り組まれる例を取り上げる。

5 リモート状況を用いたチームでのフォロー

下記は、同じくプロモーションビデオ制作の色指定検査をめぐるやりとりである。SとNに加えて、Y社の社長であるPが途中でやりとりに参加している。

CHAT_0220

S（0220_1527）

To N お疲れ様です。Pv カットの入れお送りいたします。78 なのですが、手の部分がわからないようにはなっているのですが、書き込みが足らず…本編用に再度修正しますが、いったん pv 時はこちらで進めさせていただこうと思います。何卒ご確認のほどよろしくお願いします。

【添付ファイル】

P（0202_1721）

To N お疲れ様です。今 S さんが外回り中で、もし今日 18:30 までに検査上がりを出していただける場合、S さんではなく私宛にご連絡いただけますか？もし 18:30 以降になる場合は、S さんに連絡していただければと思います。よろしくお願いします。

N（0202_1725）

Re P c211 は検査終わってますが先に出した方がいいでしょうか？c78 はちょっと時間かかりそうです…（汗）

P（0202_1726）

Re N 了解しました！先にいただければ幸いです。

このやりとりにおいては、15 時 27 分にスタジオにいた S が自宅作業の N に対して 2 カット分のチェック作業を社内 SNS で依頼している。そのうちカット 78 についてはキャラクターの手の部分の作画に問題があり修正の必要があることと、現時点の PV 制作の段階では修正せずそのまま進める予定であることも申し添えている。

15 時 27 分のやりとりのあと、16 時 45 分頃に S は外注しているフリーランスのアニメーターの自宅に赴き、素材の回収を行うために外出をしている。Y 社では素材の出入りが多い平日 18 時～翌 3 時の時間帯においては専門の配送業者に外注をしており、制作進行が自ら回収に出向くことは基本的には行われない。同日も 1 時間ほど待機すれば外注が可能だったが、いち早く回収が必要なカットだったために直接回収という選択が取られたのだと考えられる。

このように、S が作画工程と仕上げ工程を同時進行で動かしており、前者の作画工程の回収作業については自らが車を運転して移動して行わなければならず、社内 SNS で仕上げ工程の対応をすることができない状況が生じている。そこで、N に対して社長の P がフォローに回ったということがわかる。このやりとりを経て、片方のカットについては P がデータで受け取り確認を行っていた。

この事例では、本来的には S の業務である N に対する発注と成果物の受け取りが、リモートでのやりとりを用いて社長のPによりフォローされている。アニメーターへの回収を急がせてその間のNとの対応を引き受けるというのは社長としてのPの差配によるものであるといえるが、この一時的な分業によって二つの切迫した同時進行の作業において遅延を生じさせることなく進行させることができていた。この場面では、チームでの作業が一定程度有効に機能しているといえる。

さらに、こうしたPの機転は、社内SNS上で情報が共有されており、それがカジュアルなインプットとして機能したがゆえにできた可能性も高い。上記のやりとりとは別に、Sは外回りに出る際に専用のスレッドにその旨を書き込んでいる。これによりSがスタジオを一時的に不在にすることが社内メンバーにも知らされることになる。PはSが外回りに出た時点ではまだスタジオにおらず、17時台にY社スタジオに出社していたが、その間新人の制作進行に対してカットのまとめ方などの指導をスタジオ内で行っていた。したがって、PにとってもSのフォローは副次的・追加的な仕事だったといえるが、社内SNSという共通のプラットフォーム上でやりとりがされていたがゆえに、NとのやりとりをSが対応できない時間が生じることを察知することができ、指導の合間でのフォローが可能だったといえる。

ハルフォードはカジュアルなインプットにおける対面状況の重要性を強調したが、このように対面的なやりとりがなくても社内SNSのやりとりがカジュアルなインプットとして機能しうることが本節の分析から明らかになったといえる。これにより、クリエイティブ職への対応を複数人でチーム的に行うことが可能になっていた。次節では、実際にクリエイティブ職によりスケジュール上の遅延が引き起こされているときに、どのような対応がY社で行われているのかについて明らかにしたい。

6 クリエイティブ職を追いかけるための情報の収集

筆者が調査した期間においては、Y社がグロス請けをしている二つの作品で両方の演出を担当していたA（社外のフリーランス）の作業の進捗が好ましくなく、それぞれの作品の担当であるJとSでは対応が難しい状況にあった。このようにクリエイティブ職からうまく進捗を引き出してくることができず負担を感じるという状況はモリサワがクリエイティブ・ヒエラルキーとして描いた状況とも重なる。

この状況への対処として、Y社ではAへの対応をまとめて社長のPがフォローする形としていた。JとSは特定の作品を割り当てられており、まずはAの仕事が自分自身の作品の進行に影響を及ぼすかどうかに関心が向きがちであるため、横並びで見られるPが引き受けて対応することには一定の合理性がある。さらに、P自身も制作進行経験者であり、JやSよりもクリエイティブ職との対応についてのスキルを有している部分があると考えられる。

しかし、Pが引き受けるといっても、実際の対応はJ・Sとの連携が必須であった。PはJとSに対して頻繁にAについて把握している進捗状況を報告するように求めていた。たとえば2月14日の社内SNSでは「毎晩上がりを回収したのち、何カットが上がってきたか、依頼した部分が上がってきたかについて、翌日の12時ごろまでにご共有ください。それをもとに当日の追っかけの文句を変えますので、よろしくお願いいたします」(CHAT_0214_1245) とJとSに対して依頼をしている。こうしたことから、クリエイティブ職に作業を促すうえで作業状況を正確に数的に把握し、Y社側の依頼が踏まえられているのかについて詳細に把握しながらたえずコミュニケーションの方法を工夫しようとしており、単に発注元の社長であることで進捗を引き出すことができるわけではないことがわかる。

このようなことを踏まえたうえで、実際にどのようにして遅延が生じているクリエイティブ職に作業を促すための実践が行われているのかを検討したい。下記は、Aのスケジュールを作業状況をめぐってやりとりされた社内SNSのログの抜粋である。

CHAT_0228

P（0227_2148）
to J：お疲れ様です。今夜のAさんの回収は22時以降にお願いします。
to S：入れの準備もお願いします。

P（0228_1314）
to J：お疲れ様です。昨晩Aさんの作品F上がりのカット数を教えていただけますか？今Aさんと一緒に作品B＃06アフレコに参加しているので、終わる際に作業ペースについて詰めていきたく、15：00までに教えてください。

J（0228_1449）
re P：お疲れ様です。昨晩の上がりは18cutになります。宜しくお願い致します。

この状況では、Pは2月27日ならびに28日の両日においてスタジオに出社しておらず、対面的なやりとりを介さずに社内SNSのみでJとSに対して依頼をしている。2月27日のメッセージは、Aとの調整を経てJに対して素材回収の時刻をJに伝え、素材入れの準備をSに行うように指示している。

翌28日には、前日にAからの成果物が一定程度提出されているという想定のうえで、作品Fの上がりカット数を知らせるようにJに指示している。Pの記述にあるように、このメッセージは別の作品であるBのアフレコ現場においてAと同席しているタイミングを活かして作品Fの作業ペースについて調整をする意図をもって、情報を得ようとしていることがわかる。

このメッセージが送信された13時14分には、制作進行のJは出社しておらず、14時42分に出社したのち、すぐにスタジオに届けられているカットの数を数えて、49分にSNS上でリプライを送信している。こうしたことから、JもPの依頼に合わせて出社時刻を調整していることと考えられる[1)]。社内SNSのメッセージのやりとりと、スタジオに集められた物理的なカット袋を制作進行が直接確認して伝えるというやりとりによって、PにAの進捗状況が伝えられているのである。

同日の23時10分には、Aからの納品物がY社に届けられていた。このときに提出されてきたのは作品Bの演出チェックであり、結果として作品Fに関する成果物は届けられなかった。しかし、提出されたカット袋には「すみません。作品F明日昼には出します」とのメモが書き込まれていた。4節で取り上げたように、クリエイティブ職側からみて正当性のある遅延や調整の要求であればその理由に付加的な説明がされないが、この事例ではA自身が作業の遅延について謝罪と作業の見込みを補足しており、作業状況の遅延がPとのやりとりで定めた内容に照らして違反として理解されていることが明確である。

この事例は、リモート状況では追いかけきれないクリエイティブ職の管理を、別用件の対面状況を利用して行っていることに特徴がある。とくに重要な点としては、取引している企業や作業者とのやりとりや進捗の状況が集約されている場として制作スタジオが機能しているということである。実際、28日13時14分のメッセージの時点では、Pはアフレコ現場、Jは自宅とそれぞれスタジオを不在にしていた。その後Jがスタジオに集められているカットをチェックすることによって進捗に関する情報が最新のものに更新され、Pが作業スケジュールを交渉するための有効な

1) Jはインタビュー調査において業務の多くをもう少しリモートのまま行いたいという希望について述べていた。

情報を得ることになった。したがって、社内SNSを介したマネジメント業務が有効に機能する場合であっても、そのなかでスタジオという物理的空間は、実際にクリエイティブ職の成果物が集約されてくる場所として、したがって最新の進行状況を把握できる場所として重要性を保っているということができる。

リモート状況において同時進行的に動いている複数の施設や人員を集中的に管理するにあたって、そのために必要な情報を一元的に管理することができる場を、ルーシー・サッチマンは「協調のセンター（centers of coordination）」（Suchman 1997）と呼んだ。ここで描いたのは、リモートワークが広く普及していても、制作スタジオが協調のセンターとしての機能を有しているということにほかならない。制作スタジオに蓄積され、更新される情報がクリエイティブ職とのやりとりを有効に行うための資源になっているのである。

7　協調のセンターとしての制作スタジオ

本章では、アニメ制作が多拠点的に行われるがゆえにカジュアルなインプットが得られにくいことを確認したうえで、場合によってはカジュアルなインプットが社内SNSで成立していることや、ヒエラルキーとして描かれてきた状況のもとでも有効にクリエイティブ職との交渉をするための情報を得る手段として社内SNSが用いられており、その一方でマネジメントのために必要な情報源は制作スタジオを起点としていることについて議論した。

本章の議論をみるとわかるように、制作進行が行うマネジメントには、クリエイティブ職と対面しない状況において行われているものが多くある。このことは、制作進行にとってクリエイティブ・ヒエラルキーの問題に上乗せする形で、クリエイティブ職と有効にやりとりするための情報をカジュアルに得られないことによって、マネジメントを円滑に行うことをより難しいものにしている可能性がある。その一方で、リモート状況が組み合わせられることによる協働の形も現れているという、新しいマネジメントの形の可能性についても本章の事例から示されたといえるだろう。

本章からは、制作現場のマネジメントをめぐるさらなる研究課題についても見出される。第6節にて述べた制作スタジオにおける「協調のセンター」について、従来的には航空管制室などの情報がモニターに一元的に管理される場が重要視されていたが、近年はチャットツールなどを通して素早く情報のやりとりができるようになったために、必ずしもリアルタイムで一元的な情報の管理がなされなくても協調が達成される場合があることと、その一方でそうした協調を司る場は多くの場合担当者が同じ場所に集まって対面的なやりとりも含んで運営されていることがラフらによって指摘されている (Luff et al. 2018)。こうした指摘は、おおいにアニメ制作スタジオにもあてはまる部分があり、とくに制作スタジオにおける共在の役割については改めて検討する意義がある。制作進行によるマネジメント業務は、アニメ産業における一見すると個人化した業務がいかにして具体的な場所を通して結び合わされ、結果として私たちの視聴する作品となっているのかを理解するうえでの重要な糸口の一つなのである。

■参考文献リスト

経済産業省, 2017,「アニメのデジタル制作導入ガイド――日本のアニメーション制作が培ってきた技術を、未来の才能に引き継いでいくために」

日本アニメーター・演出協会, 2009,「アニメーター労働白書 2009」

Banks, M., 2007, *The Politics of Cultural Work*, Palgrave Macmillan.

Halford, S., 2005, Hybrid Workspace: Re-Spatialisations of Work, Organisation and Management, *New Technology, Work and Employment*, 20(1), 19–33.

Kotter, J. P., 1999, *John P. Kotter on What Leaders Really Do,* Harvard Business School Press.

Luff, P., Heath, C., Patel, M. Vom Lehn, D., & Highfield, A., 2018, Creating Interdependencies: Managing Incidents in Large Organizational Environments. *Human-Computer Interaction* 33 (5–6), 544–584.

Mintzberg, H., 1973, *The Nature of Managerial Work*, Harper & Row.

Morisawa, T., 2015, Managing the Unmanageable: Emotional Labour and Creative Hierarchy in the Japanese Animation Industry, *Ethnography,* 16(2), 262–284.

Suchman, L., 1997, Centers of Coordination: A Case and Some Themes. L. B. Resnick, R. Säljö, C. Pontecorvo, & B. Burge (eds.), *Discourse, Tools and Reasoning: Essays on Situated Cognition*, Springer, pp. 41–62.

第7章

知られざる日印合作アニメ

『ラーマーヤナ ラーマ王子伝説』からみる日本アニメとアジアの過去・現在・未来

三原 龍太郎

1 はじめに

その作品は意外なところで言及された。インド大手英字紙ヒンドゥスタンタイムズ（*Hindustan Times*）が2022年10月2日にオンライン掲載したある記事（*Hindustan Times* 2022）のなかでのことだった。その記事は、インドの映画監督オーム・ラウト（Om Raut）が、CGを多用した実写劇場映画として古代インドの長編叙事詩「ラーマーヤナ」を描いた作品『アディプルシュ（*Adipurush*）』を製作しており、その日に当該作品のティザー映像が公開されたのだが、映像のクオリティが当初の期待を下回るものだったためファンが失望している旨を報じていた。そして、『アディプルシュ』のティザーのクオリティの低さが批判される際に、その作品『ラーマーヤナ ラーマ王子伝説』が引き合いに出されていたのである。

『ラーマーヤナ ラーマ王子伝説』は、いまからおよそ30年前に日本とインドとの間で合作され1993年に公開された劇場版アニメ作品である。『アディプルシュ』と同様にラーマーヤナを映像化したもので、日本ではほとんど全く知られていないが、インドでは知らない人がいないほど人口に膾炙した作品となっている。上記記事は、同じラーマーヤナの映像化作品であれば現在の『アディプルシュ』よりも30年前にインドが日本の助けを借りてつくった『ラーマーヤナ ラーマ王子伝説』の方が依然としてはるかにクオリティが高いではないかという趣旨のインド現地のファンの嘆きの声を複数紹介していた。

広く知られている通り、ラーマーヤナはインドの宗教的・文化的アイデンティティの中核をなしており、インドのオーディエンスにとって特別の意味を持つ「原作」である。それだけに、この記事はインドの読者に対して自国の「遅れ」を象徴的に印象づけようとしているようにも読める。ひるがえって、日本の側からこの記事を読むと、日本が関わったことすらほとんど知らない『ラーマーヤナ ラーマ王子伝説』なるアニメ作品が、異国の地インドにおいて当然知っているべき基本の作品として（好意的に）参照されていることに、奇妙な感覚を覚えるのではないだろうか。この『ラーマーヤナ ラーマ王子伝説』というアニメ作品は一体どのような作品なのだろうか？

本章は、『ラーマーヤナ ラーマ王子伝説』という（日本では）知られざる日印合作アニメ作品に光を当てる。本作品は、本書の問題意識である「場所」という切り口から日本アニメとアジアとの関係性を模索するうえで無視できない存在感を放っている作品であると思われる。これまでのアニメ研究はアジアを主に海外動仕（日本から海外のアニメスタジオへ作画工程、とりわけ動画部分を下請けに出すこと）の外注先として理解してきた（e.g. Mōri 2011）が、本作品は両者がお互いにより対等な立場で劇場版アニメ作品を合作したいわゆる国際共同製作の事例といえる。アジア地域とのアニメ作品の国際共同製作は現在では決して珍しいことではなくなってきており、アニメ研究のアジア理解のアップデートが求められている（cf. 三原・山下 2020）今日、1990年代という早い段階で先駆け的に手がけられた[1]アジアとの国際共同製作アニメ作品としての『ラーマーヤナ ラーマ王子伝説』をいま改めて検証することは、日本アニメと「場所」としてのアジアとの関係の過去・現在・未来を展望する（あるいは展望し直す）上での学術的意義が大きいと考えられる[2]。また制作規模を始めとした実態面における存在感から見ても、本作品には公称で製作費8億円、手描きセル画12万枚、スタッフ総勢450名が投じられており[3]、これは当時（1990年代）の水準からみても十分に「大作」と呼べる規模だったと考えられる（cf. Singh 2022）。本章では、このような問題意識の下で筆者が行った『ラーマーヤナ ラーマ王子伝説』のケーススタディー（e.g. Yin 2018）[4]をもとに、本作品がつくられた経緯を素描するとともに、本作品が日本アニメと「場所」としてのアジアとの関係性を展望するうえでどのような意義と示唆を持つものであるかについて探索的な考察を行う。

1）『ラーマーヤナ ラーマ王子伝説』は、管見の限り、日本とインドとの間で国際共同製作された劇場版アニメ作品としては初のものである。

2）『ラーマーヤナ ラーマ王子伝説』を正面から取り扱った数少ない先行研究としては、たとえばAmit（2022）がある。ただしこれは本作品のテクスト面に着目してその境界的なアイデンティティについて論じることを主たる内容としており、本章のように、日印間の共同製作という側面に着目することを通じて日本アニメと「場所」としてのアジアとの関係性を展望しようとするものではない。

3）『ラーマーヤナ ラーマ王子伝説』の各種パンフレットより。

2 『ラーマーヤナ ラーマ王子伝説』はいかにしてつくられたか[5)]

上で触れた通り、『ラーマーヤナ ラーマ王子伝説』は、古代インドの長編叙事詩であるラーマーヤナを日印の国際共同製作によって劇場アニメ化した映像作品である。

ラーマーヤナは、多宗教国家インドでマジョリティを占めるヒンドゥー教における聖典の一つとされ、同じく聖典とされる「マハーバーラタ」と並んで、ヒンドゥー教の二大叙事詩と呼ばれる。詩人ヴァールミーキにより著され、紀元3世紀頃に成立したと考えられている。全7巻・2万4000詩節からなる長大な物語で、コーサラ国（現在のウッタル・プラデーシュ州にあったとされる）の王子である主人公ラーマが、ランカー島（現在のスリランカとされる）の羅刹の王ラーヴァナにさらわれた妻シータを救出するため、仲間となったハヌマーン（東アジアにおける孫悟空の原形とされる）らとともに軍勢を率いてラーヴァナの羅刹軍と戦って勝利し、シータを救出するさまを描いている。さらにその後日譚として、シータとともに凱旋し王に即位したラーマが、ラーヴァナの後宮に捕らえられていたシータの貞節を信じることができずに彼女を森へ追放し、身の潔白を証明することを求めたが、それに応じてシータが大地に願うと地面が裂けて大地の女神が現れ、シータを連れて大地の中に消えてしまったため、ラーマはシータを永遠に失う結果となってしまったという、英雄ラーマの「人間くさい」一面をも描写する多面的なテクストとなっている（ラーマーヤナの概要については井田（2018）、中村（2012）などを参照）。ラーマーヤナはその成立以降、伝統芸能から現代のポピュラーカルチャーまであまたの翻案がなされ、またそのモチーフはインドをこえて広く東南アジアや東アジアにも伝播している（cf. Ramanujan 2004）。

本節の以降では、このようなラーマーヤナを原作とする『ラーマーヤナ ラーマ王子伝説』がどのようにしてつくられたのかを、劇場版アニメ作品がつくられる際に経由する一般的なプロセスである「企画」（原作の特定）、「製作」（資金調達や参画事業者

---

4) 具体的には、『ラーマーヤナ ラーマ王子伝説』に携わった当時の関係者（監督やプロデューサーなど）へのインタビュー調査や、作品の内容分析、現在日印両国において起こっている当該作品のリバイバルの動き（公式ウェブサイトやSNSアカウントの開設、劇場や大学等における上映会など）の参与観察などを含む。本章のケーススタディーの遂行に当たっては、『ラーマーヤナ ラーマ王子伝説』のアシスタントプロデューサー（当時）の吉居憲治氏及び一般社団法人ディスカバーインディアクラブ執行委員の金子雅也氏にインタビュー調査の実施や対象者への連絡調整、資料の提供などさまざまな便宜を図っていただいた。ここに記して感謝申し上げます。

5) 本節で紹介する事実関係は、『ラーマーヤナ ラーマ王子伝説』のケーススタディーを通じて筆者が得た知見に基いてまとめたものである。本節で直接引用される具体的な記述や発言などの出所は必要に応じて本文中に示す。

の構成の決定)、「制作」(実際の映像づくり)、「配給」(劇場等への流通)の各段階(e.g. 桶田 2020：8-9)に沿って概観する。

2-1 企　画

ラーマーヤナを劇場アニメ化したいという企画は、NHK報道部で主にドキュメンタリー番組を制作していた酒向雄豪という一人の日本人プロデューサーによって着想された。幼少期を禅寺で暮らした彼は当初からインド文化へ惹きつけられるところが大きく、NHKを早期退職後はインド関係のドキュメンタリー番組制作に専念していた。その関係で何度もインドへ渡航する中で、1983年にラーマーヤナに関わるといわれる遺跡発掘調査についてのドキュメンタリー番組を制作したことが直接の契機となり、ラーマーヤナの劇場アニメ化を決意するに至ったという。ラーマーヤナの壮大なストーリーだけでなく、人間や動物などが入り乱れて活躍する登場キャラクターたちにも魅せられた彼は、このような自由で融通無碍(ゆうずうむげ)な物語を世界に届けるための映像メディアは実写ではなくアニメーションこそがふさわしいと周囲に話していたらしい(e.g. Singh 2022)。酒向のインドへの個人的な情熱がこの企画を生んだといってもよいかもしれない。

2-2 製　作

ただ、その企画の実現は困難を極めた。まずスポンサー集めに難航した。酒向は当初、日本側とインド側の双方が資金を出し合って本作品を合作することを志向していた。インド側から資金を調達するに当たっては、本企画のインドにおける協力者であったS. S. オベロイ(S. S. Oberoi)とも連携しながらスポンサーを探した(その一環として当時のラジブ・ガンディー首相とも会見したとの由)が、長い期間を費やしたにも関わらず満足な資金を調達できる見通しが立たなかった。そのため、最終的に製作資金は全て日本から調達することとした。日本国内で資金を集めるにあたっては、政財界の役職を歴任してアジアの文化交流にも造詣が深く、1987年から本企画に参加した松尾篤(現・国際経済研究所代表)が中心的な役割を果たした。

ただし、資金だけがあっても、この企画を劇場版アニメ作品という形にするための能力、技術、ノウハウ等がなければ先へは進めない。NHKに在籍していたとはいえ、酒向は実写畑の人間であり、アニメづくりに関しては全くの素人だったため、企画の実現には日本のアニメ業界からの協力が不可欠だった。そのため酒向らは、企画立ち上げ当初より、つてをたどってアニメ業界に企画の持ち込みをして回っていた。

酒向側は当初、どこかのアニメスタジオにアニメ制作を委託することを考えていた。この企画に当初関心を示したアニメスタジオは東京ムービー新社（現トムス・エンタテインメント）である。打ち合わせには当時の藤岡豊社長以下専務も複数人同席し、1年弱に渡って協議を重ねるなかで、具体的な予算金額を策定するところまで先方のコミットメントを引き出した（具体的な制作スタッフの候補として月岡貞夫[6]やりんたろう[7]の名前も挙がっていたとの由）。しかしながら、東京ムービー新社内の状況の変化を始めとしたさまざまな理由で、最終的に東京ムービー新社はこの企画から撤退してしまった。

これを受けて、スタジオへ委託するのではなく、自ら制作ラインを構築する方針へ転換し、アニメ業界から人を直接募ることにした。これはアニメづくりの素人が簡単にできるようなことではなく、無謀ともいえるやり方だったが、この方針を採用するにあたっては、当時企画の相談に乗ってもらっていた日本テレビの武井英彦のアドバイスがあったとのことである[8]。制作スタッフを集めるに際してもアニメ業界の協力が必要だったが、サンシャインコーポレーション（アニメスタジオ）の大平隆義社長（当時）がこの企画に熱心に賛同してくれたため、サンシャインコーポレーションをハブとしてネットワークをたどり、スタッフを集めていった[9]。アニメ業界内の通常の仕事サイクルとは異なる「スポット」の企画だったため、報酬その他の待遇は業界の相場よりかなり高めに設定したという。

最終的に、佐々木皓一（監督）、小林一幸（作画監督）、青木正嗣（音響監督）、松岡聡（美術監督）らを核とした制作体制を構築することができた[10]。作画周りは『風の谷

6）日本のアニメーション作家。NHK『みんなのうた』などで知られる。
7）日本のアニメ監督。『銀河鉄道999』の監督などで知られる。
8）吉居憲治氏への筆者インタビュー（2023年2月23日実施）。なお彼は、本作品の相談の一環として当時まだ徳間書店に在籍していた鈴木敏夫（現・スタジオジブリ代表取締役議長）ともアニメージュ編集部にて面会したとの由。
9）サンシャインコーポレーション以外に、スタジオぎゃろっぷ（現・株式会社ぎゃろっぷ）や動画工房（とくに当時社長だった石黒育）といったアニメスタジオもスタッフ集めに協力してくれたとの由（同インタビュー）。
10）当初は本作品を宮崎駿に監督してもらう案もあり、実際に本人にオファーもしたが断られたらしい。宮崎はラーマーヤナのことをよく知っており、ストーリーも面白いと言っていたが、自分はオリジナル作品しかやらないからという理由で断られたとの由。同様に、美術監督の候補として山本二三（『天空の城ラピュタ』や『時をかける少女』における特徴的な雲の美術のいわゆる「二三雲」で知られる）にもオファーをしていたが、やはり断られたとのこと。なお、宮崎駿自身も、『天空の城ラピュタ』公開当時のインタビューの中で「インドとの合作で『ラーマーヤナ』をやらないかっていう話が来たんです。」と発言している。そして、『天空の城ラピュタ』の「機械文明が昔あったというモチーフ」等を構想するにあたっては、『ラーマーヤナ』監督のオファーをめぐってやりとりするなかで酒向側からもらって読んだインドの「「地球は一回核戦争にあっている」という話を書いた本」の内容が間接的に影響している（「その内容がたぶん頭にひっかかっていたんだと思います」）と語っている（スタジオジブリ・文春文庫 2013：69）。

のナウシカ』を制作したアニメスタジオであるトップクラフトに連なる人脈——当事者の言葉を借りると「ナウシカチーム」——からの参画を多く得ることができた（上記の佐々木皓一及び小林一幸はトップクラフトの出身である。また『風の谷のナウシカ』に登場する王蟲の作画で知られるトップクラフトの吉田忠勝も本作品に原画アニメーターとして参画している）。物理的な制作場所として広尾の駒沢通り沿いにあるマンションの部屋をスタジオとして借り上げ、監督以下原画マンまでのスタッフにはそこに常駐して作業をしてもらうこととした（原画マンの人数は6、7人程度だったとの由）。動画はそこから外部にまく[11]こととし、やはり直接雇った3名の制作進行がその流れを差配した。

広尾のスタジオが稼働し、実際に本格的な制作に入ることができたのは1990年10月からである（1991年1月より作画スタート）。酒向がラーマーヤナのアニメ化を決意した1983年から、実に7年あまりの月日が経っていた。

2-3　制　　作

すでにのべたように資金はすべて日本側で調達することにした一方、「何らかの形でインド側が関わらないとこの作品は絶対に上手くいかない」という酒向の強い意向で、制作プロセスにはインド側のアニメーション関係者も巻き込み、日印双方で連携しながら制作を進めることとなった。インド側は前述のオベロイがネットワークのハブとなってスタッフを集めていった。最終的に、ラーム・モハン（Ram Mohan）（監督）、ヴァナラジ・バティア（Vanraj Bhatia）（音楽監督）、パドワードハン夫妻（Nachiket and Jayoo Patwardhan）（美術設定）らを核とした制作チームとなった。

本作品のインド側の監督となったラーム・モハンは「インドアニメーションの父」として知られる。インドは独立後の1948年にムンバイにインド映画局（FDI: Film Division of India）を設立し、自国アニメーションの発展のために1956年にディズニー社からアニメーターのクレア・ウィークス（Clair Weeks）を招聘して現地アニメーターの育成を行ったが、モハンは彼の薫陶を受けた第一世代である（拓2023）。いわばディズニー流のアニメーションづくりの系譜に連なるアニメーション監督であり、日本的な「アニメ」しかも長編アニメの制作に携わるのは本作品が初めてだったという。

11）動画は国内のアニメスタジオだけでなく、当時の日本アニメの海外動仕のネットワークに乗ってアジア地域にも出されていたとの由（Amit 2022も参照）。なかにはヒンドゥー文化圏に属するバリ島（インドネシア）のスタジオにまかれたものもあり、現地に出張した動画検査スタッフが、そのスタジオが入っている建物にラーマーヤナの壁画があるのを目撃して、「本家」ラーマーヤナの壁画があるスタジオでアニメ版のラーマーヤナをつくっていることに感銘をうけたというエピソードもある。

日印間のおおまかな役割分担としては、ラーマーヤナの世界観の根本に関わる部分は（日本側になじみがないので）インド側にお願いし、アニメ制作の技術的な部分は（インド側にノウハウがないので）日本側で行う、というものだったようだ。すなわちたとえば、脚本周りであれば、おおもとのシノプシスをまずインド側に起こしてもらい、それを元にして日本側（佐々木監督ら[12)]）が脚本化していく、映像周りであれば、景観や小物といった美術設定をインド側（パドワードハン夫妻）に描いてもらい、それを参照しながら日本側（佐々木監督）が絵コンテを起こし、作画以降の映像化の工程（原画、動画、彩色、撮影、編集など）を担当する、といった具合だ。また音響周りについても同様の理由からインド側に多くを任せている。すなわち、BGMの作曲はラーマーヤナの世界観に合致させるべくインド側（バティア）が行い、また本編中に幾度か登場する音楽シーン（登場人物がミュージカル的に歌ったり踊ったりするシーン）の絵コンテの一部もインド側（モハン）が担当した。台詞は（インド全土及びその後の世界展開を見据えて）全て英語とし、音楽シーンの挿入歌の歌詞には（ラーマーヤナの世界観を強調するべく）サンスクリット語を使用した。台詞、BGM、音楽シーンの収録などはすべてインドで行われた。

上記の日印間の役割分担のもと、制作上の意思決定の全権を酒向が握るという形で制作が進められた。ただし、ラーマーヤナが日本側からみてなじみのない原作であったことから、日本側の現場が日々の制作作業を進める中で大小さまざまな疑問が出てくることはやはり避けられなかった模様だ。たとえば、大きなところでは、全7巻もある長大なラーマーヤナの物語を2時間足らずの尺に収めるためには原典の内容を取捨選択しなければならないが、どのように取捨選択すればラーマーヤナの本旨を損なわずに済むのかというシナリオ上の問題があった。またアニメというエンターテインメント作品としてつくる以上、原典にはない演出を入れたり、キャラクターをアニメ的にデフォルメしたりする必要があるが、それらの許容範囲はどこまでなのかという演出やキャラクターデザイン上の問題もあった。さらに細かなところでは、女性キャラクターが着用するサリーにはどのようにしわが寄ったり影ができたりするのかといった作画上の問題が浮上したりもした。

これらさまざまな疑問点について、特に監督の佐々木はインド側から監修を受ける必要性を強く感じていた模様だ。しかしながら、日印間のコミュニケーションにおける時間的・空間的な制約（当時まだインターネットは一般化しておらず、国際郵便や相互

12）この脚本化作業には、『超時空要塞マクロス』などの脚本で知られる大野木寛も参画していたとの由。

の来日・訪印といった「アナログ」な手段で相互のやり取りをしていた）や、インド側がそのような監修に必ずしも積極的でなかったこと、意思決定権限をインド側ではなく酒向が握っていた体制上の問題などにより、日本側の制作陣がインド側からの監修を受ける機会は結果的にほとんど得られなかった。

この点について筆者自身が最も印象に残っているのは、佐々木監督がインタビューの際に語っていた「インドラジットの戦死」のシーンの演出だ。インドラジットはラーヴァナの息子で、ラーマ側の軍勢とラーヴァナ側の羅刹軍との合戦の際に、ラーマの弟ラクシュマナと戦う。このラクシュマナとインドラジットの一騎打ちはラーマーヤナの物語における山場の一つだ。最終的にインドラジットはラクシュマナに討たれて戦死するのだが、佐々木はその「死に方」に原作とは異なる演出を施した。原作ではインドラジットはラクシュマナが放った矢に首を落とされて地面に倒れて戦死する（ヴァールミーキ 2013：315–316）のに対して、佐々木は二人を天高く空を飛ぶ馬車の上で戦わせ、戦闘の末そこから落ちそうになったインドラジットがラクシュマナから弓矢を向けられると「バカな 許さぬぞ！ 貴様の手にかかることだけは……」という台詞とともに自ら手を放し、高笑いをあげながらはるか下の地上に落下しながら消えていく（そしてインドラジットが実際に死ぬところは描写されない）演出とした。このような変更を加えたことについて佐々木は、アニメ監督としての自らの判断で行ったとしつつも、インドラジットが敵に討たれることをよしとせずに自ら死を選ぶという演出が「インドのヒンドゥー教的に本当にいいのか」、もしかしたら「仏教的」あるいは「武士道的」な「何かヒンドゥー教と関係ない」ものとなってしまっていて、ラーマーヤナとは「全く根本的に、もしかしたら違うよと言われるのではないか」という不安が、30 年後の現在でも依然として消えないという。そして、この演出についてインド側（特にモハン監督）からの監修を受けることがかなわなかったことに依然として忸怩たる思いを持っている様子がうかがえた[13]。

このような幾多の困難・紆余曲折がありつつも、『ラーマーヤナ ラーマ王子伝説』は最終的に 1992 年 12 月に完成した。実質的な制作期間はおよそ 2 年だった。

2-4 配　給

『ラーマーヤナ ラーマ王子伝説』が完成後に初めて公開された場所はインドだった。1993 年 1 月のデリー国際映画祭でイベント上映されたのが初である。その後イ

13）以上、佐々木皓一監督への筆者インタビュー（2023 年 7 月 30 日実施）。

ンドでは本作品の露出が断続的に続いたらしい。すなわち、1997年にインドの国内10都市程度で短期間の劇場配給にかかるとともに、2002年にテレビ版（本作品をテレビ用に編集したもの）の放映がインドのカートゥーンネットワークで開始され、また本作品のDVDも発売された。テレビ版の放映はその後も2007年頃まで続き、カートゥーンネットワークのみならず、地上波でもディワリ（毎年行われるヒンドゥー教のお祭り）のシーズンなどにスポット的に放映されていたらしい。『ラーマーヤナ ラーマ王子伝説』がインドで人口に膾炙しているのは、このテレビ版が当時広く放映されたことが大きかったといわれる。ただし映画作品としては不遇で、上記の1997年の上映以降、本作品がインド国内の配給にかかった記録は現在まで確認されていない。

他方で、日本における『ラーマーヤナ ラーマ王子伝説』の露出は、インドにおけるそれと比べても小さかった模様だ。本作品が日本で初めて本格的に上映されたのは1997年で、東京と横浜の2か所でイベント上映された（渋谷パンテオンで行われた東京国際ファンタスティック映画祭及び横浜ランドマークホールでの上映会）が、それ以降日本の劇場配給に本作品がかかることは（記録が確認されているいくつかのスポット的な上映を除いて）ほとんどなかったらしい。日本の劇場配給は電通が担当し、大手の配給会社にも営業をかけたものの不調に終わった。インドで行われたようなテレビ放映もDVD発売もなく、総じて日本ではほとんど認知されることなく終わってしまったというのが実情のようである。佐々木監督や小林作画監督は、本作品に関わったことはアニメ業界における自分のその後のキャリアにはプラスの意味でもマイナスの意味でも全く何の影響もなかったと語る。のみならず、本作品に関して何らかの取材やインタビューなどを受けたことも全くなかったという[14]。このことは、『ラーマーヤナ ラーマ王子伝説』の日本におけるインパクトがいかに小さかったかを傍証的に物語っているようにも思える。

じつのところ酒向側は、企画を立ち上げた段階では配給のことまでは考えていなかったようだ。映画作品は通常、企画を立てる段階で配給という出口まで決めたうえで制作に入るのが映画業界におけるある意味での「常識」だが、門外漢の酒向はそのことを知らず、企画の内容がよいので作品を作りさえすればおのずと買い手はつくだろうという程度の漠然とした認識しかなかったらしい。本作品が日本で「知られざる」ものとなった要因の一つには上記のような全般的な流通の弱さがあったように思われるが、その弱さはこのようないわば見切り発車的な配給のアレンジに

14）佐々木皓一監督への筆者インタビュー（2023年7月30日実施）及び小林一幸作画監督への筆者インタビュー（2023年9月3日実施）。

第1部
第2部
第3部

起因しているのではないかとも考えられる。

2-5 その後

幾多の困難を乗り越えてつくられた『ラーマーヤナ ラーマ王子伝説』ではあったが、最終段階の劇場配給面で大きな不完全燃焼感を残してしまった。時間を追うごとに興行上の勢いは低下していき、2010年代に入る頃には対外的に目立った動きはほとんどなくなっていた。

しかしながら、2012年に酒向が亡くなり、2019年にラーム・モハンも死去するなど、本作品の中核を担った人間が相次いでこの世を去るに及び、彼らの遺志を継ぐ趣旨も込めたある種の「リバイバル」の動きが近年出てきている。上映面では、単館ではあるものの、横浜のシネマノヴェチェントで2018年からおよそ1年間に渡ってロングラン上映されたことを皮切りに、日本及びインドを含めた海外のイベント等で断続的な上映が続いている。またデジタル化・オンライン化にも対応し、もともと物理的なフィルムとして作られていた本作品のデジタルリマスター版を2020年に完成させるとともに、『ラーマーヤナ ラーマ王子伝説』の公式ウェブサイトや各種SNSの公式アカウント（YouTube、Facebook、Twitter（現、X）, Instagramなど）を2021年に開設した。

インド側もこのリバイバルの動きには好意的に呼応しているように見える。冒頭で示した『アディプルシュ』への反動で『ラーマーヤナ ラーマ王子伝説』が話題になった際には本作品の各種公式SNSアカウントが頻繁に言及され、また公式ウェブサイト経由で現地のファンから本作品のリバイバル上映を望む声も多く届いているとの由。さらに、インドのモディ首相が2022年に来日した際には当時の制作スタッフと面会するとともに、帰国後に自身のインド国民向けラジオ放送「Mann Ki Baat」でも本作品に言及し、インドから遠く離れた日本でもインド文化に崇敬の念をもつ者がいることの例として、すべてのインド人が誇りに思うべきであると示唆した[15)]。

『ラーマーヤナ ラーマ王子伝説』は、今後どこに向かって進んでいくのだろうか？いわゆる「旧作」である以上、上記のリバイバルが今日の商業ベースに乗ることはもはやないと思われる。ただし、『ラーマーヤナ ラーマ王子伝説』を、1500年以上の歴史を持つ叙事詩をアニメ化した「作品」として100年単位のスパンで見れば、「商

15）https://youtu.be/Y5_wacGRA2o?t=1469（2024年6月14日最終閲覧）

品」としての賞味期限とは別の位相で今後も残っていくであろうし、今後の日印間の文脈でも参照され続けるだろうと考えることもできるのではないだろうか[16)]。

3　ディスカッション

このような経緯を持つ『ラーマーヤナ ラーマ王子伝説』から、日本アニメと「場所」としてのアジアとの関係の過去・現在・未来についてどのような示唆を得ることができるだろうか？

この問いに対してはさまざまなアプローチがあり得るだろう。たとえば、ディズニー流のトレーニングを受けたモハン監督らインド側と、同じくディズニーアニメーションの移植がその成立の画期の一つとされる日本アニメ（cf. 大塚・大澤 2005：12-16）という、アジアの別々の地点におけるいわば「ローカル版ディズニー」同士が邂逅した結節点として本作品を理解することは可能だろう。本作品の制作のカギを握っていたトップクラフトは、当時盛んに行われていた米国との国際共同製作（cf. 草薙 2003）でもやはり中心的な役割を果たしていたスタジオの一つでもあったことに着目すれば、本作品に参画したスタッフを精査することを通じて、日本アニメの国際共同製作全般に係る歴史と系譜に対してアジアという視角から新たな知見を得られるかもしれない（章末の表7-1に『ラーマーヤナ ラーマ王子伝説』のエンドクレジットを掲げる☞118-121頁）。トップクラフトがスタジオジブリの前身であり、さらには本作品の企画が宮崎駿・鈴木敏夫両氏と「ニアミス」していたという側面から、いわゆる「ジブリアニメ」の系譜に対するアジアからの影響という観点から何らかの貢献ができる可能性もある。また、本作品に関わった当事者のモチベーションの淵源に場所としての「インド」があった点から、日本アニメとアジア主義との邂逅という文脈を構想できるかもしれない[17)]。

筆者自身がとりわけ興味をひかれるのは、インド側から監修を受けるべきだと考えていた佐々木監督の規範意識だ。これは松永（2017）が日本のアニメーターの実地調査（エスノメソドロジー）を通じて抽出した、アニメーターは作品づくりにおいては

16）吉居憲治氏は、ムンバイで開催されたラーム・モハンの追悼式に出席した際、現地のアニメ誌の編集者から「宮崎駿作品は100年続くかもしれないが、あなたたちの作った『ラーマーヤナ ラーマ王子伝説』はもっと続くだろう」という趣旨のコメントをもらったとの由。

17）『ラーマーヤナ ラーマ王子伝説』の資金調達の音頭を取った前述の松尾篤は、青年海外協力隊の「生みの親」（国際協力機構 n.d.）であり、戦前は満州拓殖公社で満蒙開拓青少年義勇軍の訓練などに従事していた寒河江善秋に師事していた時期があったとの由。

自らの創造性を前面に押し出そうとするのではなく、上流工程の指示にできるだけ忠実に従うことを旨とするべきだという職業規範に通じるものがあるように思われる。本作品は、その従うべき「上流」にある原作が、「場所」的に日本の「外」にあるインドの聖典だったケースと考えられる。

日本国内におけるアニメをめぐる議論・評論のなかでは、日本のアニメ制作者のこの職業規範は、クリエイターとしての自己顕示欲をストイックに戒め、原作を尊重するクラフツマンシップ的な美徳として理解されていると思われる。これに対して、『ラーマーヤナ ラーマ王子伝説』のケースが提示しているのは、この職業規範が美徳として通用する範囲には空間的な限界があるという視点だと考えることができるだろう。すなわち、日本のアニメ制作者が従うべき「上流」の準拠点が、インドにおけるヒンドゥー教の聖典という「場所」的に極めて隔絶した地点まで遠ざかると、彼ら彼女らの原典を尊重しようとする職人的なストイックさは現地の聖典を巡る他のさまざまな文脈に巻き込まれ始めるのであり、もはやそのクラフツマンシップを単に美徳としてのみ理解するだけではすまなくなってくるのではないかということである。

この点、前節で素描したモディ首相の『ラーマーヤナ ラーマ王子伝説』に対する肯定的なコミットメントには、単に作品それ自体を称賛したという以上の文脈があるように思われる。インドは多宗教国家であり、多数派のヒンドゥー教と少数派のイスラム教やシーク教などとの間の宗教的対立が極めてアクチュアルな政治的イシューであり続けている。あまつさえ、モディ首相の現政権はヒンドゥー・ナショナリズムを標榜するインド人民党によって率いられており、他宗教（とりわけイスラム教徒）に対する抑圧的政策を現在進行形で推し進めていることで知られている（e.g. 湊 2024）。これらの背景を考慮すれば、日本のアニメ制作者がヒンドゥー教の聖典であるラーマーヤナを尊重しつつアニメ化した『ラーマーヤナ ラーマ王子伝説』について、モディ首相がインド国民向けラジオ放送においてインド文化に崇敬の念をもつ者の事例として紹介したという事実を、日本アニメ制作者のクラフツマンシップの発現としてのみ解釈するのは一面的に過ぎるだろう。ヒンドゥー・ナショナリストの側からすれば、自らの聖典であるラーマーヤナがアニメ化される際には、その制作者に下手に創造性を発揮されるよりは、原典を尊重して作ろうというストイックな姿勢でいてもらった方がプロパガンダ上の都合がよいのであり、そして実際に原典を尊重している内容であったからこそモディ首相は『ラーマーヤナ ラーマ王子伝説』を称賛したのだ、という見方もできてしまうのではないか[18)]。

このことは、佐々木監督自身の規範意識やそれに関する30年越しの思いとは全く別の次元において、彼のクラフツマンシップが現地の宗教をめぐる政治に結果として巻き込まれてしまっているということでもあるだろう[19) 20)]。『ラーマーヤナ ラーマ王子伝説』は、松永（2017）によって提示されたアニメ制作者の職業規範は、それが置かれた「場所」によってさまざまな意味合いを持ちうる（そのストイックさは日本では美徳かもしれないが、インドではかえって仇になるかもしれない）ことを示唆しているケースと位置づけることができるのではないだろうか。

既述の通り、アジア地域とのアニメ作品の国際共同製作は、現在では決して珍しいことではなくなっている。今後その傾向がさらに進むなかで、当該地域のさまざまな「聖典」を題材にしたアニメ作品がつくられるであろうことも想定できる[21)]。その意味においても、『ラーマーヤナ ラーマ王子伝説』の事例は、日本アニメとアジアとの関係の現在と未来を展望するうえで、重要な参照点となっていくだろう。

18）この点において興味深い対照をなすアニメーション作品として、2008年に公開された『*Sita Sings the Blues*（シータ、ブルースを歌う）』がある。この作品はアメリカのアニメーション作家であるニナ・ペイリー（Nina Paley）の手によるもので、『ラーマーヤナ ラーマ王子伝説』と同じくラーマーヤナを題材にしている。ただしその翻案の仕方は相当に大胆であり、夫に捨てられたことのある自らの経験をラーヴァナから救出されたにもかかわらずラーマから貞操を疑われて森に追放されたシータの悲哀と重ね合わせ、ラーマーヤナに埋め込まれている女性の抑圧やラーマの器の小ささを、（ラーマーヤナの世界観とはかけ離れた）ブルースの調べに乗せて戯画化して描写するモチーフとなっている。英雄譚としてのラーマーヤナを批判的に再解釈する内容であったため、本作品はインドのヒンドゥー教右派から強い反発を受けた（Thakur 2023）。この作品は、原典の趣旨を犠牲にしてでもペイリー本人のクリエイターとしての創造性を前景化させることを優先させた（そしてその結果ヒンドゥー・ナショナリストたちから反発された）ケースと考えられ、その意味において、原典を尊重して作った結果現在のヒンドゥー・ナショナリストたちから「歓迎」された『ラーマーヤナ ラーマ王子伝説』とは対照的な作品と考えることができるだろう（同趣旨の指摘については Amit 2022 も参照）。

19）酒向らが『ラーマーヤナ ラーマ王子伝説』の企画をインドで相談して回っていた当時のインドの政権党は主に国民会議派であったが、彼らはむしろラーマーヤナのアニメ化には及び腰だったという（cf. Singh 2022）。宗教に対する世俗主義的なスタンスの国民会議派が本作品に慎重であったのに対して、現政権党のインド人民党が本作品に好意的であるというのもさまざまな意味で示唆的であるように思われる。

20）急いで断っておけば、筆者は『ラーマーヤナ ラーマ王子伝説』のインドにおける受容が全てヒンドゥー・ナショナリズムに回収されていると主張したいわけではない。冒頭で示したように、本作品は必ずしも政治的でない文脈においてもインドのオーディエンスに（おそらくは宗教の枠をこえて）広く支持されているようにも思われる。ただインドにおけるこの広範な人気が、ヒンドゥー・ナショナリストにとっての政治的「資源」として「動員」の対象となってしまう可能性にはやはり注意が必要ではないかと思われる。

21）この点、クルアーンに題材を取ったとされる劇場版アニメ作品『ジャーニー 太古アラビア半島での奇跡と戦いの物語』がすでにサウジアラビアとの間で共同製作されている（日本では2021年に劇場公開）。

22）この制作作業の遂行に際しては、動画工房（アニメスタジオ）の社長（当時）であった石黒育がラインプロデューサーとして中心的な役割を果たしたとの由。

4 おわりに

本章では、「知られざる」日印合作アニメとしての『ラーマーヤナ ラーマ王子伝説』について、それがつくられるに至った経緯を概観するとともに、当該作品が日本アニメと「場所」としてのアジアとの関係性を考えるうえでどのような意義と示唆を持つものであるかについて探索的な考察を加えた。ただし、筆者による本作品の調査研究は未だ道半ばである。本作品の全貌を明らかにするためには、インド側の関係者に対する現地調査も含めたさらなる取材が必要であろうし、日本側の関係者については、監督や作画監督のみならず、彼らの指揮のもとで制作作業に従事したいわゆるラインスタッフ[22]への取材も不可欠と思われる。また、現在進行形で進んでいるリバイバルの動きが今後どのように推移していくかについても注視していく必要があるだろう。その意味では、本章で示した内容はあくまで中間報告的なものである。引き続き探究を進めていきたい。

■参考文献リスト

井田克征, 2018,「ラーマーヤナ」, インド文化事典編集委員会編『インド文化事典』丸善出版, pp. 214–215.

ヴァールミーキ, 2013, 中村了昭訳,『新訳 ラーマーヤナ 6』平凡社

大塚英志・大澤信亮, 2005,『「ジャパニメーション」はなぜ敗れるか』角川書店

桶田大介, 2020,「事例報告 実態調査にみるアニメ制作従事者の働き方」独立行政法人労働政策研究・研修機構 第112回労働政策フォーラム アニメーターの職場から考えるフリーランサーの働き方（オンライン）

草薙聡志, 2003,『アメリカで日本のアニメは、どう見られてきたか？』徳間書店

国際協力機構, n.d., JICAボランティア事業の歩み 国際協力機構〈https://www.jica.go.jp/volunteer/outline/history/（2024年2月23日最終閲覧）〉

スタジオジブリ・文春文庫編, 2013,『ジブリの教科書2 天空の城ラピュタ』文藝春秋

拓徹, 2023,「インド・アニメ略史」日本南アジア学会2023年度第1回社会連携イベント 日印アニメ交流ワークショップ（オンライン）

中村了昭, 2012,「訳者まえがき」ヴァールミーキ著, 中村了昭訳『新訳 ラーマーヤナ 1』平凡社, pp. 13–36.

松永伸太朗, 2017,『アニメーターの社会学——職業規範と労働問題』三重大学出版会

湊一樹, 2024,『「モディ化」するインド——大国幻想が生み出した権威主義』中央公論新社

三原龍太郎・山下一夫, 2020,「日本のアニメビジネスの海外展開と中国——鍵概念としてのブローカー」永田大輔・松永伸太朗編『アニメの社会学——アニメファンとアニメ制作者たちの文化産業論』ナカニシヤ出版, pp. 148–157.

Amit, R., 2022, *The Legend of Prince Rama* and the emergence of an Indian animé: A Japanese mediation of the Sanskrit epic, *Animation Studies*, 17.

Hindustan, Times., 2022, *Adipurush*'s bad CGI makes Twitter miss *Ramayana the Legend of Prince Rama*: 'The Japanese did it better than Om Raut'. *Hindustan Times*, 02 October 2022.

Retrieved 22 February 2024 from https://www.hindustantimes.com/entertainment/bollywood/adipurushs-bad-cgi-makes-twitter-miss-ramayana-the-legend-of-rama-101664729252722.html

Mōri, Y., 2011, The pitfall facing the Cool Japan project: The transnational development of the anime industry under the condition of post-Fordism, *International Journal of Japanese Sociology*, 20(1), 30–42. [doi: 10.1111/j.1475-6781.2011.01146.x]

Ramanujan, A. K., 2004, Three hundred *Rāmāyaṇas*: Five examples and three thoughts on translation. V. Dharwadker, ed., *The Collected Essays of A. K. Ramanujan*, Oxford University Press, pp. 131–160.

Singh, S., 2022, 'Ramayana' anime remastered 30 years on, *The Japan Times*, 19–20 March, 11.

Thakur, C. L., 2023, Nina Paley's *Sita Sings the Blues* and *Seder-Masochism*: Reading adaptation as feminist critique. B. Chua, & E. Ho, eds., *The Routledge Companion to Global Literary Adaptation in the Twenty-first Century*, Routledge, pp. 187–198.

Yin, R., 2018 *Case Study Research and Applications: Design and Methods* (*6th ed.*), Sage.

表7-1 『ラーマーヤナ ラーマ王子伝説』のエンドクレジット

Ramayana Production Executive Committee
Atsushi Matsuo

CONCEIVED BY
Yugo Sako Vijay Nigam

BASED ON Valmiki's *RAMAYANA*

SCREENPLAY BY
Narendra Sharma Koichi Sasaki
Rani Burra Hiroshi Onogi
Ram Mohan Yugo Sako

MUSIC
Vanraj Bhatia

ANIMATION DIRECTOR
Kazuyuki Kobayashi

ART DIRECTOR
Hajime Matsuoka

SOUND SUPERVISOR
Masashi Aoki

SPECIAL ADVISOR
Sunil Dutt

COORDINATORS
Prem Motwani Yoko Sasaki

PRODUCTION CONTROLLERS
S. S. Oberoi Megumu Ishiguro

ASSISTANT PRODUCER
Kenji Yoshii

DIRECTORS
Koichi Sasaki Ram Mohan

PRODUCED AND DIRECTED BY
Yugo Sako

VOICE CASTING
Pearl Padamsee

STARRING THE VOICES OF
RAMA Nikhil Kapoor
SITA Rael Padamsee
RAVANA Uday Mathan
LAKSHMANA Mishal Varma
HANUMAN Noel Godin
DASHARATHA Bulbul Mukherjee
KAIKEYI Madhulika Varma
BHARATA Rahoul Bose
MANTHARA Pearl Padamsee
KUMBHAKARNA Bhargava Krishna
SHURPANAKHA Shagufta Jaffrey
INDRAJIT Easo Vivin Mathew
SUGREEVA Denzil Smith
ANGADA Cyrus Broacha

AND ALSO
Dodo Bhujwala Rohan Arthur
Avi Shroff Salome Parikh
Farid Saboonchi Leeya Mehta

SUPERVISION FOR THE CONTENTS
Otoya Tanaka

STORYBOARDS BY
Koichi Sasaki

CHARACTER DEVELOPMENT
Moriyasu Taniguchi

CHARACTER DESIGN DEVELOPMENT
Ram Mohan

CHARACTERS DESIGNED BY
Kazuyuki Kobayashi

ASSOCIATE ANIMATION DIRECTORS
Megumu Ishiguro Noboru Takano
Atsushi Irie Michiyo Sakurai
Masahiro Neriki Kuniyuki Ishii

KEY ANIMATORS
Yukiyoshi Hane Kuniyuki Ishii
Tadakatsu Yoshida Toshiya Niidome
Tsutomu Awada Hiroyuki Horiuchi
Masahiro Neriki Chihiro Hayashi
Hiroshi Watanabe Akihiro Kanayama
Yoshishige Kosako Marisuke Eguchi
Makoto Kubozono Hirofumi Negishi
Masahiko Yoda Daijiro Sakamoto
Masami Suda Minoru Kobata
Tamotsu Tomaru Akio Mitani
Masami Shimoda Eiichiro Hirata
Masato Kimura Koji Yasuda
Toshiki Yoshida Keiko Hattori
Yuka Hoya Kyoko Nakano
Yoshifumi Miyaji

[Doga Kobo]
Noboru Koizumi Masaru Fukumoto
Yuji Takahashi Masahiro Hamamori
Akihiko Nomura Yoko Yada
Tadashi Tsubokawa Hideaki Maniwa
Tazuko Fukudo Kiyoshi Matsumoto
Toshihiko Ota Masahiro Takano
Atsushi Irie Noboru Takano
Megumu Ishiguro

ANIMATION CHECKERS
Hideaki Furusawa Akihiko Nomura
Hideaki Maniwa Shigeru Nishioka
Kunitoshi Ishii Sachiko Yoneyama
Yumi Enosawa

ANIMATORS FOR BREAKDOWNS AND INBETWEENS
Emiko Kawakami Noriko Tokue
Masako Nakamura Kyoko Higurashi
Machiko Osone Jun Kiguchi

Etsuko Kimura	Hitoshi Hasegawa
Kasumi Hara	Keiko Kobayashi
Mariko Kaizu	Misako Okimura
Chikako Matsumoto	Harumi Imamura
Sachiko Yoshihashi	Takako Kuwabara
Sanae Shibuya	Michiko Noda
Eiko Miyabayashi	Miyuki Yano
Noriko Kurabayashi	Kiyoko Makita
Sumie Nishido	Mayumi Suzuki
Haruko Shinozaki	Masahiko Imai
Kazuko Sakamoto	Masae Otake
Yumi Sakurazawa	Mitsuru Hosoya
Taeko Oda	Sachiko Yoneyama
Hiroki Kawazoe	

[Doga Kobo]

Kunitoshi Ishii	Takayuki Komori
Shigeru Nishioka	Iwao Otsuka
Hisashi Nakayama	Yuko Katayose
Kaoru Akiyama	Naomi Hori
Hitomi Imai	

[Studio Ten]

Koichiro Kiyoshima	Hisae Honda
Yumiko Iwasaki	Junko Nishikata

[Dragon Production]

Junko Isaka	Yoshiko Kuriihara
Makoto Imai	Midori Nagaoka
Kaori Miyagawa	Miyaki Suzuki
Akiko Nakamura	Chieko Shiobara
Yasuko Hino	Masami Takebuchi
Yoshiaki Wakaki	Emiko Nakayama
Takayuki Shimura	Daihachi Okajima
Kenji Yamamoto	Tomoko Takei

[Wombat]

Toshiharu Kawanishi	Masami Yamashita
Takuya Nonaka	Akitoshi Someya
Namiko Iwaoka	Jun Yoshida
Takahiro Uchida	Yoshiko Koike
Shinichi Inami	Keiichiro Kameyama

[Studio Cockpit]

Keiko Matsumura	Ryoko Ihara
Michiko Sato	Yoko Ozone
Yumiko Kitajima	Chinatsu Sudo

[Mu Films]

Tetsuya Kobayashi	Yukari Matsuda
Mikine Kuwahara	Yuji Goto
Jun Nakai	Naoko Mitani
Rie Kawaguchi	Wataru Kiyatake
Soji Shinohara	Keiji Shigesawa
Seiji Akimoto	Yuichi Sugimoto
Yumiko Sugiura	Koji Sotomura
Megumi Kaino	Katsuhisa Yamamoto
Akiko Tanada	Takeshi Sawada
Hirokazu Kaku	Kanoko Sekiyama
Keiko Tanaka	Takahito Nishijima
Noritake Kanzaki	Miyuki Araya
Keitaro Minamoto	Miki Hashizaki

Tetsuya Shikanai	Shinsuke Ishikawa
Mamoru Amano	Yukitomo Watanabe
Tomoaki Chishima	Sumiko Matsumoto
Yui Yasuba	

[Group Donguri]

Reiko Mano	Akihiko Adachi
Masayuki Shibuya	Shinichi Masuda
Yoshiko Kato	

[Anime Roman]

Hideki Shibuya	Hiroyuki Jige
Hironori Yamamoto	Masahiro Sato
Shiro Tajima	Natsuko Shoji

[Studio Jam]

Yumi Enosawa	Haruyo Yuzawa
Akiko Osumi	Yuko Takahashi
Takako Miyawaki	

[Anime Toro Toro]

Takashi Tomioka	Kumiko Tanihira
Atsushi Hasebe	Yukari Yamaura
Morihiko Yano	Toshihiko Fukano
Fujio Suzuki	Hiromi Furuya
Akira Teo	Hiroyuki Tomizawa
Chiharu Mayu	Hisamichi Kimura

[Kyoto Animation]

Satomi Noda	Keiko Kono
Takahiro Okuno	

[Marsa]

Sanjaya	Syaifuddin
Zaenal	Novianto
Hariyano	Adrianus
Setyo	Firmanto
Rudy D.W.	Wijaya
Hakam	

ANIMATION SERVICES

Oh Production	Studio Live
Za Endo	Ado Cosmo
Radical Party	Office Tanazawa
Asia Do	Kino Production
Fantasia	Kinsei Studio
Studio Pierrot	Jungle Gym
Emuai	

INSPIRATIONAL SKETCHES FOR BACKGROUNDS

Nachiket and Jayoo Patwardhan

ASSISTANT ART DIRECTOR

Mutsuo Koseki

BACKGROUND PAINTERS

Ryoko Ina	Masatoshi Kai
Kyoko Naganawa	Satoshi Kuroda
Naoya Tanaka	Yusuke Takeda
Kiyomi Ota	Junko Ina

ANIMATION COLOUR MARK-UP

表 7-1 『ラーマーヤナ ラーマ王子伝説』のエンドクレジット（続き）

Yuko Sato　Makoto Ikeda
Naomi Ohashi

FINAL CHECKERS
Noboru Nakayama　Junko Morizumi
Miyuki Mizumaki　Hatsumi Kobayashi
Takako Morooka　Ako Aomori

CEL REPRODUCTION ('MACHINE TRACING')
Emiko Okui　Hiroko Hara

CEL PAINTERS
[Emuai]
Yuki Kase　Chiho Nishioka
Miyuki Sato　Kaoru Saegusa
Hiromi Higashi　Akiko Kitayama
Sachiko Sawabe　Michiyo Shinzato
Rie Iijima　Atsuko Imai
Sekiko Fukuoka　Yuriko Utsunomiya
Tomomi Murakami　Noriko Mizutani
Etsuko Miura　Mayumi Hiraide
Mitsuyo Wai　Hiromi Hida
Kazuko Kikuchi　Michiko Chiba
Akemi Teshima　Junko Fujimaki
Hirono Moritomo　Nobuko Mizuta
Sayoko Ogawa　Yuko Kobari
Tomoko Kuzumi　Hiromi Kobayashi
Toshie Kashiwabara　Mayumi Miyagaki
Miyoko Sato　Kyoko Iguchi

[Sendai Animation]
Yasutomo Ouchi　Michiko Yamada
Eiko Takahashi　Yukari Miura
Hiromichi Abe　Rie Sato
Moto Chida　Tomoko Ito
Kaori Inomata

[Tezuka Production]
Tsuyoshi Okano　Tadaaki Goto

[Studio Time]
Yoko Wakabayashi　Yumiko Shinohara
Chieko Miyashita　Kazuko Tsukada
Noriko Nakamura　Sumie Tsuruga
Akemi Kato

[M.A.C.]
Ritsuko Miyazaki　Yukariko Okuro
Tomoko Okamoto　Kumiko Matsubara

[Tomcat]
Kayoko Nishi　Sumie Komatsu

[Doga Kikaku Suzuki]
Noritaka Suzuki　Keiko Nemoto

[Marsa]
Murniathi　Artayasa
Enny D.W.　Arini
Fatimah　Martka
Metri　Selamet
Artika　Mendri
Endang　Mutemah
Antari　Dahrma
Tirtayasa　Teguh S.P.
Harti　Polos

[Studio Cats]
Fumiko Matsuda　Emiko Shimanuki

CEL PAINTING SERVICES
Studio Bogey　TAC
Studio Shadow　Studio Fantasia
Studio Step　Just
Domusha　Sunshine Corporation of Japan
Studio Dean　Studio Pierrot
Mushi Production　Mizo Planner

CEL PAINTING SUPERVISION
Kazuhiro Mikami

CEL PAINTING CONTROLLER
Koichiro Miyasaka　Hisako Sasaki

SPECIAL VISUAL EFFECTS
Tokiko Tamai　Takeshi Saito
Kaoru Tanifuji　Mutsuko Shibata

ANIMATION CAMERA OPERATORS
[Studio Cosmos]
Yoshio Shirai　Motoaki Ikegami
Katsunori Maehara　Noriko Suzuki
Tetsuo Oto　Yoichi Kuroda
Kazumi Iketani　Hiroshi Noguchi
Katsuji Suzuki　Shinji Ikegami
Naohisa Haijima　Tetsuya Anjo
Yo Hashimoto　Yuki Suganuma
Yukiko Nakajima　Wataru Takahashi
Megumi Kujiraoka　Akiko Saito

[T. Nishimura]
Masahide Okino　Hidetoshi Watanabe
Mitsunobu Yoshida　Naoto Fujikura
Masao Onuki　Yasushi Yamakoshi
Masaki Kubomura　Tomoyoshi Ishizuka
Makoto Ito　Isao Takahashi
Akemi Maki　Yuichi Katsumata
Tomoyo Hosoya　Juri Harima
Masazumi Suzuki　Takamitsu Sera
Kenji Tanno　Kazuya Hoshi
Kumiko Fusegawa　Kumiko Tokui
Minako Hayashi

[Mushi Production]
Masaaki Fujita　Hiroshi Isagawa
Hideo Suzuki　Toshiaki Yamaguchi
Toru Nishide

[Asahi Production]
Satoru Ichikawa　Yoichi Hasegawa
Kumiko Taniguchi　Shuji Fujikura

Atsushi Okui

[Studio Gallop]
Yasunori Hayama　Katsuya Kozutsumi
Yasuhiro Shimizu　Hiroshi Tamura
Hisao Kazamura　Kenji Akazawa
Toru Kobayashi

ANIMATION CAMERA SERVICES
Q Production　E&G Films
Studio Sakito　Tsudo Creative Office

EDITED BY
Makoto Arai

NEGATIVE CUTTING
Takao Saotome　Tomoko Kida
Mari Kishi

SPOT-CHECKING OF DIALOGUES
Takeshi Seyama　Yoshihiro Kasahara

DIALOGUE BREAK-UP FOR LIP-SYNCH
Tomoko Kida

MUSIC AND SOUND TRACK RECORDIST
Daman Sood

ASSISTANT RECORDISTS
Avinash Oak　Uday Chitre

RECORDED AT
Western Outdoors, Bombay

LYRICS
Vasant Dev

SONGS
"Sita in Panchavati: the forest dwelling"
PLAYBACK SINGER　Kavita Krishnamurthy

"Hanuman descends from the tree and with folded hands sits before Sita and sings"
PLAYBACK SINGER　Vinod Rathod

"Song of the monkeys when constructing the bridge"
"Marching song of Ravana's soldiers"
CHORUS BY　S. R. Pillai
Arun Ingle
Jolly Mukherjee
Pankaj Mitra
Krishnan Sharma
Anand Kumar
Hemant Kulkarni
Rahul Chitnis
Ramesh Babul
Ravindra Sathe
Chandra Kant

KEYBOARDS
Anjan Biswas　Ronnie Monserat

ELECTRIC GUITAR
Sunil Kaushik

RE-RECORDING RECORDISTS
Tadao Kudo　Toshifumi Seike

RE-RECORDING MIXERS
Tatsukiyo Mitsuyasu　Yoshifumi Kureishi

SOUND EFFECT
Shizuo Kurahashi

SOUND EDITING AND MIXING
Aoi Studio

TECHNICAL SERVICE
Mikio Mori [Continental Far East Inc.]
DOLBY STEREO

TITLE PHOTOCOMPOSITION
Maki Production

PROCESSED AT
Imagica

PRODUCTION MANAGERS
Yukio Munaoka　Masa. Arizumi

CHIEF PRODUCTION MANAGER
Koji Beppu

ASSISTANT DIRECTOR
Kiyoshi Fukumoto

UNIT PUBLICISTS
Taro Kobori　Masa. Arizumi

Ramayana Production Executive Committee
Toshiyuki Ueno　Nagahisa Mikame
Masaaki Kanamori　Takeyoshi Kato
Kimihiro Yoshino　Yasuo Matsumoto
Kotoshi Yokoyama　Yugo Sako
Atsushi Matsuo

SPECIAL THANKS TO
Isshu Fujikawa　Oberoi Films
Takeshi Hirabayashi　Lalit Bhasin
Takayoshi Ohira　Sunanda Oberoi
Tamio Nakamura　Ujwala Oberoi
Haruhiko Okada　Ram Mohan Biographics
Hajime Honda　DK-I
Yoshio Shimano　Red Camp
Tsuyoshi Nakagawa　Makoto Hagiwara
Kiyohiko Matsuoka　Kosuke Araki
Joydeb Roy Chowdhury　Howard Natori
Eiten Inamura　Tetsu Nishiura
Jun Shinozaki　Miyuki Sako

※実際のエンドクレジットより筆者転記。
※読みやすさを考慮して一部表記フォーマットを変更している。

第8章
アニメーションサークルとアニメーション教育
1980年前後のファンたちの教えあいと学びあいの場

林 緑子

1 アニメーション文化、アニメーション教育、アニメーションサークル

1-1 娯楽、芸術、教育を横断するアニメーション文化

かつて日本社会では、アニメーションは、子供向けの娯楽作品であり大人になれば卒業するものだという考えを多くの人びとが持っていた。しかし、今日、国際映画祭や国際芸術祭において、アニメーションは映像芸術作品の一つとして扱われ、文化庁が1997年に開始したメディア芸術祭においてもアート、エンターテインメント、マンガとともに4部門として数えられている（文化庁メディア芸術祭実行委員会 2022）。このことからみても、日本の社会における、アニメーションに対する認識が、単なる子ども向けの娯楽的な作品というイメージから、文化的価値のある作品というイメージまで次第に多様化してきたといえる。この動きと並行するように学術研究も2000年代から増加しており、技術研究とともに文化研究においてもさまざまな観点からその社会的影響や文化的意義が分析されている（菊池 2021）。さらに、日本国内におけるアニメーションの専門教育は、1960年前後の職能としての専門学校の創設に始まり、大学では1990年代の萌芽期を経て、2000年代に入ると本格的に学部やコース、学科の設立がみられるようになっていく（小出 2016；2022）。このようにアニメーションは、娯楽や芸術、学術研究・教育という複数の分野において社会的位置づけを確立してきた。

本章ではアニメーションが具体的に上記のような社会的文脈のなかでどのような変遷をたどってきたのかについて、アニメーション教育という観点からたどってみたい。とくに、1980年前後のアニメーションが高等教育において本格的に制度化される以前のファンに注目する。アニメーションファンの活動には、アニメーションが教育制度に組み込まれていく以前から、試行錯誤による教えあいと学びあいがあった。そうした場に参加している者たちのなかから、後にアニメーションの教育制度化に関わり、教育の場で教鞭をとる者も現れてくる。また、本章で対象とする1980年前後は、テレビアニメと雑誌が若者文化として花開いた時期でもある（大塚2016）。この時期は、全国でアニメーションのファンによるさまざまなアニメーションサークル（以下、ACと表記）が増加し、そうしたファンたちによるアニメーション制作や上映会がさかんに実践されていた。それ以前の1960年代後半にも、テレビアニメの制作・放送本数が増えるとともにアニメファンが増加したが、1980年前後にはさらに制作・放送本数が増加し、以前には無かったアニメーションの専門誌や道具・グッズ販売店が登場した。そしてアニメーションを鑑賞するだけではなく、同好者同士で集まって制作や上映会などの能動的な活動を行う若者たちの増加が、専門誌のＡＣ紹介の記事などを通じて明らかになる時期でもあった（アニメージュ増刊 FANZINE ファンジン（1980）．Vol.1 徳間書店など）。このような環境のなかで、アニメーションの学びあいと教えあいの活動が醸成されていったのである。

1-2　アニメーションサークル（AC）による教えあいと学びあいの活動

では、そうしたファンたちが集まって作るACとは、どのようなものなのだろうか。それは、1960年代後半に関東、東海、関西など日本国内各地で同時多発的に発足し、その後まもなくして活動を連携するようになったアニメーションファンたちによる複数のサークルを指す。ACのメンバーたちは、多種多様な古今東西のアニメーションに興味を持ち、鑑賞・制作・上映を行ってきた。それは、それ以前の知的エリート成人男性中心の小型映画クラブの影響を受けつつも、アニメーションに特化した興味関心を持つ10代後半の若者男女を中心とした活動のネットワークとして展開した点に特徴があった。また、1980年前後に増加していく、テレビアニメファンを中心とした10代の男女中心のオタクと活動時期や形式は重なりつつも、その活動内容は異なるといえる。オタクは、テレビアニメ的なキャラクターとストーリーの作品を中心に鑑賞や制作をする傾向があった。一方で、ACメンバーは、テレビアニメのみならず、古今東西の多種多様なアニメーションを視聴したいという強い欲望を持っていた。また、作品制作において一次創作が中心で、実験的な作品への志向も強かった（林2022）。

それでは、この時期にACがアニメーションを教え学びあう場を実践したことは、どのように娯楽と芸術を媒介し、その後の教育における制度化に関連しているのだろうか。1980年前後のACは、異なる地域を越えて、制作と上映の実践を通じた教えあいと学びあいの場を築いていた。そこから、アニメーションを単なる娯楽ではなく、人生にとって意味のあるものとして捉え、社会的位置づけを向上させたいと熱望する一部のファンによる自発的な活動と一期一会的な偶発性が絡み合いながら、後に教育制度へ組み込まれていった側面がみられる。そうしたことが、アニメーションの社会的な認識を、単に消費される娯楽商品という以上に、長く愛好される芸術作品という側面へとつなげる広がりの一端を担ったといえるのではないだろうか。

ACのこのような活動は、現在のように大学などで専門的な教育が行われる以前から、産業や芸術における自発的な人材育成の場という側面を持っていたと考えられる。ACは、アニメーションに関係した実践活動を通じて、異なる世代や所属、地域の人たちとつながりネットワークを形成することで、社会との関わり方を学ぶ場としても機能していたのではないだろうか。本章では、このようなACの活動がアニメーション文化史の土壌形成の一端を担い、アニメーションの社会的な位置づけを向上させることに少なからず貢献してきたという仮定に立ちながら議論を展開してみたい。

アニメーションと教育に関する先行研究は、主に1960～1980年代の産業と教育機関が連携してアニメーション教育の場を形成していたことについて論じたものがある（池田2010；小出2016；2022）。先行研究では、実務家と教育者がどのように制度化に貢献し、教育システムが組み上がっていったのかが、述べられている。そこで本章では、先行研究では論じられていない制度化の前段階として、ACがどのように教えあいと学びあいの場を形成していたのかについて、1980年前後の関東を中心にその一端を明らかにしたい。

2　ファンによる教えあいと学びあいの場

2-1　ファンが支えるアニメーション文化の土壌

本章でいうファンとは、能動的にメディアを横断しながら、制作を通じてアニメーション文化の土壌を形成している者たちを指す。彼ら彼女らのなかには、後に産業や芸術の領域でアニメーション制作に携わったり、高等教育機関においてアニメーション教育に関わったりする者たちもいる。ファンについては、ヘンリー・ジェンキンズが、1990年代以降のインターネットにおける集団的なオーディエンスとしてのファン活動に注目し、メディア・コンヴァージェンス、参加型文化、集合的知性という三つの概念の関係性について検討している（ジェンキンズ 2021：24-27）。メディア・コンヴァージェンスは、複数のメディア業界が協力することで、小説やアニメーション、ビデオゲームなど複数のメディアを横断する一つのコンテンツを、オーディエンスが能動的に経験していくことを指す。ジェンキンズは、そのようなオーディエンスの能動的なふるまいを参加型文化としている。参加型文化は、文化的転換として消費者側からみたメディアについて考察するものである。従来のメディア研究で論じられていたような、受動的で単一的な消費者に対して、個々人が能動的にふるまうものとして示されている。

さらに集合的知性は、ファンが、インターネットを問題解決や熟議、創造性の手段の場として活用していること自体を指す。消費者でもあるオーディエンス同士が、自分たちの消費するメディアについて会話することが、熱狂のモチベーションとなり、それがメディアの持つ力の新たな源となると述べている。ジェンキンズの分析した 1990 年代以降と本章の 1980 年前後は、メディア環境が異なるが、ファンたちが、郵便、雑誌など同時代のメディアを能動的に使い、公共交通期間によって地域を横断し、お互いに交流し知識や経験を共有しながら、アニメーションへの情熱をあたため文化的土壌を開拓していく側面を持っていたことは、ジェンキンズの分析したオーディエンスとも重なっているといえよう。

ジェンキンズは、主に消費者としてのオーディエンス＝ファンに注目してきた。その一方で、トーマス・ラマールは、生産の生産、流通の生産、消費の生産として、それらが生産されるプロセスに注目している（ラマール 2013：388）。AC のメンバーたちは、試行錯誤しながらオリジナルのアニメーション作品を制作し、自作品などをまとめて上映する場も企画運営していた。制作や上映会を行うためには、材料や機材を必要とする（＝消費する）が、方法論や指南書も少ない当時の環境で自分たちでアニメーションを編み出していくさまは創造的で生産的だといえる。そのため、本章ではラマールにならい、ファンたちの消費よりも生産に注目していく。とくに、作品制作と上映会の企画運営について教えあい学びあう場について、みていきたい。

2-2　教えあいと学びあいの場を考える意義

それでは、制度化以前に発生する教えあいと学びあいの場の意義とは何であろうか。それは、教育や学習として定義されるような活動以前に、自然発生的に起こる未分化な状況だといえる。ここで教育と学習について基本的な視点を確認しておくと、広田（2009：9-12）は「教育とは、誰かが意図的に、他者の学習を組織化しようとすることである」とした上で「教育は学習者の人間形成を支援する行為」で、教える行為を内省的に捉えなおし、概念化することであると述べている。そこから、教育は教える側だけで成り立つものではなく、学習者が居て初めて成立するものだとまとめている。一方で、学習は「周囲の環境からいつのまにか学んでいる」(広田 2009：9) ものであり、「学習者の受け身の活動ではなく、主体的な活動」(中井 2020：6) だとしており、基本的に学習者の継続的な自発性が重要であることがわかる。

そこで本章では、広田の視点を踏まえたうえで、教育と学習の間にある未分化なもののことを「教えあい」「学びあい」とする。アニメーション教育が制度化されるためには、そこに関わる教員や法整備、実現可能な機材環境や資金、技術と知識などが必要で、それらが絡み合って制度が形作られていく。その一端について、どのようにファンの試行錯誤や知識や技術の教えあいと学びあいの活動が混ざり合った環境から教育者となる人材が育まれていくのか、具体的な事例をみながら明らかにしてみたい。

3　産業・大学・ACによる教えあいと学びあいの場の重層性

それでは、アニメーション教育についての先行研究にはどのようなものがあるのだろうか。池田宏は、アニメーションに対する産業界と大学の要請に関してまとめている。池田は、日本大学芸術学部を卒業後、東映動画スタジオに就職しており、後に実務家の立場からアニメーション教育に関わっていく。池田は、1970年前後に日本大学の当時の全学部長であった渡辺俊平教授と「映像産業界におけるアニメーションに関する人材育成の必要性が話題」になったことや、当時の「アニメーション映像の受容が拡大し始めていた社会状況」を踏まえて、「1971年4月、日本大学芸術学部に「アニメーション」の講座が開講」されたことを述べている (池田 2011：28)。ただし、池田によればアニメーション学科設立が構想されたものの、教員候補者に大学教員となる条件を満たせる学歴や教員歴をもった人びとが少なかったため実現できなかった (池田 2010：30)。

池田の実践に連なるものとして、小出正志は、どのように日本国内でアニメーション教育が実現していったのかに関する文脈をまとめている。小出は、東京造形大学を卒業しデザイン事務所などに勤務した後、実務家として東京造形大学で勤務している。小出は、在学中に大学公認の学生サークル「東京造形大学アニメーション研究会」に設立時から参加し、1980年に「ANIMATION 80」の設立に代表世話人として関わっているAC出身者でもある。池田と異なり小出は、大学勤務当初、グラフィックデザインを担当していた。小出によれば、「日本におけるアニメーションの高等教育は1960年代半ば以降、東京デザイナー学院を嚆矢として専門学校における専門的職能養成の実務家教育に始まり」「1950～60年代に多摩美術大学や女子美術大学等のグラフィックデザイン系の授業では既にアニメーションが扱われていた。1980年に東京造形大学でもアニメーションの実技科目が開設されるなど、美術・デザイン系大学における選択科目などでアニメーション関連の学科目の設置も行われるようになって行くが、これらは基本的に主要な専攻専門科目というよりは言わば「専門教養科目」のような位置付け」（小出 2016：11）だった。

これらの研究は、アニメーション教育が制度化されるプロセスに関連したものである。行政、教育機関、教育者がどのように絡み合って高等教育におけるアニメーション教育の場を形成してきたのかについて、その実践者の観点からまとめられ文脈化されているといえる。そこで、本章では、そうした教育実践の前段階にあたるファンたちの活動に注目していく。

4 「東京アニメーション同好会」と「アニメーション・ワークショップ」

4-1 「東京アニメーション同好会」が作るコミュニティの感覚の意義

それではACの文脈では、実際にどのような教えあいの場、学びあいの場があったのだろうか。1967年に発足している関東の「東京アニメーション同好会（以下、アニドウ）」では、スタジオを越えてアニメーターたちが集い、定期上映会や例会が開かれていた（林 2022）。「アニドウ」は、もともと商業アニメーターの集団であるものの、活動が活発になるにつれて、アニメーションに興味のある学生も少人数ながら参加していた。「アニドウ」は、上映会の企画や『FILM 1/24』などの同人誌制作、そして学生やアニメーション関係ではない仕事を持つ社会人のファンが主なメンバーである他のACと共に「全国アニメーション総会（1970～継続中）」（望月 2000）という合宿や「全国縦断上映会（Private Animation Festival, 1975～1984年，以降、PAFと表記）」を企画していた（東京アニメーション同好会 2007）。このような場は、「アニドウ」の活動に参加していた学生や関連ACのメンバーにとっては、業界とのつながりを作ることができ、結果的にリクルートの場にもなっていたといえる（五味 2008a；2008b：2008c）。

教えあい学びあう場という視点から考える「アニドウ」の意義は、一つはアニメーターの技術研鑽の場であると同時にスタジオを越えたコミュニティの感覚を作る場であったことである。二つめは、業界に興味のある学生など若者に対して、人脈を作りノウハウを知る参入機会を与える場となっていたことである。

4-2　アニメーション・ワークショップの交流と技術研鑽の意義

次に、1978 ～ 1980 年代前半まで「日本アニメーション協会」が、東京で開催していた「アニメーション・ワークショップ」については、商業的なアニメーターや作家、監督が学生や一般へ制作技術やそのおもしろさを伝えるものであった。大阪でも、有志の学生・一般人により同様のワークショップ（WS）が開催されていた（近畿アニメーション協議会 1987：4–5）。また、各講師の WS ごとに AC が発足しており、たとえば、月岡貞夫の受講生は「グループえびせん」を発足している（森下 2022：4–5）。

また、講師の一人であった相原信洋は、アニメーションの教育者としてキーパーソンだといえる。相原は、関東の「スタジオゼロ」から「オープロダクション」に勤務後、関西へ移動し京都造形芸術大学（現、京都芸術大学）で晩年まで勤務している。それ以外に相原は、私塾のような研鑽の場として関東と関西で「地球倶楽部」を設けている（近畿アニメーション協議会 1987：4–21）。相原は、制作方法の伝授や集団鑑賞を通じたアニメーションのリテラシー教育を教育機関の内外を問わず、多種多様な場で実践していた人物である。

教えあい学びあう場という視点から考える「アニメーション・ワークショップ」の意義は、アニメーションを制作したい人たちが、制作のしかたを体験しノウハウを知る機会となっていた点、そして実務家と一般・学生が交流しつながりを得ることができた点である。「アニドウ」もアニメーション・ワークショップも、アニメーション文化の土壌を作る、技術研鑽と人的交流の場として機能していたといえる。

このように、教えあい学びあう場という視点から先行事例をみていくことで、実践者の興味関心と活動のレベルから、いかにしてアニメーション文化の土壌が耕されてきたのか明らかにできる。国内の文化的な中心地である関東と関西は、情報・物質・人材など文化資本の差があるものの、AC の活動においては、その差が顕著ではないといえる。主な違いは、アニメーション・映像スタジオ、専門店、出版社、大使館、関係者などの数の差が挙げられる（ファントーシュ 1975：32–33；ファンジン 1980：43–44, 73–103；近畿アニメーション協議会 1987：22–25）。一方で、「アニメーション・ワークショップ」や相原による私塾、「全国アニメーション総会」や「PAF」の開催などを通じて、国内各地の AC 同士が地域の差を越えて交流や情報交換を行っていた側面も挙げられるのである。

5 「東京造形大学アニメーション研究会」と「ANIMATION 80」

5-1 小出正志とキーパーソンたち

それでは、ACの一つである「ANIMATION 80」の発起人の一人である小出正志は、どのような教えあいと学びあいの場に参加していたのだろうか[1)]。小出は、小学生時代は漫画やアニメーションに興味があり、映画好きの両親に連れられて行ったさまざまな映画には、東映動画やディズニーのアニメーションも含まれていた。とはいえ、中学生で漫画やアニメーションは卒業という意識もあった。そのため、大学入学まではアニメーション制作をしたことがなかった。

小出がアニメーションに関する活動を実践していくうえで、複数のキーパーソンが影響を与えたといえる。まず、東京造形大学の教員であった波多野哲朗や神田昭夫が挙げられる。1978年に東京造形大学の映像専攻へ入学した小出は、波多野の影響により映画を選択する。波多野は、小出が映像やアニメーションに専門的に関わるうえで、小出の卒業や転職など人生の転機において、しばしば助言しており、小出の活動にとって重要なキーパーソンだといえる。小出は、1982年の大学卒業のタイミングで、波多野に勧められて日本映像学会へ入会している。また神田は、「東京造形大学アニメーション研究会」の顧問であり（IKIF 2015b）、小出の職業選択に影響を与えている。小出は大学卒業後、デザイン事務所へ就職しアニメーションから離れる。しかし神田に勧められて、1988年に東京造形大学のデザイン領域の教員採用の公募に応募し、実務家としての経験を買われ教鞭をとることになる。

教員になった小出は、グラフィックデザイン領域で神田のサポートをしていた。1991年末から1992年初の時期、神田が途中退職することになる。その際に、今後は好きなことをしてもいいと小出は神田から助言される。波多野からの勧めもあり、小出は事実上休止になっていた日本映像学会東部支部「アニメーション研究会」を再開しようと考える。そこから、小出は「アニメーション研究会（第2次）」発足に発起人として関わることになる。当初は波多野が映像学会の理事だったため、理事会で議題に上げてもらうことはできたが、そのまま保留となった。理事会メンバーの

1) この節については，2023年9月13日（水）14:20-16:30に，都内新宿駅近くのレンタルスペースで，小出正志氏から口頭で教示を得た内容とANIMATION 80（1985）、およびメールのやり取りをもとに執筆している。

内山正太郎が詳細を聞くことになり、内山と小出は吉祥寺の喫茶店ルノアールで話し、その結果、研究会設立が同年12月の理事会で正式に承認された。研究会のメンバーとして、内山から池田宏へ声がかかった。小出は、それ以前の日本映像学会の大阪大会で知り合った横田正夫へも声をかけた。横田は偶然にも池田の教え子だった。

翌年1992年1月に小出は、銀座で内山や他の会員とミーティングを持つ。内山は日本テレビなどでアニメの仕事をしていたこともあり、当時は東京藝術大学の教員であった。また、日本映像学会東部支部「アニメーション研究会」に関わっていた人物でもある。そのような経緯を経て、1992年2月に第2次の「アニメーション研究会」が設立される。実務家と大学教員が中心になり、10数名の会として始まった。定例会として月1開催を目指し、休日の昼から4～6時間程度、発表や情報交換などを行ってきた。会場は、池田の計らいで当時任天堂が住宅地に建築した社屋を1998年頃まで利用していた。そうした活動や人脈、熱意が1998年の「日本アニメーション学会」の設立や、後の東京造形大学におけるアニメーション教育の制度化にもつながっていくといえる（小出 2019）。このように小出には、人生の転機におけるよき影響者として波多野や神田などの教員がいたのである。

教員という導き手がいた一方、身近な研鑽しあえる同世代の学生たちも、小出にとってアニメーションへ傾倒していく重要なキーパーソンだったといえる。小出の在学中は、同級生に木船徳光（当時SF研究会を発足、現・IKIF、東京造形大学教授）、1年上に石田園子（現・IKIF、2023年度まで東京工芸大学教授）が在籍していた。後輩には昼間行雄（現・文化学園大学教授）がいた。また、渡辺純夫（央）（アニメ演出、原画など）らが同時期に大学へ在籍していた。小出は、石田を筆頭に木船、渡部隆、渡辺らが中心となって発足した（IKIF 2015a：2015b）大学公認学生サークルの「東京造形大学アニメーション研究会」へ1979年当初から参加している。そこで初めて、アニメーションを制作するのである。このようなアニメーションへの興味関心を共有できる仲間に囲まれながら、1980年に小出は大学3年次で「東京造形大学アニメーション研究会」の2代目会長になっている。

さらに小出や他のメンバーにとって、アニメーション作家で他校の教員であった相原信洋の影響は大きかったといえる[2)]。小出が所属していた学生サークル「東京造形大学アニメーション研究会」は、1979年秋の東京造形大学祭で会長の石田が

2）相原のアニメーションファンへの影響力に関しては、2023年4月23日（土）13:00–17:00に、関西のK. Kotani氏の自宅において，K. Kotani氏から口頭で教示を得ている。

中心となり、相原のトークとアニメーション作品上映を実施している。その際に小出は、相原との連絡係やパンフレット制作を複数人の仲間と共に担当した。翌年の1980年1月に、当時、日本デザイン専門学校（現・日本デザイン福祉専門学校）の講師もしていた相原を囲む新年会を、新宿の喫茶店プリンスで開き、そこでの会話から「ANIMATION 80」が発足するに至った（ANIMATION 80 1985：6）。その新年会には、東京造形大学、武蔵野美術大学、日本デザイン専門学校の学生たちが参加しており、彼・彼女らは「ANIMATION 80」発足時のメンバーとなっていった。

5-2　制作の教えあいと学びあい：素材、技法、機材

学生サークル「東京造形大学アニメーション研究会」の部員たちは、アニメーションの制作方法について各自が試行錯誤しながら開拓していったという。研究会として当初は部員同士で合作もしたが、うまくいかず、自然と個別に制作する方向になっていった。そのため合作は、しりとりアニメーションを制作する程度だった。小出の場合は、専門誌に掲載されていたアニメーション制作方法を参考にし、在学中に自作のアニメーションを数本制作している。小出は、カラーオーバーレイ、カラートーン（PANTONE）を使用したグラフィック的な作品を制作する。さまざまな画材を使用し、パターンの展開を作成してまとめた作品である。また、手描きの送り描きでメタモルフォーゼする作品も制作している。

一方、機材の取り扱いについては失敗の経験や、技術職員や先輩へ聞くことを通して研鑽していったという。当時の東京造形大学は、小出が所属していた映像専攻があり、技術的なことを教えてくれる映像専門の職員が工房にいた。そのため映像専攻の学生はその職員を技術的な面で頼っていた。他の専攻の学生もアドバイスを受けることは可能であった。たとえば、最初の頃メンバーは、しばしば撮影パートにおいてフィルムやランプの種類を間違えることがあった。当時、複数の会社からコマ撮り可能な8ミリフィルムカメラが発売されており、「東京造形大学アニメーション研究会」および「ANIMATION 80」は、主に富士フイルムの「シングル8」を使用していた。カメラは、アフターレコーディング用と同時録音用で異なり、フィルムのカートリッジの形状も当然異なっている。そのため、異なるフィルムを購入してしまうと使用できない。また、光源ランプの種類により適したフィルムが異なるため、ランプとフィルムの組み合わせを間違えると色味がおかしくなってしまう問題があったのである。

さらに、相原から作家意識を学んだ「ANIMATION 80」のメンバーは、単なる

ファンを超えた作家としての自認を持っていたといえる。その一例として、当時スタンダードだった1秒18コマではなく24コマで撮影していたことが挙げられる。映像作家・教員であったかわなかのぶひろが、傑作ができたら16ミリにブローアップ（画面の引き伸ばし）をして映画祭へ出品できるよう、当時スタンダードだった1秒18コマではなく24コマによる撮影を推奨したことを受けてのことであった。このような制作における自発性とメンバー同士による教えあいや学びあいが、参加していたメンバーと共に、後の教員となる小出や石田、木船、昼間などのアニメーションに対する知識、技術、態度を醸成していったといえる。制作において、その材料、機材、環境、仲間とどのように向き合っていけばいいのか、このような場を通じて考える機会を持っていたのである。

5-3　上映の教えあいと学びあい：事前広報から当日運営まで

「ANIMATION 80」のメンバーは、上映会を開くにあたり外部の学生や社会人から運営方法を教わっていた。「ANIMATION 80」の第1回上映会は、1980年の秋に開催されている。小出たちは、相原の教え子で上映会を行っていたMさんらから運営手順を教わった。そこでは、小出が世話人として企画運営をして、みなでパンフレットとポスター、ちらしを制作している。紙類は、和文タイプライターと写真で構成した。ポスターは版画専攻の学生メンバーが、シルクスクリーンで数十枚刷った。ちらしをオフセット印刷で約5000枚刷った経費は、1・2回目の上映会場だったライブハウスが宣伝費として出してくれた。ライブハウスは相原からの紹介で、「ANIMATION 80」が上映会を開くにあたり、さまざまな運営上のアドバイスをくれた。1回目は、新聞社やぴあ、シティロードなどの情報誌や複数の雑誌へプレスリリースを送付し、朝日新聞の東京版の夕刊に情報が掲載されている。3回目からは公民館で開催し、ライブハウスからは距離を取った。運営スタッフは手弁当で、上映作品はメンバーの作品に加えて、メンバー外からも借りてきていた。第1回の上映会では、2日間各2回上映を行い来場者数は約170名であった（ANIMATION 80 1985：6）。

上映会は、ACメンバー同士が知り合う場として機能していた。小出は、そこで「PAF」などの全国縦断上映会を運営していた「アニドウ」の並木孝らや「関西アニメ塾」のK. Kotaniらと知り合った。並木は、「ANIMATION 80」の第2回上映会で、相原と並び相談役としてクレジットされている。進行責任を渡辺亮が務めた1983年の関西第1回上映会では、関西のACである「H.A.G」が協力している。一方、同時期に同じ関東で活動していたテレビアニメ系のファンの大学生たちが中心となって結成されていた、「早稲田大学アニメーション研究会」や「アニメーション研究会連合」などのメンバーとは交流が無かった。あったとしても「PAF」でテレビアニメ的な作品の自主制作者と出会う程度だった。ともあれ小出にとって、このような先人・仲間との出会いや教えあい学びあう場の経験が、後のアニメーションの研究や教育へとつながっていくのである。

6 アニメーション教育につながるACの役割

1980年前後のACは、アマチュアとプロフェッショナルが異なる地域を越えて制作や上映会の実践を通じた教えあいと学びあいの場を築いていた。そこから、アニメーションを単なる娯楽ではなく、人生にとって意味のあるものとして捉え、その社会的位置づけを向上させたいと熱望する一部のファンによって、自発的なものと偶発的なものが絡みあい教育制度が組みあがっていくプロセスへと参入していったといえる。関西と関東で文化的な土壌の差があるものの、ACは地域を越えて連携し人や情報、上映の場の共有を介して制作や上映の運営に関する研鑽の場を築いてきた。ACのこのような活動は、現在のように大学などで専門教育が行われる以前から、産業や芸術における人材育成の場としての側面を持っていたと考えられる。ACの活動は、アニメーション文化史の土壌形成の一端を担い、アニメーションの社会的位置づけを向上させることに少なからず貢献したのではないだろうか。

ACメンバー何人かは、実際にその後大学などでアニメーション教育に携わることで制度化に貢献してきた。制作と上映を通じたACの教えあいと学びあいのあり方は、制度化されたアニメーション教育の場においても、多種多様なアニメーション鑑賞、職能的なテレビアニメの手描き技法のみならず、送り描きやオブジェ・写真・光のコマ撮りなど複数技法の紹介、アニメーション玩具を含んだフィルム以前から連なるアニメーション史の紹介などへ取り込まれていったといえる。

【謝　辞】
本章の執筆にあたり、資料提供ならびに取材、執筆内容を確認していただきました小出正志氏、K. Kotani氏に心より感謝します。本当にありがとうございました。

■ 参考文献リスト

池田 宏, 2010,「日本アニメーション学会・前史 アニメーション研究」『*The Japanese journal of animation studies*』11(1), 51-62.
大塚英志, 2016,『二階の住人とその時代――転形期のサブカルチャー私史』星海社
菊池健, 2021,『「アニメ」は日本経済の救世主となり得るか？――学術文献から見るアニメーションのトレンドと日本の強み』VN Technology Trend Watch VALUENEX 株式会社
小出正志, 2016,「日本におけるアニメーションの研究と日本アニメーション学会に関する一考察」『東京造形大学研究報』17, 179-93.
小出正志, 2019,「日本アニメーション学会創立 20 周年に」『アニメーション研究』20(2), 3-21.
小出正志, 2022,「アニメーション教育の諸相――アニメーション教育に関する研究ノート」『東京造形大学研究報』23, 87-99.
ジェンキンズ, H., 2021,『コンヴァージェンス・カルチャー――ファンとメディアがつくる参加型文化』晶文社
中井俊樹・森千鶴, 2020,『教育と学習の原理』医学書院
林緑子, 2022,「サークルとしてのアニメーション文化――1960 ～ 1970 年代の東海アニメーションサークルを中心に」『映像学』107(0), 39-59.
広田照幸, 2009,『ヒューマニティーズ――教育学』岩波書店
森下豊美, 2022,『草月から次世代へメタモルフォーゼするアニメーション――「グループえびせん」と 80 年代のアマチュア・アニメーションの隆盛』日本映像学会ショートフィルム研究会
ラマール, T., 2013, 藤木秀朗監訳・大﨑晴美訳『アニメ・マシーン――グローバル・メディアとしての日本アニメーション』名古屋大学出版会

■ 参考資料リスト

五味洋子, 2008a,「アニメーション思い出がたり［五味洋子］WEB アニメスタイル」〈http://www.style.fm/as/05_column/gomi/gomi23.shtml（2024 年 5 月 30 日最終閲覧）〉
五味洋子, 2008b,「アニメーション思い出がたり［五味洋子］WEB アニメスタイル」〈http://www.style.fm/as/05_column/gomi/gomi24.shtml（2024 年 5 月 30 日最終閲覧）〉
五味洋子, 2008c,「アニメーション思い出がたり［五味洋子］WEB アニメスタイル」〈http://www.style.fm/as/05_column/gomi/gomi25.shtml（2024 年 5 月 30 日最終閲覧）〉
知的財産戦略推進事務局,「クールジャパン戦略について――知的財産戦略推進事務局　クールジャパン戦略 - 内閣府 内閣府ホームページ」〈https://www.cao.go.jp/cool_japan/about/about.html（2024 年 5 月 30 日最終閲覧））〉
東京アニメーション同好会, 2007,『アニドウの歩み 40 年』アニドウ
ファントーシュ編集室, 1975.『創刊号 FANTOCHE』ファントーシュ編集室
文化庁メディア芸術祭実行委員会, 2022,「メディア芸術祭について About 文化庁メディア芸術祭」〈https://j-mediaarts.jp/about/（2024 年 5 月 30 日最終閲覧）〉
望月智充, 2000,「20 世紀全国総会全記録 動画倶楽部」
IKIF, 2015a, ABOUT 石田木船映像工場〈http://www.ikifplus.co.jp/ikif/2015_09_24/3/（2024 年 5 月 30 日最終閲覧）〉
IKIF, 2015b, HISTORY 石田木船映像工場〈http://www.ikifplus.co.jp/ikif/2015_09_01/42/（2024 年 5 月 30 日））〉
ANIMATION 80, 1985,「アニメーション 80 第 10 回上映会」ANIMATION 80
Kotani, K., 1987,『関西自主アニメ年鑑 87 年度版』近畿アニメーション協議会

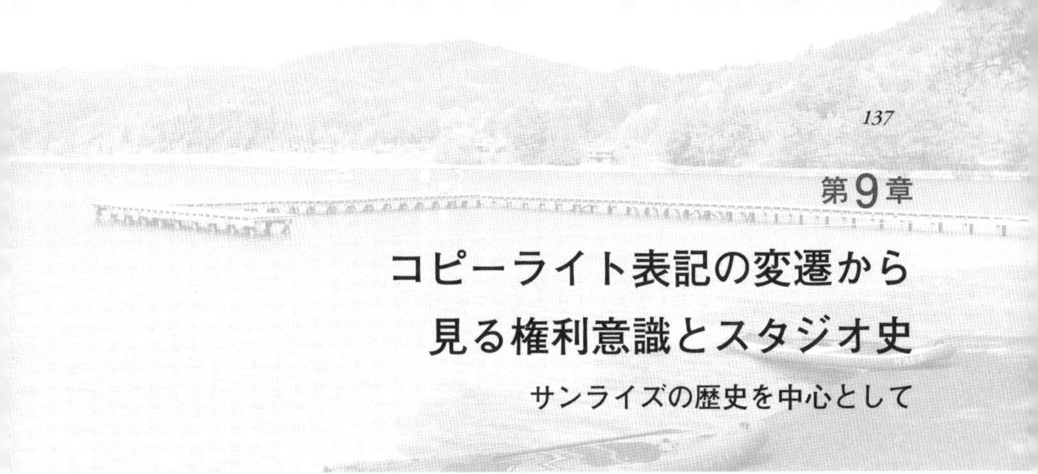

第9章 コピーライト表記の変遷から見る権利意識とスタジオ史

サンライズの歴史を中心として

一藤 浩隆

1 作品の権利とアニメ制作

日本のアニメ産業はテレビで放送される作品を中心として発展してきた。テレビアニメがはじまった1963年以降、現在に至るまで、アニメ産業は拡大の一途をたどっている。その理由は、テレビアニメの始まりと同時に積極的に展開されてきた、作品に関わる権利を最大限に活用した収入の多角化と無関係ではない。

テレビアニメを日本に定着させた作品である『鉄腕アトム』において、そのような特徴はすでに現れていた。作品を海外へ販売し、放送済みの作品を編集して劇場での再公開を行い、アトムをはじめとするキャラクター・イメージを使用した商品から許諾料を徴収した。これらの収入の多角化によって、映像の使用権をテレビ局に販売するだけではとうてい採算ラインに届かないテレビアニメの制作は、商業的な成功を収めることができ、今日まで続く産業となった（玉川 2013）。

しかし、アニメ産業を古くから支えてきたはずの、権利運用の具体的なあり方は必ずしも明らかにされてはいない。作品の制作は、個々の作品でスタッフやスタジオ名が公開され、共通した形式で明瞭に把握できるため、一般に言及される場面も多い。単にアニメ制作の概要だけでなく、具体的な職位と担当者の変化を外部から把握できるのである。それに比べ、権利関係は作品の具体的なあり方を通じて、全体を見通すための方法がない。研究においても、概要の紹介か単純な比較が難しいケーススタディーであることが多く、個別の作品を比較する基準を提供することができていない（田中 2009；木村 2011）。

この状況は多分にやむを得ないものである。アニメには長い歴史があり、作品ごとに事情が異なるため、研究は単なる概略か個別の事例にとどまりがちである。しかも、実際の権利関係についても複雑で捉え難い。アニメ産業に関わる権利は、複合した知的財産権である（牛木 2000：14）。これは世界的にも同様で、ディズニー作品の権利争いを論じた研究でも議論の対象は著作権、特許権、商標権とその利益分配に関する権利を対象としている（清水 2021：250）。『鉄腕アトム』を支えた商品化権も、このような複合的な権利であった。ひと言でアニメの権利と言っても、それが何を指すのかは、なかなか判然としないのである。

権利関係を踏まえてアニメ産業を記述するには、スタッフクレジットのような、作品の状況を外部から明瞭に把握する方法が望まれる。そこで、本章では作品の権利関係を一望できる指標としてコピーライト表記（以下、© 表記）に注目する。この変遷がアニメ制作会社の歴史と密接に関わっていることを示し、権利関係を代表する切り口として © 表記が有用な指標であることを明らかにしたい。

そのため、第 2 節では一筋縄ではいかない © 表記の意味を検証し、これが関係者の権利意識を反映したものであることを示す。続く第 3 節では、© 表記とアニメ産業の歴史との関係を検証する事例として、著名な制作会社である株式会社サンライズ（現株式会社バンダイナムコフィルムワークス、旧株式会社日本サンライズ、以下サンライズ）の歴史に注目し、サンライズの創業から『機動戦士ガンダム』の成功までの流れを概略する。そして第 4 節では、サンライズが『機動戦士ガンダム』からバンダイグループの傘下に入るまでの歴史を対象とし、会社の変化が © 表記とどのように関連するのかを明らかにする。これによって、権利関係と作品制作との関係を把握する具体的な指標として、© 表記が有用であることを示したい。

2　© 表記の意味

© 表記は文字どおり著作権を示す表記である。容易に捉え難いアニメに関する権利のなかにあって、外部から明確に、しかも著作権単独のあり方を知ることができるのが © 表記なのである。また、© 表記はテレビアニメの初期には制作スタジオが記載される場合が多く、製作主体が製作委員会の形をとっている昨今では製作委員会が表記されている。そのため時代状況を反映した通時的な指標として、アニメ産業の歴史までを見通すことのできる指標であるとも考えられる。

著作権の所在を示す指標としては、作品の「製作」クレジットに注目することも可能である。この表記に注目して、対象作品の権利関係を議論した研究も存在する（田 2022：30–33）。しかし、「製作」表記されているということが権利保有において何を意味しているのかについての検証は行われていない。本章では、まず著作権を冠した表記である © 表記に注目し、これが指標としてどの程度有用であるのかを示すべきだと考えた。

© 表記の変化に注目することで、アニメ産業の変化を論じる試みは本章が初めてではない。すでに坂本・水谷（2010）は、© 表記に何が記載されているかを指標の一つとして採用し、その歴史的変化を他の変化と組み合わせることで、アニメ産業の性格がどのように変化したかを論じている。本章もこの研究の着想を継承している。しかし、坂本らの研究では © 表記が著作権者を表していることを検証なく前提としており、まずはその点から議論することが必要である。

そもそも © 表記とは、ベルヌ条約と万国著作権条約という二つの著作権条約圏をつなぐための表記であった。日本をはじめ、ヨーロッパの国々が所属するベルヌ条約圏では、著作権は創作と同時に発生し、著作者の権利として保護される。対して、アメリカを代表とする万国著作権条約圏では、完全な保護を得るには登録が必要であった。ベルヌ条約加盟国が万国著作権条約加盟国で著作物を発表する際に保護を受けるための条件として、万国著作権条約加盟国が設定したのが © 表記であった。アメリカもベルヌ条約に調印した 1989 年以降は任意となったが、以降も引き続き表記が奨励されている（山本 2008：58–59；豊田 2012：211–214）。

しかし、日本で行なわれている映像関連の © 表記は要件となる発表年の記載を欠いたものも多く、不十分なものである可能性がある。そのため、実際の © 表記は厳密に著作権者を示すのではなく、許諾窓口などの権利関係者も含んだものとなっている。© 表記内のどれが著作権者であるかを知るには、別途検討が必要であって、© 表記に記載されているからといってそれを著作権者と考えることは誤りであると考えられる（中川ほか 2008：25）。しかし、実務家のなかには、アメリカの表記こそが許諾窓口を示したものであり、むしろ日本の © 表記は正確に著作権者を記載しているという認識もある。テレビアニメ『ポケットモンスター』の権利者である小学館関係者は、日本の慣習に合わせて © 表記に著作権者のすべてを反映すべく配慮したとしている。この場合でも、表記が長くなると短縮形も作成されており、著作権者を網羅した場合も、© 表記には外部に向けて権利者を明示する意味は薄いといえる（畠山・久保 2002a：33–37）。つまり、© 表記は慣習的なものとなっており、その示す意味は論者によっても違いがあって、明瞭さに欠けるところがある、というのが実状なのである。

それでは © 表記は、何を意味していると考えるべきなのか。『ポケットモンスター』の場合では、企画の始まりや最終的な制作費の負担は小学館が担っていることがうかがえる（畠山・久保 2002a；2002b）。しかし、企画の発意や制作の責任などの役割の有無から自動的に © 表記を導くのではなく、関係者の貢献を考慮して決定されていた。筆者も © 表記は出資者が話し合い、事後的に決定しているとの話を複数の関係者から耳にしている。そのため、© 表記とは著作権者は誰にすべきかという、利害関係者相互の合意を表したものだと考えられる。実際の著作権者と結びつかなくとも、最低限関係者が誰に権利を認めているかという権利意識を反映した指標だといえる。本章では、指標としての © 表記を以上のような意味で使用する。

3 『機動戦士ガンダム』に至るまでの © 表記の展開

本章では、© 表記の指標としての有効性を検討する対象として、著名なアニメ制作会社であるサンライズに注目した。サンライズは、『鉄腕アトム』を制作した株式会社虫プロダクション（以下虫プロ）の関係者が設立した企業であり、その歴史のなかで作品の権利を保持する重要性に直面してきた。そのため、作品の権利には敏感であったと考えられる。© 表記の記載に無関心ではいられなかったはずであり、© 表記が関係者の権利意識を反映したものと考えると、この表記と制作会社のあり方との関係を見るには適した対象だと思われる。また、とくに『機動戦士ガンダム』以降のサンライズの歴史は資料にとぼしく、新たにオーラルヒストリーを収集する以外に新規の資料が期待できない。そのため、権利意識の推移を示す © 表記が、それを補足し確認するための資料として活用できることを示すことは、歴史研究的な意義がある。

ここからは、別にあげた表 9-1 を踏まえながら議論を進める。この表は、創業した 1972 年からバンダイグループに入る 94 年までにサンライズで制作されたテレビアニメを対象として、© 表記と作品名、サンライズのプロデューサーとディレクターをまとめたものである（サンライズ企画開発部室・樹想社 2007）[1)]。創業以来、サンライズではプロデューサー以下、制作管理のスタッフのみが社員として雇用され、制作現場のスタッフを社員雇用しない方針を採ってきた（Web 現代「ガンダム者」取材

1）表では、サンライズを代表する場合は「制作担当」の表記も「制作プロデューサー」と同義と考えて掲載している。また、名称は異なっていても演出部門の最高位をディレクターとして掲載した。

班 2002；アニメージュ 1978)。また、サンライズは複数のスタジオから成り立っており、プロデューサーは各スタジオを統括し、企画から制作まで責任を負うものとされている（公野 2016：237)。そのため、プロデューサーはディレクターと比べても大きな入れ替わりがなく、人事には時代ごとの会社の変化が反映されていると考え、© 表記の変遷と比較する指標として採用した。ディレクターも、作品の傾向との関係を示すため、参考として加えている[2)]。これによって、© 表記が制作会社の歴史とも関連する有用な指標であることを示したい[3)]。

まずは、現在のサンライズの前史ともいうべき、72 年から 76 年の創映社・サンライズスタジオ時代の状況に注目する。この時期には現在のサンライズは存在せず、© 表記の多くに記載されているのは創業の際に資金を援助し、前身企業の親会社となっていた株式会社東北新社（以下、東北新社）である。東北新社以外とも作品を制作しているが、そこにもサンライズの名はない。当時のサンライズは完全な下請けスタジオであって、© 表記からも現在のサンライズとは一線を画す時代であることが理解できる。この時代のプロデューサーは、主に創業メンバーと旧虫プロ出身者が務めている。彼らは、体制の整わない創業期に制作を担った世代であって、第一世代とすべき人びとであった。ディレクターも、創業の母体となった虫プロの人脈を引き継いでいる。

76 年に東北新社から独立し、現在につながるサンライズが創業された。そして、77 年に念願の自社作品『無敵超人ザンボット 3』の放送が開始される。77 年から 79 年までは、自社作品の放送を成し遂げてから、『機動戦士ガンダム』の大ヒットに至る、発展の時代である。この時代から、© 表記にサンライズが記載されるとともに、東映株式会社（以下、東映）発注の下請け作品であるロボットアニメもヒットし、二

2) 本章では、あくまでもサンライズの性格を考慮してプロデューサーの世代交代に注目したものである。それはディレクターについても同様である。そのため、サンライズ以外の制作会社で、プロデューサーの人事がどのように会社の性格を反映しているかは不明である。プロデューサーが直接制作現場に関与できない制作会社もあり、企業文化によってプロデューサーやディレクターの人事は異なる意味を帯びている可能性がある（星 2017：408)。

3) 参考文献以外のサンライズに関する記述は、岩崎正美氏と井上幸一氏への取材に基づいている。サンライズ創業者のお一人である岩崎氏は、体調が万全でないなか、筆者のたびたびの質問にもていねいなご回答をいただいた。虫プロ末期から創業にかけての事情については、岩崎氏の回想に多くをよっている。サンライズで作品制作から企画営業まで幅広い職務を歴任された井上氏には、ご自身の経験のみならず、公式記録の編纂に携わった際の知見をご教示いただき、岩崎氏への取材も仲介していただいた。また、社内における役割分担の詳細やプロデューサーの世代交代など、事実関係についての詳細なご指摘をいただくなど、本章全体にわたってたいへんお世話になった。内容に関しては当然筆者が責任を負うものであるが、お二人のご協力がなければ本章の執筆はかなわなかった。改めて感謝申し上げるしだいである。

第1部
第2部
第3部

表 9-1　対象期間内の作品における © 表記と主要スタッフの変遷

	放送開始日	「©」表記	作品	サンライズ担当プロデューサー			ディレクター
				第一世代	第二世代	第三世代	
1972	1972.10.05	東北新社	ハセドン	岸本吉功			崎枕・池野文雄
1973	1973.10.01	J.D& 東北新社 1973	0テスター	岸本吉功			高橋良輔
1974	1974.07.01	J.D& 東北新社 1973	0テスター　地球を守れ！	岸本吉功			高橋良輔
1975	1975.04.04	東北新社	勇者ライディーン	岸本吉功・渋江靖夫			富野喜幸・長浜忠夫
	1975.04.04	フジテレビジョン・エムケイ	ラ・セーヌの星	岩崎正美			大隅正秋・富野喜幸
	1975.10.03	東北新社	わんぱく大昔クムクム	柴山達雄			りんたろう
1976	1976.04.17	東映	超電磁ロボ　コン・バトラーV	岩崎正美・野崎欣宏			長浜忠夫
	1976.10.12	東北新社	ろぼっ子ビートン	渋江靖夫			大隅正秋
1977	1977.06.04	東映	超電磁マシーン　ボルテスV	岩崎正美・野崎欣宏			長浜忠夫
	1977.10.08	創通・サンライズ	無敵超人ザンボット3	栃平吉和			富野喜幸
1978	1978.03.06	ダイナミック企画・東映	魔女っ子チックル		長谷川徹		久岡敬史
	1978.04.01	東映	闘将ダイモス	岩崎正美			長浜忠夫
	1978.06.03	創通・サンライズ	無敵鋼人ダイターン3	渋江靖夫			富野喜幸
1979	1979.03.06	石森プロ・東映	サイボーグ 009	岩崎正美	長谷川徹		高橋良輔
	1979.03.21	東映	未来ロボ　ダルタニアス	岩崎正美	中川宏徳		長浜忠夫・佐々木勝利
	1979.04.04	1979 円谷プロ	ザ☆ウルトラマン	栃平吉和・渋江靖夫			鳥海永行・神田武幸
	1979.04.07	創通・サンライズ	機動戦士ガンダム	渋江靖夫			富野喜幸
	1979.07.27	サンライズ	科学冒険隊タンサー5	安達登			四辻たかお
1980	1980.02.02	創通・サンライズ	無敵ロボ　トライダー G7	岩崎正美			佐々木勝利
	1980.05.08	サンライズ	伝説巨神イデオン		長谷川徹		富野喜幸
1981	1981.01.31	創通・サンライズ	最強ロボ　ダイオージャ	岩崎正美	中川宏徳		佐々木勝利
	1981.10.23	サンライズ	太陽の牙ダグラム	岩崎正美			神田武幸・高橋良輔
1982	1982.02.06	創通・サンライズ	戦闘メカ　ザブングル		中川宏徳		富野由悠季
1983	1983.02.05	創通・サンライズ	聖戦士ダンバイン		中川宏徳		富野由悠季
	1983.04.01	サンライズ	装甲騎兵ボトムズ		長谷川徹		高橋良輔
	1983.10.21	サンライズ	銀河漂流バイファム		植田益朗		神田武幸
1984	1984.02.04	創通・サンライズ	重戦機エルガイム		中川宏徳		富野由悠季
	1984.04.05	サンライズ	巨神ゴーグ		吉井孝幸		安彦良和
	1984.10.05	サンライズ	機甲界ガリアン		長谷川徹		高橋良輔
	1984.10.06	サンライズ	超力ロボ　ガラット		植田益朗		神田武幸
1985	1985.03.02	創通・サンライズ	機動戦士Ζガンダム		内田健二		富野由悠季

	放送開始日	「©」表記	作品	サンライズ担当プロデューサー			ディレクター
				第一世代	第二世代	第三世代	
1985	1985.07.05	高千穂＆スタジオぬえ・サンライズ	ダーティペア		吉井孝幸		滝沢敏文・鹿島典夫
	1985.10.03	サンライズ	蒼き流星 SPT レイズナー		植田益朗		高橋良輔
1986	1986.03.01	創通・サンライズ	機動戦士 ZZ ガンダム		内田健二		富野由悠季
1987	1987.02.07	創通・サンライズ	機甲戦機ドラグナー		吉井孝幸		神田武幸
	1987.04.06	北条司 /NSP・読売テレビ・サンライズ	シティハンター		植田益朗		こだま兼嗣
	1987.10.08	寺沢大介 / 講談社・サンライズ	ミスター味っ子		長谷川徹・内田健二		今川泰宏
1988	1988.04.02	北条司 /NSP・読売テレビ・サンライズ	シティハンター２		植田益朗		こだま兼嗣
	1988.04.15	サンライズ・R	魔神英雄伝ワタル		吉井孝幸		井内秀治
	1988.04.30	サンライズ	鎧伝サムライトルーパー		中川宏徳		池田成・浜津守
1989	1989.03.11	1989 永井豪 / ダイナミック企画・サンライズ	獣神ライガー		中川宏徳		鹿島典夫
	1989.04.07	サンライズ・R	魔動王グランゾード		吉井孝幸	富田民幸	井内秀治
	1989.10.11	HEADGEAR/BANDAI VISUAL/TFC	機動警察パトレイバー		指田英司		吉永尚之
	1989.10.15	北条司 /NSP・読売テレビ・サンライズ	シティハンター３		植田益朗		こだま兼嗣
1990	1990.02.03	サンライズ	勇者エクスカイザー		吉井孝幸		谷田部勝義
	1990.03.09	サンライズ・R	魔神英雄伝ワタル２			富田民幸	井内秀治
1991	1991.02.02	サンライズ	太陽の勇者ファイバード		吉井孝幸		谷田部勝義
	1991.03.15	サンライズ	新世紀 GPX サイバーフォーミュラ		吉井孝幸	富田民幸	福田己津央
	1991.04.03	サンライズ	絶対無敵ライジンオー		内田健二		川瀬敏文
	1991.04.08	サンライズ	機甲警察メタルジャック			池田陽一	松園公・江上潔
	1991.04.28	北条司 /NSP・読売テレビ・サンライズ	シティハンター９１		植田益朗・望月真人		江上潔
1992	1992.01.10	サンライズ	ママは小学４年生		指田英司		井内秀治
	1992.02.08	サンライズ	伝説の勇者ダ・ガーン		吉井孝幸	古沢文邦	谷田部勝義
	1992.04.01	サンライズ	元気爆発ガンバルガー		内田健二		川瀬敏文
1993	1993.01.30	サンライズ	勇者特急マイトガイン		吉井孝幸	古沢文邦	高松信司
	1993.03.03	サンライズ	熱血最強ゴウザウラー		内田健二	高森宏治	川瀬敏文
	1993.04.02	創通・サンライズ	機動戦士Ｖガンダム		植田益朗		富野由悠季
	1993.04.06	サンライズ	疾風！アイアンリーガー			南雅彦	アミノテツロー
1994	1994.02.05	サンライズ	勇者警察ジェイデッカー			古沢文邦	高松信司
	1994.04.05	伊東岳彦 / 集英社・サンライズ	覇王大系リューナイト		冨岡秀行		川瀬敏文
	1994.04.22	創通・サンライズ	機動武闘伝Ｇガンダム		植田益朗	南雅彦	今川泰宏

つのラインが併存することとなった。プロデューサーは引き続き第一世代が担いながら、次の世代がプロデューサーとして制作に参加をはじめている。彼らは、創業後のサンライズに入り、第一世代の下で経験を積んだ、第二世代というべき世代である。ディレクターでは、その後サンライズの作品制作の柱になる人物が定期的に作品を担当しはじめていることがうかがえる。

サンライズの原型は、株式会社創映社（以下創映社）という企業である。この会社は、経営が悪化した虫プロに見切りをつけ、72年に管理や営業のスタッフが自身で資金を出し合って設立したものであった。虫プロは、営利事業として会社を運営しようとする経営や管理部門と、会社を創作の場と考える制作現場が分解していた。そのため、給料の遅配や取引先への支払いに遅れをきたすほどの経営危機に陥りながらも、具体的な対応策を示すことができない状態となっていた。サンライズは、虫プロの管理や営業部門の中堅スタッフを中心に、「仕事」としてアニメ制作を成り立たせることを目指して設立された。虫プロのよい点は維持しながらも、問題点を修正することで、再出発を図ったのである。

虫プロのアニメ制作は、テレビ局から制作費を前借りしながら、しばしばそれを超過し、膨れ上がった債務のため、番組の権利を手放す事態にまで追い込まれていた。そのため、サンライズが基本に置いたのは、番組制作予算のなかで利益を出し、働いた分を正しく支払うという、作品制作の正常な状態を取り戻すことであった（星 2019；サンライズ 2021）。これも、権利からの収入に頼り、制作管理をおざなりにした虫プロへの反省から出たものである。

サンライズは、独立に際してすでにテレビアニメの企画を進めており、テレビ局からも好感触を得ていた。しかし、テレビ局からの入金までに確実な制作を保証するため、あらかじめ数本分の制作費を用意することを求められた。だが、創業すぐのサンライズにはそのような余裕はなかった。相談を持ち掛けた広告代理店の仲介で、東北新社の援助を受けることになり、東北新社の傘下に入ることでテレビアニメの制作を開始することができたのであった。そのため、創業直後のサンライズは作品の権利を得ることができず、それが © 表記に現れている。

創業すぐの75年、東北新社からの指示で制作した『勇者ライディーン』が成功をおさめる。『超電磁ロボ コン・バトラーV』からはじまる、東映から受注した一連の作品にもヒットが続いた（東映株式会社総務部社史編纂担当 2016）。これらの作品はロボットアニメの流行に乗ることを狙ったもので、玩具の販売を前提にしていた。この時代が、ロボットアニメのサンライズというイメージを決定づけた。しかし、権利を保持しない制作現場には関連する玩具がいくら売れても利益が還元されない。この状況に不満が高まり、権利を保有する必要を切実に感じることになった。そのため、東北新社からの独立が試みられるようになる。

創業の際、企画と営業を担う創映社とともに、有限会社サンライズスタジオ（以下サンライズスタジオ）という会社が別に作られ、実際の制作はサンライズスタジオが担う体制がとられていた。東北新社との交渉の結果、創映社とそれまでの作品の権利は東北新社に譲り、サンライズスタジオを独立した制作スタジオとして分離させることに決まった。そして、76年に現在のサンライズの起源となる株式会社日本サンライズが設立された。つまり、創映社ともサンライズスタジオとも無関係の新たな会社としてサンライズは設立され、そこに創設メンバーが移籍することで仕切り直しを図ったのである（Web現代「ガンダム者」取材班 2002；サンライズ企画開発部室・樹想社 2007）。このため、創映社時代の © 表記にサンライズの記載はないが、以降の自社作品にはサンライズの名が記載されている。

79年に放送が開始された『機動戦士ガンダム』の大ヒットによって、サンライズは一躍日本のアニメ産業に不動の地位を築くことになった。自社作品の制作開始から3作品目の快挙であり、当然サンライズの名のもとでの成功であった。それは、一つの制作スタジオの成功にとどまらず、アニメ産業のあり方にも多大な影響を与えることになった。『機動戦士ガンダム』に続く一連のサンライズ作品は、アニメの視聴者層をより高い年齢に引き上げ、単純に作品を楽しむ以上に、スタッフやキャストを目的に作品を視聴するような、新しい消費傾向をもたらす事に貢献したのである。しかし、サンライズがもたらした大きな変化は、同時に自身が寄って立つ地盤を大きく揺るがすことになった。

4　© 表記から見た『機動戦士ガンダム』以降

表9-1を見ると、1980年から84年までの作品では、© 表記にサンライズの記載がないものはなく、ほぼ単独で表記されている。しかも、すべてがロボットアニメであり、原作のないオリジナルで、なおかつそれぞれの作品が続編でない独立した作品となっている。オリジナル作品の制作は、サンライズには原作つき作品をアニメ化するための資金がなく、やむをえざる対応であった（アニメージュ 1981）。しかし、この時代にはそれがサンライズの特徴にもなっていたことがわかる。継続的に作品を受注し、権利を確保して、アニメ制作を再生産可能な「仕事」としていこうとい

う、創業以来の努力が実った時代であった。それは、ディレクターの構成にも見えており、83年、84年のように看板ディレクターが独自のラインを持ち、サンライズの作風を確立していった。しかし、プロデューサーに関しては変化が見られた。第一世代が『太陽の牙ダグラム』終了の83年を最後に制作現場から離れ、その後は創業以降に入社した第二世代が制作を担うようになっている。

85年から89年は、これまでとは大きく異なる期間である。それは、© 表記にサンライズ以外の名前が多く登場してくることに見えている。マンガ原作の『シティハンター』『ミスター味っ子』が制作され、しかも『機動警察パトレイバー』のように、長く見られなかった下請け制作も行われている。そして『機動戦士ガンダム』の続編として『機動戦士Zガンダム』が放送された。このような続編は元の作品の二次著作とも言え、1年ごとに新しいオリジナル作品を発表していた流れの変化もあらわしていた。これは、プロデューサーが第二世代へ完全に移行するのと並行して起こっており、ディレクターにも新人が登場している。この時代は、世代交代が完了し、新しいサンライズを模索する試行錯誤の時代であったといえる。その変化が © 表記にも現れているのである。

しかし、第二世代に続く世代がプロデューサーとして制作に関わりはじめると、© 表記の傾向は元の形に戻っていく。彼らは、第一世代と第二世代と同様、第二世代の下で経験を積んだ世代であり、第三世代といえる世代である。この変化を受けた90年以降を見れば、再びオリジナルの単独作品が増加し、© 表記にもサンライズの占める割合が増加しているのがわかる。ディレクターの世代交代も完了し、続編以外は新しい名前で占められることになった。

では、このような変化はなぜ起こったのだろうか。変化を迫る象徴的な出来事は81年に起こった。創業からサンライズを率いていた岸本吉功社長の死去である。これまで、創業メンバーは経営を中心に、メインスタッフと連携して行う企画、それを販売するための営業、制作現場の管理と、役割を分担しながら会社を運営していた。しかし、岸本社長を失うことによって経営の役割に空白が生じた。社長は営業を担当していた伊藤昌典が引き継いだが、それまでのバランスに変化が生じたのである。制作を指揮していた岩崎正美も他の業務を兼務する必要が生じ、プロデューサーとして制作現場に立つことができなくなった。そのため、空いたポストを埋めるため、世代交代が進展することとなったのである。

また、アニメをめぐる環境も大きく変化しつつあった。『機動戦士ガンダム』を代表とするロボットアニメを中心として、70年代から続くアニメブームが頂点を迎えたが、80年代も半ばに向かい、アニメ産業全体としてもブームの終焉が見えはじめていたのである。年齢を重ねてもアニメを見続けるマニア層は、より先鋭的な作品を求めており、一般層との乖離が見られていた（北野 1998）。ブームの終焉にともなって、制作本数の減少も起こっていた（松田 2000）。サンライズにとっては、創業より続いていた環境が激変することを意味しており、新しい方針を探らねばならなくなったのである。

その変化の境は、まさに『機動戦士ガンダム』にある。この作品は創業者の一人で企画の担当者だった山浦栄二が、先行するヒット作『宇宙戦艦ヤマト』を研究して出した結論にしたがったものであった。それは、多くの視聴者を得られなくとも、数十万単位の熱狂的なファンさえいれば、作品は十分に成り立つというものである（『映画秘宝』関係者の中にいたガンダム野郎 1999：68）。しかし、この方針は作品の内容以上の変化をもたらした。熱心なファンを志向した作品の性格とそれにともなうファンの年齢層の上昇によって、玩具にかわってプラモデルが主要な商品として登場した（猪俣・加藤 2010：60–62）。つまり、『機動戦士ガンダム』のプラモデルが大ヒットして以降、サンライズ作品が販売しなければならない商品の交替が起こったのである。

81年には、よりリアルな物語を描いた高橋良輔監督によるオリジナル作品のラインがサンライズの柱として加わり、定着することになった。時代の変化を受けて、ロボットアニメにも新しい形が求められていた。高橋は、『太陽の牙ダグラム』を、プラモデルを受け入れた視聴者はジオラマに進むと考えて企画したという。まさに、アニメを見る層の年齢が上がっていくという、時代の変化を背景に見据えていたのである（高橋 2019：30–31）。

『機動戦士ガンダム』は劇場作品が公開され、映像として終了した後も、プラモデルをメディアとする形で独自の物語を発展させていた。しかし、80年代の半ばになるとプラモデルでの展開にも限界が感じられるようになり、スポンサーのバンダイから続編をアニメとして制作するよう求められるようになった（松本・仲吉 2007）。

85年から89年に見られる原作つきの作品制作も、このような状況の中で生じたものであった。サンライズのオリジナル志向は、資金難からの苦肉の策として採用されたものであった。原作つきや続編が可能になったということは、これまでのサンライズの成果であるということもできる。マンガ原作のアニメ化は、『鉄腕アトム』から続くテレビアニメの常道である。サンライズには、このまま、アニメ制作における「ふつう」の道に戻るという選択肢もあった。

しかし、サンライズ社内ではオリジナル作品が自社の特色であるとの認識が維持され続けていた（Web現代「ガンダム者」取材班 2002：10）。オリジナル作品に高い価値を置く社内文化が存続し、あくまでもオリジナル作品が中心であるという認識が貫かれていたのである（公野 2016：235）。そのため、ロボットアニメの転換期とプロデューサーの世代交代を経た90年から94年の期間では、独自の企画が強化され、サンライズはオリジナル作品の制作に戻っていった。この時代に第三世代といえる新たな世代がプロデューサーとして制作に参加をはじめているのである。

アニメブームの終焉以来、テレビアニメは子ども向けに回帰していた。サンライズでも対象年齢が上がり続けることで新規の視聴者が得られなくなることに危機感を持っており、90年から94年の間のオリジナル作品は子ども向け中心に回帰していく（森ビル株式会社 2013：45）[4)]。高い年齢層を狙った作品や熱心なファンを対象とした続編は、オリジナルビデオの作品（OVA）として販売されるという住み分けが行われていた。

© 表記の変遷と人事を中心としたサンライズの歴史を合わせて見ると、以下のように結論することができる。サンライズの創業から94年までの歴史は、他社の傘下から抜け出し自身が主導権を持って作品制作を行えるようになった時代から、状況の変化に対応して試行錯誤を行った時代を経て、オリジナル作品中心に回帰するに至ったものである。それは © 表記の変遷に現れており、© 表記は関係者の権利意識を代表し、作品の権利から制作会社の変化を明らかにできる指標として、有用なものとなり得るのである。

5　二つの場をつなぐために

これまでのアニメ産業研究では、権利運用と作品制作は別々の場であるかのように論じられてきたように思う。歴史的に見れば、堅実に権利を保持しなければアニメ制作は成り立たず、魅力的なアニメ作品が作られなければ権利運用は成り立たない。この二つはアニメ産業存立に不可欠であり、本来一つの場であるはずである。しかし、このようなアニメ産業のあり方は複雑で資料が限られており、容易に把握することが難しい。サンライズの歴史は、権利をどれだけ主張できるかとスタッフに安定した支払いができるかとは、互いにつながっていることを示している。© 表

4）アニメ専門誌である『アニメージュ』は1986年11月号で「チルドの時代」と称する特集を行っている。この時代以降、テレビアニメは子ども向けに回帰する傾向にあった。

記のような指標を活用すれば、権利運用と作品制作の具体的な関係が可視化され、これらの間の容易な理解が可能になるものと考えられる。

©表記の指標としての意味やその活用方法は、まだ確立したといえるものではない。権利関係の内実は不明な場合が多く、サンライズの歴史との関係にしても粗雑な評価を下している可能性もある。そのため、本章での議論はあくまでも試論にとどまるといわざるをえない。©表記以外にも、「製作」クレジットのように、まだまだ指標として有用な資料が存在することも考えられる。これらは筆者の今後の課題とするとともに、意欲ある方々にご参加いただきたいと願うものである。

第1部
第2部
第3部

■ 参考文献リスト

アニメージュ, 1978,「プロダクション訪問③美形ヒーローのふるさと――日本サンライズの巻」『アニメージュ』1978年9月号 徳間書店, 128–130.

アニメージュ, 1981,「ANIME PRODUCTION FILE 2――いま映画機動戦士ガンダムに燃える日本サンライズ」『アニメージュ』1981年1月号, 徳間書店, 97–119.

猪俣謙次・加藤智, 2010,『ガンプラ開発戦記――誕生から大ブームまで』アスキー・メディアワークス

Web現代「ガンダム者」取材班, 2002,『ガンダム者――ガンダムを創った男たち』講談社

牛木理一, 2000,『キャラクター戦略と商品化権』発明協会

『映画秘宝』関係者の中にいたガンダム野郎, 1999,『ガンダム・エイジ――ガンプラ世代のためのガンダム読本』洋泉社

北野太乙, 1998,『日本アニメ史学研究序説』八幡書店

木村誠, 2011,「アニメビジネスの基本モデル」高橋光輝・津堅信之編『アニメ学』NTT出版 pp. 115–151.

公野勉, 2016,『コンテンツ製造論』風塵社

坂本篤秀・水谷康晃, 2010,『著作権の所有構造とビジネスシステムの発展――アニメーション産業における逆突出部の解消』2010年度早稲田大学商学部学位論文

サンライズ, 2021,「第05回 リバイバル連載：サンライズ創業30周年企画「アトムの遺伝子　ガンダムの夢」」サンライズワールド〈http://sunrise-world.net/feature/feature.php?id=7875（2021年10月27日最終閲覧）〉

サンライズ企画開発部室・樹想社編, 2007,『サンライズ全作品集成――サンライズクロニクル①1977～1994』サンライズ

清水知子, 2021,『ディズニーと動物――王国の魔法をとく』筑摩書房

田泰昊, 2022,『何が日本のメディアミックスを可能にしたのか？――メディアミックスシステムとしての製作委員会方式の形成と変容』名古屋大学大学院人文学研究科博士論文

高橋良輔, 2019,『アニメ監督で…いいのかな？――ダグラム、ボトムズから読み解くメカとの付き合い方』KADOKAWA

田中絵麻, 2009,「メディアミックスの産業構造――企業間取引と製作委員会方式の役割」出口弘・田中秀幸・小山友介編『コンテンツ産業論――混沌と伝播の日本型モデル』東京大学出版会, pp. 159–186.

玉川博章, 2013,「コンテンツ研究――著作・流通システムにおけるアニメ」小山昌宏・須川亜紀子編『アニメ研究入門――アニメを究める9つのツボ』現代書館, pp. 194–217.

東映株式会社総務部社史編纂担当, 2016,『東映の軌跡――The history of Toei: April 1st 1951–March 31st 2012』東映
豊田きいち, 2012,『編集者の著作権基礎知識』太田出版
中川裕幸・粕川敏夫・菅野好章・花村太・佐川慎悟・松波祥文・野田薫央・山口康明・木村達矢・関昌充, 2008,「アニメの著作権」『パテント』61(8), 11–47
畠山けんじ・久保雅一, 2002a,『ポケモン・ストーリー 下』角川書店
畠山けんじ・久保雅一, 2002b,『ポケモン・ストーリー 上』角川書店
星まこと, 2017,「Animation Interview Series 勝田稔男インタビュー」『まんだらけZENBU』2017年4月号, まんだらけ出版部, 401–409.
星まこと, 2019,「Animation Interview Series 鈴木良武／五武冬史インタビュー」『まんだらけZENBU』2019年6月号, まんだらけ出版部, 363–370.
松田咲實, 2000,『声優白書』オークラ出版
松本悟・仲吉昭治, 2007,『俺たちのガンダム・ビジネス』日本経済新聞出版社
森ビル株式会社, 2013,『平成24年度メディア芸術情報拠点・コンソーシアム構築事業　日本アニメーションガイドロボットアニメ編』森ビル
山本隆司, 2008,『アメリカ著作権法の基礎知識 第2版』太田出版

第10章 ディズニーはロンドンをアーカイブする

クルエラはなぜパンクの女王だったのか

清水 知子

1 変容するヴィランズ

2021年に公開されたディズニー映画『クルエラ』は、1961年のディズニーアニメ『101匹わんちゃん』の悪役クルエラ・ド・ヴィルの若き日を描いた実写映画だ。原作は、1956年に刊行されたドディー・スミスの小説『ダルメシアン——100と1ぴきの犬の物語』である。物語は、ロンドンに暮らすダルメシアンのポンゴとパーディタの間に生まれた15匹の子犬が、飼い主の旧友で毛皮マニアのファッションデザイナー、クルエラ・ド・ヴィルによって誘拐されることから始まる。クルエラは子犬たちを毛皮のコートにしようとするが、ポンゴとパーディタは英国中の犬や猫と連携して誘拐された他の子犬たちもすべて救出。最終的に101匹のダルメシアンが共に暮らす心温まる冒険譚だ。アニメ『101匹わんちゃん』はまた、アブ・アイワークスがゼロックス・システムを初めて全面的に取り入れた作品としても知られている。

1996年には、クルエラがダルメシアンの飼い主であるアニータの働くファッションデザイン会社「ハウス・オブ・デヴィル」の社長として登場する実写映画『101』が公開された。また2000年には、心理操作で愛犬家に生まれ変わって仮出獄したクルエラと、ブチのないダルメシアン、オッド・ボールが活躍するオリジナルストーリー『102』が製作された。

2021年に公開された『クルエラ』は、『101匹わんちゃん』の実写リメイクであると同時に、『マレフィセント』(2014年)に続くディズニー・ヴィランズ第二弾として誕生した。『マレフィセント』では、『眠れる森の美女』(1959年)のオーロラ姫に呪いをかける魔女の視点から物語が描き出され、彼女がヴィランになった／ならざるをえなかった謎が解き明かされた。ヴィランのバックストーリーが前景化されることで、非情に思われたヴィランが単純な悪役ではないというパラドックスが生まれ、善悪二元論に揺さぶりをかける効果を生んだ。

『クルエラ』もまた、少女時代に溯ってヴィランの視点からその過去を描き出す。どちらの作品も、ウォルト時代のアニメーションを「オリジナル」とするディズニーによる二次創作ともいえるリメイクだ。アニメではこぞって年配の女性がヴィランとして描かれていたが、実写リメイクは少女時代に溯ることで物語を多層的に描き直すディズニーの新たな試みでもある。

とはいえ、『クルエラ』の舞台は、意外にもパンクムーブメント真っただ中の1970年代のロンドンだった。「パンク」がすでに過去のものとなった現代のロンドンに、ダルメシアンを狙う毛皮マニアから革命的な「パンク・クチュール」の体現者として蘇ったクルエラ。ディズニー映画のなかでも最も名高いこのヴィランは、少女エステラとして登場し、孤児となってロンドンに辿り着き、二人の浮浪児とともに反逆児として生き抜いていく。生まれながらに奇抜な白黒の髪色を持ち、いじめっ子に立ち向かい、素行が悪く学校を退学させられるも、天才的なファッションセンスを発揮して裁縫やデザイン画の制作に打ち込むエステラ。他方、復讐に燃えながら社会の底辺から不屈の反骨精神とパンクの世界観を発揮して不死鳥のように蘇るクルエラ。エステラがクルエラへと変貌を遂げるのは、モード界の女王として君臨するバロネス・フォン・ヘルマンが、自分の育ての母を死に至らしめた悪の権化そのものだと気づいたときだった。エステラとクルエラ、あるいはエステラからクルエラへ。コインの表裏のようなこの反転こそ、ヴィランズ誕生秘話の鍵を握る。クルエラは、なぜロンドンを生き抜く一人の女として21世紀のスクリーンに登場したのだろうか。そしてまたなぜスキャンダラスでスペクタクルなパンクの女王だったのか。さらに、私たちはなぜ「悪い女」に魅せられるのか。

2 ロンドンとファッション：白と黒のアヴァンギャルド

まずは、映画の舞台となったロンドンを振り返ってみよう。1970年代、戦後の英国の福祉国家を支えてきた、いわゆる「合意の政治」はすっかり衰退していた。追い打ちをかけるように73年にはオイルショックが起き、その直後に石炭労働者のストライキが政府と衝突。電力は止まり、産業は週三日操業となった。企業は次々と倒産し、鉄道労働者、公務員、救急車のドライバー、さらには墓掘り人にいたるまでストライキに踏み切った。

強固な政治理念のもと、福祉国家を解体し、数々の新自由主義政策を導入した英国初の女性首相マーガレット・サッチャーが誕生したのは、その最中の1979年のことである。「鉄の女」サッチャーと「パンクの女王」ヴィヴィアン・ウェストウッド。二人はともに「スウィンギング・ロンドン」を格好の標的とし、「1968年」にひねりを加えた鬼子のような存在である[1)]。とはいえ、その「ひねり」の方向は正反対ともいうべきものだった。サッチャーは中流階級の快楽的消費と「自由」を謳歌する60年代の「寛容社会」こそが、英国を没落させたと考えた。そこで、反体制、反官僚主義、反福祉国家からなる「68年の精神」を「新たな資本主義の精神」に置き換え、新自由主義を導入して福祉国家の解体に踏み切った。

他方、ヴィヴィアンにとって、「スウィンギング・ロンドン」は中流階級の戯言にすぎなかった。彼女はマルコム・マクラーレンとともに、手に入るあらゆるモノを利用し、転用し、状況を構築するという、パリ5月革命で展開されたシチュアシオニスト・インターナショナルの思想を学び、パンクの破壊的なエネルギーを発信していった（清水 2013）。

だが、ヴィヴィアンは1986年の『i-D』誌にこう記している。「自分は反抗という観点から服を考えることに疲れきってしまい、そのうち自分が正しいのかどうかわからなくなった。「反体制」というものがあるとすれば、それは体制を支える結果となるにすぎない」と。既存の体制を破壊し、敵対性を顕わにするだけでは、結果として体制にそのエネルギーを吸収され、体制の生け贄になってしまう。そう考えたヴィヴィアンは、パンク的な破壊精神ではなく、諧謔精神とともに「時代」を着崩していくことになる。とはいえ、この二人のスタイルは、ねじれをともないながらも奇妙に響きあい、この時代の英国の文化と暴力の光景を視差的に浮かび上がらせるものだった（清水 2013）。

サッチャーとヴィヴィアンの存在は、モード界の女王にして傲慢なオートクチュールデザイナーたるバロネスと、型破りでアヴァンギャルドなクルエラのスタイルを彷彿とさせる。『イングランズ・ドリーミング』の著者ジョン・サヴェージは言う。「ポップ」とは、「それ自体が疎外された産業」であり、「夢見る人や、すべ

1）1960年代後半、ミニスカートやビートルズにサイケデリック・アートなど、ロンドン発の若者文化が一世を風靡した。ツィギー、マリー・クワント、ジョン・スティーヴンをはじめ、音楽やアート、ファッションの世界に地殻変動が起きた。特権階級に対する反体制意識のもと、若者たちが謳歌した「スウィンギング・ロンドン」については、ジェフリー・ディキンソンによる『タイム』誌（1966年4月15日号）の特集記事「ロンドン――スウィンギング・シティ」を参照のこと。この記事は当時のスピリットを見事に描き出したものである。

ての階級からはじき出された人々の多くが、変身するために出会う場所である」と(サヴェージ 1998)。もし「ポップ」についてこのように理解するなら、クルエラのスタイルは、どれほど不遇な扱いを受けようと、自らを信じて努力を惜しまず、閉塞した社会を着崩す、現代版「ポップ」の一光景のように思われる。

英国の文化研究者アンジェラ・マクロビーは、サッチャー政権以後、彼女が「サブカルチュラル・アントレプレナー」と呼ぶ新しい主体が登場したと指摘する(McRobbie 1994)。「サブカルチュラル・アントレプレナー」とは、サッチャー時代に掲げられた起業家精神にもとづきつつ、同時に人種、セクシュアリティ、家族、あるいは労働者階級といった旧来の布置（コンステレーション）に深く位置づけられた若者たちを指す。彼らの多くは1980年代半ばにアートスクールを卒業し、おもに音楽やファッション業界に携わっていた。そして彼らは、マスメディアではなく、クラブ、レイヴ、ショップやマーケットを通じて手作りの衣服や古着、音楽を売り買いする、独自のエコノミーを形成しはじめていく。

マクロビーが指摘する「サブカルチュラル・アントレプレナー」は、ポスト福祉国家と新自由主義と消費市民社会が交錯するなかでどう生き抜いていくのかを模索する、若者たちの新たなサバイバル術として捉えることができよう。そして1990年代初頭のロンドンには、大量消費とも「ブランド」とも異なる奇妙な、しかし興味深い光景が出現した。だが、それはまた不安定な条件にありながら、つねに「クリエイティヴであれ」、生産的な主体であれと呼びかけ、「自由」や「自己実現」と結びついた「やりがいのある」仕事をジェンダー不均衡なかたちで促進する、今日に至る課題と地続きになっている。

こうしてロンドンを生きる者たちは、かつての「スウィンギング・シックスティーズ」のように「無階級感覚」を享受し、自由に選択する消費者たる個人として社会に参入するというよりも、身近なものを組み合わせながら自らの生活とそのスタイルを創出する機知に富んだ生産者として、自律と自己表現の欲望を表明していくことになる。彼らの柔軟な「処世術」は、エリートや企業で出世する上昇志向の女性たちとは対照的でありながら、同時に新自由主義との親和性がまったくないとも言い切れない。だが、そう見えるのは、「努力すれば報われる」のではなく、報われた者を事後的に努力した者として評価するのが新自由主義の論理だからかもしれない。

クルエラにとって、ファッションはモード界の女王にして実の母親だったバロネスと闘うための武器であり、ファッションは武装するためのテクノロジーだった。

しかしまた、同じことはファッション界の女帝として名を馳せるバロネスにもあてはまる。というのも、バロネスにとってファッションは、ファッション業界を謳歌し、アパレル業界を牛耳る男性たちの世界に果敢に挑み、自らの帝国を築くための武器でもあったからだ。

キャリアウーマンとして多くの犠牲を払って地位と名声を築いたバロネスは2006年に公開された映画『プラダを着た悪魔』の鬼編集長ミランダを彷彿とさせる。じっさい『クルエラ』の脚本は『プラダを着た悪魔』を手がけたアライン・ブロッシュ・マッケンナが担当している。また映画『プラダを着た悪魔』の原作はローレン・ワイズバーガーの同名小説であり、雑誌『ヴォーグ（*Vogue*)』で彼女がアシスタントとして経験した出来事に着想を得たものだ。

クルエラは、実写映画『101』のなかでは結婚を嫌悪し、自分に逆らう者たちを徹底して潰していく。結婚を報告するアニータに「裏切り者」「お悔やみ申し上げます」と述べる場面を思い出そう。クルエラのファッション界での「成功」が、新自由主義の戦士のごとく搾取のうえに成り上がる残虐なパワーウーマンの物語を描いているとしたら、復讐を原動力にファッション界を駆け上るクルエラとバロネスの差異とは何か。そしてまた、個人主義でもって資本主義社会を這い上がるというサッチャリズム的なメンタリティが、もはやフェミニズムは必要ないというポストフェミニズムと共振するものであったとすれば、なぜクルエラにとってもバロネスにとっても、ファッションが社会を生き抜く武器だったのだろうか。

3　復讐の作法とフェミナイズされた手仕事（ハンドメイド）

もちろん、クルエラとバロネスはどちらもずば抜けた「才能」をもつ強力なファッションデザイナーであり、『クルエラ』は競い合う特権のある白人の女性間の物語に過ぎないという見方もあるだろう。だが、クルエラの並外れたファッションの才能を「母親譲り」という一言で片づけてしまうと多くの点を見逃してしまう。

イエンナ・カドレッツによれば、『クルエラ』におけるヴィランのポイントは、ディズニーがファッションという華麗なる舞台を背景にして、クルエラの残忍なフェティシズムと残酷さをいかに覆い隠しているのか、その手法を理解することにあるという（Kadlec 2021)。なぜなら、ファッションは「毛皮に対するクルエラの見解が、完全にサディスティックなものではなく、「議論の余地がある」ものとして考えられうる数少ない業界の一つ」だからだ。つまり、クルエラはファッション・デザイナーであるからこそ、どれほど犬の毛皮に執着していようと、「豪奢な」現代的成功を手にしているというわけだ。

また、クルエラは2021年の映画のみならず、『101』、『102』においても典型的な「女性のグロテスク」を体現するフェミニストの形象として機能している。メアリー・ラッソによれば、「女性のグロテスク」は家父長制に囚われず、むしろ邪悪な女性との結びつきが強い。にもかかわらず、女性たちに力を与える（エンパワリング）ものである（Russo 1994）。それは、社会における規範的なもの、権威ある正当なものをカーニバル的に撹乱する固有の解放様式であり、ジェンダーの役割に対するフェミニスト的不安を示唆すると同時に、女性に対する男性ないし社会の恐怖を具現化したものである。したがって、「女性のグロテスク」は、クルエラにもあてはまるが、バロネスにもあてはまる。社会的な規範や因習の埒外にある「逸脱」した貪欲な女性たちはつねに怪物化され、悪魔化されてきたからだ。

ファッションはたんに自らを表現するだけでなく、個人と社会、私的領域と公的領域を横断し、つなぎ直す視覚言語である。そしてまた、ジェンダーの抑圧装置であると同時に、ジェンダー制度を転倒し、自身を解放するメディアでもある。ファッションの実践と活動は非暴力という理念に彩られており、『アドバスターズ（*Adbusters*）』誌の創始者であるカレ・ラースンの「メディアを恨むな、メディアになれ」という言葉を想起させるものだ。

『クルエラ』でコスチューム・デザイナーを務めたジェニー・ビーヴァンは、バロネスの衣装がディオールの影響を色濃く受け、最盛期を過ぎた1950～60年代を意識したものであるのに対し、47種類あるクルエラの衣装は、ポートベロー・ロード・マーケットやブルックリンで開催された大規模なヴィンテージフェアを調査し、ストリートの解放的なアプローチを取り入れた斬新なものにしたと述べている（Seth 2021）。たとえば、白いケープに火をつけ、下から真っ赤なドレスが出現する印象的なシーンは、クルエラがヴィンテージショップで見つけたバロネスの古いドレスを解体し、それを上回る新たなドレスに作り直すことで誕生した。あるいは、クルエラが超特大のスカートでバロネスの乗った車の上に立ち、彼女の姿を覆い隠す衝撃的なシーンを思いだそう。5,060枚ものフリルのついたそのスカートは、ビーヴァンのスタジオで大勢の学生が全て手縫いを施したものである。

ここで想起したいのは、企業家としてファッション業界に君臨してきた多くの男性とは対照的に、服飾産業の多くが女性あるいは移民による低賃金労働によって担われてきたという歴史である。服飾や手芸といった手仕事は、趣味以上、労働未満の創作活動としてフェミナイズされてきた。けれども、女性たちの手仕事は、20世紀に入って、女性の弱さではなく、強さを示すものとへと転換していく。英国では20世紀初頭の婦人参政権運動において、サフラジェットらがバナーや日傘に視覚的効果の高い刺繍を施して行進した。また美術学校を卒業した画家メアリー・ローンズは1907年にキャンペーン用のアートワークを参政権運動に提供する「アーティスト参政権連盟」を設立して「バナーとバナー作り」のガイドブックを作成した。さらに1970年代になると、「個人的なことは政治的なことである」という立場から家庭生活と社会の構造が問い直され、80年代初頭には、グリーナムコモン空軍基地のフェンスに手芸を施した巨大なバナーが掲げられるなど、女性の平和運動においても、手芸という女性化された手仕事は、社会の構造に対して異議申し立てするための武器として重要な役割を担うようになった（Parker 2010；山崎 2023）。

かつてロラン・バルトは、「モードとは無秩序に変えられるためにある秩序」であり、モードは〈みずからせっかく豪奢につくり上げた意味を裏切ることを唯一の目的とする意味体系〉というぜいたくな逆説をたくらむ」のだと述べていた。

バロネスのグロテスクさが、目的のためには手段を選ばず、既存の搾取や抑圧の構造のなかでファッション界の「ガラスの天井」を打ち破り、自らの社会的地位を獲得していく点にあるとしたら、そのスタイルは、女であれ男であれフェミニズムとは「性にもとづく差別や搾取や抑圧をなくす運動」であるというベル・フックスの定義とはほど遠いものだ。

他方、クルエラにとって、ファッションはデザイナーになるという夢への一歩であると同時に、バロネスへの復讐の表現手段でもあった。それは、ダダの精神にのっとって異なる意味を付与されたテキスタイルを縫い合わし、自らのメッセージを伝える対抗手段として既存のモードを奪用していくものである。加えて、クルエラにとってのファッションは、男性化した女＝実母による体制に挑戦するためのテクノロジーでもあり、この意味で、クルエラとバロネスの間の軋轢（あつれき）は、現代の女性たちを分断させる新自由主義におけるグロテスクな闘いとして、またサラ・バネット＝ワイザーの言葉を借りれば、新自由主義社会において女性が「能力」を発揮するさいに、ポストフェミニズムを生きる者たちが負う「傷」の光景としてとらえることもできよう。

4 毛皮と悪女の顛末：ポスト／フェミニズムと動物愛護の展開

ところで、アニメ『101匹わんちゃん』においてクルエラがヴィランたるのは、彼女が強欲で金にしか目のない女であり、友人のダルメシアンを強奪し、その皮を剥いで自身のコートにしようとする、私欲に満ちた残虐な女だったからである。ちなみにドディー・スミスの原作では、クルエラは結婚しており、夫は毛皮商人をしている。アニメでは、ダルメシアンの毛皮のコートを身に纏うことは、消費に溺れ、贅沢と富を手にすることと同義であり、クルエラは資本主義の権化ともいえる存在だった。

とはいえ、時計の針を巻き戻すと、人間は旧石器時代から狩猟によって食料を獲得し、剥いだ動物の皮を防寒具として使っていた。毛皮が富や権力の象徴となり、装飾性の強い高価な素材として使用されるようになったのは、家畜産業が始まり、単なる防寒具としての役割を越えた後のことである。じっさい毛皮は嗜好品として、また階級的な特権の証として、倹約令が制定されて以来、論争を巻き起こしてきた。毛皮は物質的財として富とセクシュアリティを象徴すると同時に、帝国主義的構造のなかでステイタス・シンボルとして主に機能してきたからだ。また毛皮はかつてソフトゴールド（柔らかな金）と呼ばれ、17世紀から19世紀に至るまで、北アメリカでは毛皮貿易は重要な役割を担っていた。そして今日では、動物愛護運動の高まりや人工毛皮の質的向上によって、アルマーニやグッチなど、世界的なファッションブランドが次々と「脱毛皮」宣言し、エシカルな消費文化に商機を見出す動きが本格化している。

じっさいアメリカで動物愛護協会が設立されたのは、アニメ『101匹わんちゃん』が公開される以前、1954年のことだ。また「動物は、食べ物、衣類、実験、娯楽、いかなる虐待のためにも存在しているわけではない」という主張をスローガンに掲げ、今日では過激主義として知られる世界最大規模の「動物の倫理的扱いを求める人々の会」（PETA）が設立されたのは1980年のことである。

クルエラの残虐さとそれゆえの滑稽さは、映画『101』においてあますところなく発揮されている。『101』はロンドン動物園でシベリアトラが惨殺され、毛皮が丸ごと剥がされていたニュースで幕を開ける。シベリアトラの白い毛が珍重され、毛皮が高値で売買されているというのだ。トラの縞模様（ストライプ）に夢中になっていたクルエラは、しかしファッション・デザイナーのアニータがデザインしたダルメシアンの「白黒のブチ（スポット）」に触発され、キュートで滑らかな子犬のダルメシアンの皮を手に入れるためなら、その命も厭わない。さらに映画『102』では、前作から3年後、獄中で最新の精神療法を受けて愛犬家のエラとして生まれ変わったクルエラが、仮出獄して立ち退きを余儀なくされた捨て犬ホーム（保護犬のシェルター）を支援するも、治療には欠陥があり、たちまち元の悪女に戻って容赦ないヴィランぶりを発揮する。

ここで重要なのは、動物とフェミニズムとの興味深い歴史だろう。『動物の解放』（1975年）で知られるピーター・シンガーや、「動物の権利」を唱えたトム・レーガンは、動物に痛みや苦しみを与えることを道徳的な悪として捉え、動物解放運動の大きな流れを形成した。

これに対して、ジョセフィン・ドノヴァンとキャロル・アダムズをはじめとするフェミニズム理論家らは、動物愛護運動をフェミニズム思想の歴史のなかで文脈化すると同時に、シンガーやレーガンは人間とは異なる立場にある動物の特殊性を無視して、「自律した行為主体」を前提とし、動物が人間と同様に扱われることで、女性の問題と同じく、動物自身の観点を捉え損ねていると批判した。またシンガーやレーガンが理性の議論として「動物の権利」を強調しているのに対し、ドノヴァンとアダムズは理性に基づく「正義の倫理」ではなく、発達心理学者キャロル・ギリガンの「ケアの倫理」から捉え直すよう主張している（Adams & Donovan 1995）。「自立した責任ある個人」を想定した「正義の倫理」に対し、「ケアの倫理」は、「正義の倫理」が支配的な社会ではかき消されてしまう「もう一つの声」に耳をすまし、「何が正しいのか」を問うだけでなく、他者との相互依存的な関係性のなかで、互いに責任を持ちながら他者のニーズや苦しみに「どう応じるのか」に主眼をおくものだ。

じっさい、動物の権利を「売り込む」ために裸体の女性を使い「毛皮を着るよりは裸でありたい」と謳ったPETAの悪名高いメディア・キャンペーンの広告を思い起こせば、動物擁護運動が性と種の二重の偏見を抱えた構造のなかで展開されていたことがわかるだろう（Gaarder 2011）。ドノヴァンとアダムズが「ケアの倫理」を強調するのは、シンガーやレーガンが「痛み」の感覚を軸に据えながらも理性の議論を強調して感傷や共感を後景化したために、「動物の権利」を掲げる擁護運動がセクシズムを孕んでしまったのではないかと考えたからである。

とはいえ、「ケアの倫理」には、あたかもケアが女性にとって「自然」なものであるかのような本質主義に舞い戻ってしまう危うさも指摘されてきた。しかし、正義の倫理とケアの倫理は必ずしも相対立するものではなく、むしろこの二つは相補的なものである（井上 2022）。そしてその上で、人間のみならず動物も含む解放を求めた「女性解放運動の先駆者」として知られるメアリー・ウルストンクラフトや、エッセイ「物言わぬ動物たちの権利」で被抑圧階級としての動物たちの制度的な保護を訴えたハリエット・ビーチャー・ストウ、あるいは人間社会における動物利用を疑問視したシャーロット・パーキンス・ギルマンなど、多くの女性活動家が、ジェンダー、人種、経済、環境といった他の問題との関係性のなかで動物の権利のビジョンを探究し、動物への抑圧と他の社会的不正義とのつながりを認識していたことは改めて確認しておきたい。

では、アニメから実写映画『101』、『102』において道徳的、倫理的に悪の象徴として描かれてきたクルエラは、なぜ『クルエラ』では、動物を虐待する女性として描かれなかったのだろうか。というのも、本作では、犬をはじめとする動物たちは、少女時代からクルエラとともに暮らし、バロネスを貶める仲間として活躍しているからだ。最後に、この問題について考えてみたい。

5 No Future の行方：クリエイティヴ・シティに生きる女性と動物たち

アニメ『101匹わんちゃん』を最初に実写化した映画『101』では、ダルメシアンをはじめとする動物たちはすべて本物だった。じっさい『101』には驚くべき数のダルメシアンの子犬たちが登場し、みな完璧に鍛錬されてまるで俳優のように演技をこなしている。また『クルエラ』では保護犬をトレーニングしてキャストとして迎え入れたという。だが、近年、ディズニーの実写映画に登場する動物たちは、『ダンボ』（2019年）、『ライオン・キング』（2019年）、そして『ジャングル・ブック』（2016年）など多くの場合、CGで製作されている。

たとえば、実写版『ダンボ』では、ダンボをはじめとするゾウたちはすべてCGで、野生の動物はいっさい使われていない。ティム・バートン監督によれば、野生動物を使うのは、正しいことだとは思えず、『ダンボ』のなかで実際に生きているのは犬と馬だけだという（バートン 2019）。それどころか、超実写といわれる『ライオン・キング』では、そもそも撮影現場そのものがVR空間のなかで行なわれた。リアルなカメラをヴァーチャルな空間のなかに置き、まるで実写映画を撮影するかのように製作すること。ジョン・ファヴロー監督は、この手法を「ヴァーチャル・プロダクション」と呼んだ。これにより、動き回る動物／キャラクターたちを至近距離で撮影することができ、現実のサバンナでも撮影できない最先端の映像世界を生み出すことができるというわけだ。

このように、近年、ディズニーの撮影現場には動物不在の動物映画が続々と誕生している。この動向は、結果としてかつてウォルト・ディズニーが切望した「本物よりも本物らしい」世界がテクノロジーによって実現しつつあるともいえる。だが、それはまた、リベラルな価値観に基づく「ポリティカル・コレクトネス（政治的公正）」を受けた、ディズニーの多様性への配慮として読まれるべきものでもある。

事実、『クルエラ』には、ヘビースモーカーだったかつてのクルエラに欠かせない煙草の喫煙シーンはいっさい存在しない。ディズニーは2007年以降、映画に喫煙シーンを取り入れることを禁じ、2015年以降は、ディズニー傘下のマーベルやピクサーでも喫煙シーンが制限されることになった。そしてまた、『クルエラ』のエンドロールには以下のようなメッセージが組み込まれている。

> どの犬にも愛情あふれる家庭があります。もしあなたがペットを飼う覚悟があるのなら、近くの動物保護団体を訪ねて、あなたにぴったりのペットを見つけることを検討してください。

このメッセージは、PETAの働きかけによってディズニーが盛り込んだ免責事項である。これについてPETA上級副会長リサ・ラングは、『クルエラ』が製作されていることを知り、かつて『101匹わんちゃん』のファンが買って捨てたとされるダルメシアンが動物保護施設に殺到したことをディズニーに思い起こさせるためだったと述べている（Colly 2021）。

こうしてディズニーのスクリーンからは、現実の動物が消え、これまでヴィランを構成してきた明確な「悪」もかたちを変えることになった。クルエラの「悪」は、「真」の悪を思わせるバロネスとの対比において、多様性への配慮を組み込みながらヴィランの意味を書き換え、「善」は「悪」に勝つというディズニーならではの構図を思わせる結末に行き着くことになる。そしてパンク・ムーヴメント真っ盛りの70年代のロンドンを舞台にすることで、アニメ『101匹わんちゃん』は、ポストフェミニズムの時代を生きるファッション界の女たちの物語へと再構成され、ロンドンもまたパンクを過去の遺産とするクリエイティヴ・シティとして息を吹き込まれていく。かつてセックス・ピストルズが「ノー・フューチャー」を叫んだロンドンは、クルエラの顔面に大きくステンシルされた「ザ・フューチャー」に向けて動き出し、そこでは、血縁とは無縁のポストファミリーを想起させる仲間たちとヴィランとの新たな生活が幕を開けることになる。とすれば、『クルエラ』は、そのスペクタクルでクールな光景とは裏腹に、ディズニーブランドの更新と、失われた過去の亡霊ならぬ、失われた未来の亡霊に取り憑かれたロンドンのために創出された

「資本主義リアリズム」の一つの行方なのかもしれない。

■ 参考文献リスト

井上太一, 2022,『動物倫理の最前線――批判的動物研究とは何か』人文書院
サヴェージ, J., 1998,『イングランズ・ドリーミング』シンコーミュージック
清水知子, 2013,『文化と暴力――揺曳するユニオンジャック』月曜社
バートン, T., 2019,「ティム・バートン、実写版『ダンボ』に野生動物はゼロ！奇妙な撮影風景」『シネマトゥデイ』〈https://www.cinematoday.jp/news/N0107818l（2024年6月3日最終閲覧）〉
山崎明子, 2023,『「ものづくり」のジェンダー格差――フェミナイズされた手仕事の言説をめぐって』人文書院
Adams, C. J., & Donovan, J. eds., 1995, *Animals and Women: Feminist Theoretical Explorations*, Duke University Press.
Colley, M., 2021, "'Cruella' Includes Pro-Adoption Disclaimer After PETA Push", *PETA* 〈https://www.peta.org/media/news-releases/cruella-includes-pro-adoption-disclaimer-after-peta-push/（2024年6月24日最終閲覧）〉
Gaarder, E., 2011. *Women and the Animal Rights Movement*, Rutgers University Press.
Kadlec, J., 2021, "Cruella de Vil Has a Long History With Fur. It Ends Now", *Glamour*. 〈https://www.glamour.com/story/cruella-de-vil-has-a-long-history-with-fur（2024年7月8日最終閲覧）〉
McRobbie, A., 1994, *Postmodernism and Popular Culture*, Routledge.
Parker, R., 2010, *The Subversive Stitch: Embroidery and the Making of the Feminine*, I.B. Tauris.
Russo, M., 1994, *The Female Grotesque: Risk, Excess and Modernity*, Routledge.
Seth, R., 2021,「『クルエラ』の衣装デザイナー、ジェニー・ビーヴァンが明かすコスチューム制作秘話。」*Vogue Japan*, 〈https://www.vogue.co.jp/celebrity/article/cruella-costume-designer-jenny-beavan-interview-cnihub〉

補章01

地理学的視点から見たアニメーション産業の地方展開とその動向

産業集積から分散への転換の可能性とその課題

大西 健太

1 アニメーション産業と地理学

アニメーション産業（以下、アニメ産業）は、本書が主として扱う社会学のみならず、多くの視点から研究がなされている。そのなかでも、本補章ではアニメ産業を地理学の視点から考えてみたい。とりわけ地理学では、産業集積に注目した研究が行われてきた。産業集積とは、同じ業種の企業が集中して立地する形態を指す。アニメ産業の場合、東京に全体の約90%が集中している。産業集積を構成するアニメ制作会社は、各工程を専門とする小規模の制作会社であり、数十人規模である。これらの制作会社間は対面接触が多く行われ、突発的な打ち合わせも行われる。また、完成した原画などの半製品の回収が必要なため、企業間の近接性が重視された。その結果、多くのアニメ制作会社が東京に立地している。

これまで地理学では、産業集積の要因やメカニズムに関する研究が行われており、集積内の分業構造（半澤 2016）や集積が引き起こす大都市の創造性（山本 2018）に関する研究が行われてきた。このように、地理学では産業集積に注目した研究が行われてきたが、アニメ制作会社の立地にも変化がみられている。近年では地方展開が顕著にみられるようになり、「集積」から「分散」へと転換しつつある。そのため本補章ではアニメ産業の地方展開に注目し、その背景や動向を整理したい。

2 アニメ産業の立地形態と変容

1950年から1960年にかけて、東映動画（現東映アニメーション）や虫プロダクションが練馬区にスタジオを設立した。その後、関連する多くの制作会社が設立され、比較的地代の安い、練馬区や杉並区など東京西部に産業集積が形成された。

1990年頃になると、国内のアニメ制作会社が韓国や中国に拠点を作り、国際分業を行うようになった（山本 2009）。韓国ではソウルに拠点が多く存在し、アニメ制作会社数社からなる互助組織による航空輸送（協会便）や、日韓アニメ制作会社間の輸送を専門とする企業による航空輸送（企業便）によって制作物のやり取りが行われてきた（山本 2008）。

次第にアニメ制作の分業先を東南アジアなどへ拡大を続けていくと、アニメーターに支払う賃金水準が高くなった。また、動画工程を中心に国外への依存度が高まり、国内で賄える動画の枚数が激減した。このように国際分業が進んだ結果、アニメ制作は海外情勢に大きく左右されることとなり、COVID-19のパンデミックの際には制作に多くの不都合が生じた。以上の点から、近年、国内回帰の動きがみられている。

3 アニメ産業の地方展開とその要因

第2節でふれたような事情から、近年、秋田県や高知県、鹿児島県など、地方圏にアニメ制作の拠点を設ける事例がみられるようになった。こうした背景には、東京における不利益の増大や、地方展開を支える技術革新がある。

東京における不利益としては、集積のロックイン効果が指摘されている（半澤 2022）。集積内では合理性よりも関係性が重視される以上、新たな取り組みを始めようとしても、関係する他企業の同意が必要になる。その結果、企業間のしがらみや慣習にとらわれて自由な企業戦略を進めることができず、東京から距離をとることで自由な企業戦略を行うことのできる企業が増えている。

筆者は、アニメ制作会社に聞き取り調査[1)]を行い、地方展開のさらなる要因を明らかにしようと試みた。聞き取り調査からさまざまな要因が明らかになったが、本補章ではとくに人材に関する問題に注目したい。とりわけアニメ産業では、慢性的な人材不足が続いている。この人材不足は単なる人材不足だけでなく、集積内の労働力の流動性に起因する問題によっても生じている。

アニメーターの大半はフリーランサーであり、会社間を移動して制作を行ってい

1）2023年6月から12月にかけて、集積内外に位置するアニメ制作会社10社および業界関連団体を対象に聞き取り調査を実施した。紙幅の制約により具体的な調査結果の記載は省略するが、得られたデータを基に地方展開の動向を整理し、その内容を記載した。

る[2)]。古典的経済地理学では、近隣に多くの企業が存在することは、失業時に同じスキルを必要とする他企業に移籍しやすくなるため、集積による利益と捉えてきた(Marshall 1890)。一方で、フリーランサーが主体のアニメ産業の場合、同様の利益を受けられるものの、会社内の技術力の維持には大きな影響を与える。具体的にいえば、人材の入れ替わりが激しいため、技術力にばらつきが生じやすくなる。そのため、近年では「人材を囲う」という動きがみられている。すなわち、アニメーターを正社員雇用や拘束契約をすることで、人材を社内に固定している。アニメーターを固定することは、技術力を安定させるという点で利益をもたらすが、柔軟な人材集めが難しくなるため、労働力の調達には変化がみられる。

こうした労働力の流動性の高さから、東京では「人材育成のジレンマ」が生じている。これは、人材を育成しても他社に労働力が流れてしまい、育成への投資に見合った還元が見込まれないことが原因で生じる。つまり、人材育成を行わなければ、質の高いアニメを制作できないという認識があったとしても、人材育成に多くの投資をすることができない状況に陥っているのである。特に専門スタジオなどの小規模な制作会社では、それが顕著である。

以上のような人材に関する諸問題を解決するために、地方圏に会社を構える動きがみられている。地方圏では、周囲に同業他社が少ないことから、人材の流出を避けられるため、人材育成に時間をかけることができる。また、安定した技術力を維持することができ、会社としてのブランドの形成にも有効である。ただし、地方圏と東京では労働市場の規模や技術水準に差がみられるため、長期的なビジョンで人材育成を行っていく必要がある。

こういった地方展開を支えているのが、デジタル化やリモート化などの技術革新である。これまでは、大半が紙を用いた作画であり、工程間移動の際に現物の輸送を行ってきた。そのため、近接性が重視され、東京から離れることを難しくしていた。しかし、デジタル化やリモート化によりインターネット上でのやりとりが可能になると、作業場所の自由化が進み、遠隔地であっても滞りなくアニメ制作ができるようになった。実際に、地方圏に展開している会社の多くはデジタルで制作を行っている。

このように、アニメ産業では東京に集積する立地形態を保ちつつ、国際分業や地

2）日本アニメーター・演出協会が調査を行った「アニメーション制作者実態調査報告書 2019」によれば、作品契約をしている人の割合は 43.6%、カット契約している人の割合 は 21.1%であり、半数以上が作品を軸とした契約を結んでいる。

方展開を行うことで、制作上のさまざまな課題に対応してきた。では、地方圏で制作を行っている会社は具体的にどのような制作活動を行っているのか。

4 地方圏におけるアニメ制作現場

ここでは、地方圏での動向を把握するために、筆者が行った聞き取り調査に基づき、その進出動機や経済活動の特徴、課題を明らかにする。

地方圏への進出動機は個人的動機と戦略的動機の二つに分けられる。

個人的動機は、経営者やベテランアニメーターの里帰りや転居がきっかけで展開を行っている場合である。具体的には、何らかの理由で地方圏に転居しなければならない場合に、その地で新たに制作会社を開設することである。たとえばベテランアニメーターの場合、制作スタッフがつながりを維持することで、仕事の分配がされ、転居しても制作を続けている場合がある。一方で、プロデューサーの場合、地方でスタジオや子会社を設立することを東京の制作会社から提案されることがある。

戦略的動機は、人材獲得や周辺環境のよさなど、地方展開に目的を持ったうえで展開を行っている場合である。そのなかでもとくに、補助金がある自治体が多く選定されていた。ただし、補助金のある自治体は多く、それらのなかから選定することは難しい。現状、行政による支援策は各自治体が独自に行っているものが多く、業界内に知れ渡っているものはわずかである。そのため、自治体と業界の情報共有がより進めば、さらなる地方圏への誘致や展開が進むだろう。

では、地方展開を行うことで享受できる利益には何があるのだろうか。最大の利益は、集積内の人材問題が解消されることである。

まず、東京で生じている激しい人材獲得競争から距離を置くことができる。地方には、さまざまな理由から東京に出ることができないアニメーター志望者が多くいる。こういった人材を確保することで、過度の人材の取り合いを避けることができる。また、近隣に同業者が少ないことで、人材を社内に定着させることができる。そのため、人材育成のジレンマに陥らず、自社内で人材育成プログラムを作成し、活用することができる。このことは、安定した技術力の提供につながる。

他にも、生活費や固定費の低さがある。多くの自治体が補助金を出していることから、制作会社にとっても賃借料や雇用に関する費用などを抑えることができ、インキュベーション施設の提供や雇用に関する補助金などを得ている。

以上のように、地方圏での制作活動には特有の利益があるが、その裏返しとしての不利益もみられた。たとえば、周辺に同業者が少ないことは利益になるが、相談相手が居ないと捉えると不利益になる。このように、集積の利益を得られない点が地方圏における不利益であり、これは不可避的に生じる。

ここまで、地方展開による利益や不利益を整理したが、制作活動の根本は経済活動にある。したがって、経済活動を類型化することでその特徴を把握したい。

まず、地方圏における経済活動は大きく二つに分けられる。その基準として、商品市場の位置を本補章では採用する。なぜならば、商品市場の位置によって、その経済活動の効果や特徴が大きく異なるからである。商品市場が、制作会社の立地する地域に存在する場合、地域内での経済循環が生じ、地域経済が活性化される。一方で、商品市場が地域内に存在しない場合、地域経済への影響は雇用を生み出すことに限られる。基本的にテレビアニメの企画立案は東京で行われているため、その商品市場も東京にある。そのため、多くが東京の仕事を請けることになるが、そのなかでも東京にある本社の仕事のみを請けている拠点を「地方サテライトスタジオ」とここでは定義しておく。一方で、地方に新たな市場を形成し、地方圏でも経済活動を行っている会社もある。こういった、東京以外の仕事も請けている拠点を「地方制作会社」とここでは定義する。

地方制作会社は、東京以外にも市場を確保していることで、その経済活動は地域に結びついている。たとえば、九州地方に立地する制作会社Aは、地元企業のコマーシャルに使うアニメや映像広告などの制作を担い、利益を得ている。一方、テレビで放映されるようなオリジナルアニメの制作はまだ行われていない。この理由として、資金確保に関する課題が挙げられる。とりわけ地方圏では、巨額な制作費を集めるシステムが構築されていない。筆者の調査によれば、一話あたり3000万円以上かかるため、巨額な資金の調達が必要になる。また、放映されるまで利益の大きさが見込めないものにどのように投資してもらえるかが大きな課題となっている。

それに対して、地方サテライトスタジオは資金調達には苦慮しない。なぜならば、東京の本社や取引先が支払いを行ってくれるため、資金調達をする必要がないからである。たとえば東北地方に立地する制作会社Bは東京にある本社の仕事のみを請けており、県内の仕事は請けていない。そのため、経営的には安定しているが、東京の本社が倒産した場合は共倒れするリスクがある。

このように二分される地方のアニメ制作拠点であるが、ほとんどが地方サテライトスタジオであるのが現状だ。そのため東京の仕事を、場所を変えて行っていることにすぎず、現時点では地方が東京の下請けになる構造ができている。

5 今後の展望

以上を踏まえて、地方展開における現状の課題や今後の展望について言及したい。以前に比べデジタル化が進行したことで、東京から離れた地であっても制作がしやすくなった。そのため、今後も地方展開は増加することが予想される。ただし、東京の市場による影響力が強いため、京都アニメーションやピーエーワークス（P.A.WORKS）のような元請製作会社がすぐに増加するとは考え難い。もちろん、地方の制作会社のなかには、雇用数を積極的に増やし、地方発のオリジナルアニメ制作を視野に入れている会社も多い。そのため、長期的にその変化をみる必要がある。

地方展開における最大の課題は、高額な制作費の集め方である。近年では、クラウドファンディングを用いた資金集めも行われており、ファンと共にアニメ制作をするという新たな取り組みが生まれた。しかしながらこういった取り組みは、個人から集められる金額に限界があるため、現状ではファン・イベントやショートコミックの作成に留まっている。そのため、制作費を集める新たなシステムが求められる。

アニメ産業の場合、立地に際して波及効果が見込まれる。たとえば、コンテンツツーリズムやアニメ・イベントの開催がある。とりわけ、コンテンツツーリズムに関する研究は聖地巡礼やファン行動など「消費」側に焦点を当ててきた。さらにいえば、その起源は作品にあることが多く、制作会社の展開との関連性に関する言及がなされることは少ない。つまり、アニメ産業の地方展開に起因する「消費」側の波及効果も考える必要がある。コンテンツを利用した取り組みが行われれば、地域内の他産業にも影響を与える。徳島県の「マチ☆アソビ」や富山県の「湯涌ぼんぼり祭り」がその例である。こういった事象に対する研究の進展は、地方展開を学術的に捉えるうえで重要になる。

最後に、アニメ産業の地方展開を「生産」「消費」の両側面からまとめたい。

「生産」の面から考えれば、東京で起こっている人材問題を避け、自由な経済活動を行うことができる。さらに、人材を囲うことができるため安定した技術力の維持が期待できる。しかし、元請としてオリジナルアニメの製作を行うには、制作費の調達が難しく、現状としては東京の下請けとして機能している。

「消費」の面から考えれば、アニメ産業の立地は各制作会社の雇用数が少ないため、大きい雇用を生み出さないが、地域に付加価値を与える可能性がある。その価値はコンテンツを利用した諸活動によってもたらされ、観光需要などの消費行動を誘引する。しかし、その地域のイメージの上書きをする場合もあり、本来の地域イメージと対立する可能性も考えなければならない。

これら二つの側面を踏まえて、アニメ産業の地方展開を助長するには、アニメ産業への理解と支援が重要になることがわかる。アニメ産業の慣習や関係特殊性に立脚する取引関係への理解はもちろん、アニメ市場の動向も注視する必要がある。さらに、行政などのホスト側のニーズとアニメ産業の求める支援がうまくマッチするような援助が求められる。今後はこういった政策や地域経済に注目した研究が必要になるだろう。

【付　記】
本補章は、2023年度日本地理学会春季学術大会「アニメーション産業集積における外部不経済の進行」及び2023年度日本地理学会秋季学術大会「地方圏におけるアニメーション制作現場の課題と展望」における筆者の報告に更なる知見を加え、新たに書き起こした。

■ 参考文献リスト

半澤誠司, 2016,『コンテンツ産業とイノベーション――テレビ・アニメ・ゲーム産業の集積』勁草書房
半澤誠司, 2022,「コンテンツ産業の集積」松原宏編『新経済地理学概論』原書房, pp. 177–207.
山本健太, 2008,「ソウルにおけるアニメーション産業の集積と特質――国際分業および労働市場に着目して」『季刊地理学』60(4), 185–206.
山本健太, 2009,「上海地域におけるアニメーション産業の集積構造――海外依存型企業の事例を中心に」『地理科学』64(4), 228–249.
山本健太, 2018,「大都市の創造性とアニメーションスタジオの役割」『都市地理学』13, 37–47.
Marshall, A. 1890., *Principles of Economics*, Macmillan.

第1部
第2部
第3部

第3部
表象とメディア空間

第11章

フランスにおける日本製アニメの放映状況と視聴の記憶

フランスの「ドラゴンボール世代」の経験から

雪村 まゆみ

1 フランスの「ドラゴンボール世代」とは

第2次世界大戦期、映画製作を行っていた国家では、国家による支援によってアニメ制作が花開いたことが指摘されている（Roffat 2005；雪村 2007）。日本においても戦時期、アニメの「大衆性」、「言葉の障壁を超える」という特徴に着目して、プロパガンダとしてのアニメ制作が行われた。戦後は、国家の支援がなくなるなか、戦時下で、アニメ制作に携わっていた人びとが集結し、東映動画（現・東映アニメーション）が組織化された。1958年には、日本初の長編カラーアニメの『白蛇伝』が制作され、世界の称賛を得た。

一方、フランスは、アニメーション史において、世界初のアニメが制作された国とされており、第二次世界大戦期には、アニメ制作が組織的に行われていたが、戦後は組織的な制作が継続的に行われていたとはいえない。フランスの放送事業については、戦後も国家主導で運営されていた期間が長く続き、先進国のなかでもテレビの普及のスピードが比較的遅かった点が特徴的である[1)]。フランスでは、1980年代以降、テレビ放映の民営化が進められるなか、日本のアニメ番組を多数放映し、人気を博していた。このように日本のアニメが海外で大量に放映された背景には、安価に輸出されていたということがこれまで指摘されてきた。たしかに当時、フランスでアニメを制作すると、1分あたり約3万～4万フランかかるのに対して、日本のアニメを購入すると、1分あたり1000～2000フラン[2)]といわれていた（大場

1）フランスにおいてテレビの世帯普及率が5割を超えるのは1960年代末で、9割に迫るのは1989年であった（松村 2022：89）。

2）1フラン50円前後、フランス国内でのアニメ制作は、（1分あたり）約3万5000フラン（当時70万円）、日本アニメは、1話1万フラン（20万円）と、制作費の差は歴然としていた（川竹 1983）。

2017：138)。後述するが、日本においても制作費の赤字を補填するために海外に販路を開拓する必要があったため、需要と供給がうまく合致したということは見逃せないが、その普及の要因を、コスト的側面だけに帰することでは説明できない部分があるのも確かである。

本章では、フランスにおいて国営放送が民営化していく過程で、いかにして日本製アニメが番組編成のなかで求められていったのか、問うていきたい。政治的背景、事業展開といった構造的な問題を概観したうえで、当時の子どもたちがどのように日本のアニメに出合い、そして熱狂していったのか、彼らの記憶を記述する。トリスタン・ブルネによる『水曜日のアニメが待ち遠しい――日本サブカルチャーの魅力を解き明かす』という著作において、いかにして日本のアニメがフランスで放映されたのか、自身の経験をもとに論じられており、日本のアニメの視聴者としての経験を知るうえで重要な言説に位置づけられる。1976年生まれのブルネは幼少期から日本のアニメとともに成長し、『北斗の拳』の仏語訳もしており、長く日本の漫画やアニメの趨勢をみてきた人物で、日本製アニメの視聴者の第一世代といえる。フランスでの日本製アニメ放映の実情については後述するが、1972年に放映が開始され、1975年『水曜日の訪問者（*Les Visiters du Mercredi*）』、1978年『レクレA2（*Récré A2*）』に続き、1987年から『クラブ・ドロテ』が始まり、十数年のあいだに日本製アニメが放映される量がぐんぐん増加する。アニメが日常のなかに浸透している時期に幼少期をすごすという点で、おおむね1980年代初期生まれは、日本製アニメの視聴者の第二世代といえよう。第一、第二世代は連続的であり時代を共有している部分もあるが、第二世代は、すでに幼少期から日本のアニメのテレビ放映が日常化している世代と特徴づけられる。第二世代は、世界的にも人気を博した『ドラゴンボール（*Dragon Ball*）』に熱狂した世代といえるため、本章ではこの世代を「ドラゴンボール世代」とよびたい。『ドラゴンボール』は、世界中にファンがいる作品であり、2024年、原作者の鳥山氏の訃報は世界中の主要紙で報じられた。フランスにおいても、ル・モンド紙において、2019年、フランスの芸術文化勲章を受賞したことや、代表作の『Dr.スランプ アラレちゃん（*Dr. Slump*）』、『ドラゴンボール』について言及されている[3]。さらにはフランスにおけるドラゴンボールの影響については、『ドラゴンボール

---

3) Mort d'Akira Toriyama, créateur du manga culte «Dragon Ball» le monde（2024年3月8日）〈https://www.lemonde.fr/disparitions/article/2024/03/08/mort-d-akira-toriyama-createur-du-manga-culte-dragon-ball_6220822_3382.html（2024年6月5日最終閲覧）〉

――フランスにおける歴史（*Dragon Ball une Histoire Française*）』（2021年）という研究書も出版されているほどである[4)]。

本章ではまず、フランスの放送業界の民営化について概観したうえで、この環境のなか幼少期を過ごした第一世代のブルネ氏の経験をみていく。加えて、ドラゴンボール世代のアニメ視聴経験について聞き取り調査を行い、その記憶を記録し、いかにして日本製アニメが受容されたのか考察したい。『ドラゴンボール』は同時代的に世界で視聴されており、フランスのみならず日本のアニメを幼少期から視聴している世代に共通する経験となっていたと推察できる。

2　日本製アニメの海外戦略

1963年、日本においては初のテレビアニメシリーズとなる『鉄腕アトム』が放映された。『鉄腕アトム』は原作者である手塚治虫が創設した虫プロダクションによって制作され、明治製菓の一社提供による作品であったが、当時、1本の制作費に約250万円がかかっているのに対して、放送局から支払われる放映権料は55万円にすぎず、赤字が累積していく状況であった。そこで、その赤字を補填するために、キャラクター使用料の支払いシステムの確立、海賊商品の取り締まりを行うことで、『鉄腕アトム』の「権利収入は瞬く間に1億数千万円を超えた」という（大場 2017：57-58）。また、日本国内にとどまらず、海外への販売も重要視された。当時、海外展開を主導した広告代理店であるビデオプロモーション社長の藤田潔は、日本の「アニメは無国籍」という点に着目し、国際流通の可能性を確信した（大場 2017：58）。結果として、『鉄腕アトム』はアメリカにおいて、『アストロ・ボーイ（*Astro Boy*）』として人気を博し、英語版のみならず、フランス語版、スペイン語版も制作され、西欧やアフリカ、中南米でも放映されることとなった（大場 2017：60）。こうして1960年代は日本のアニメの、第一次アニメブームとなった（大場 2017：62）。しかし、1960年代末のアメリカでの不振を受けて、1970年代後半からはヨーロッパやアジアが新たな市場として台頭してくる（大場 2017：136）。とくにヨーロッパのなかでもフランス、イタリアにおいては、多くの日本のアニメが放映されることとなり、人気を博

4）日本製アニメの受容に関しては、*L'Animation Japonaise en France: Réceptions, Diffusions, Réappropriations*（『フランスにかおける日本のアニメ――受容、普及、再適用』）が出版されており、『グレンダイザー』や『ドラゴンボール』、スタジオジブリ作品などの具体的なアニメ作品のフランスにおける受容が、フランス人研究者によって考察されている。

していた。「1970年代中盤以降のアニメ番組では「アルプスの少女ハイジ」(Heidi) など、ヨーロッパの児童文学作品を原作に持つ作品も積極的に海外へ販売されていた」。ハイジは30か国に輸出されており、ヨーロッパの視聴者にとっては、原作がよく知られている作品であると同時に、描かれている背景や人物描写に違和感を持たなかったという点が挙げられる(大場 2017：141)。

3 フランスにおける日本製アニメの放映

3-1 放送事業の民営化

フランスでは、ヴィシー政権期にはドイツの占領下で、民間ラジオ放送が停止し、戦後の放送事業は国家の管理下で始まったため、第2次世界大戦後の臨時政権であったド・ゴール政権下での、テレビ放映は国家によって主導された。フランス政府が管理、統制する公共放送であるフランスラジオ放送(Radiodiffusion française) は、1949年にテレビ事業を加えて、フランス・ラジオ・テレビ放送(Radiodiffusion télévision française)となる(松村 2022：87)。アルジェリア独立戦争が勃発するなか、テレビは「国民を文化的に教育し、国民を団結させ、政府の伝えたい政治メッセージを伝える」プロパガンダの役割を担っていたのである。その後、1964年に政府が直接管轄しないフランス放送協会(Office de Radioffusion télévision française)が設立されるが、政府が組織の人事に関与するなど、実質的には放送業界の自由化とはほど遠く、政府がテレビ放映に関する実権を掌握し続けていた。その状況が大きく変わろうとするのは、1980年代に入ってからである。

フランスでは、1981年、大統領選挙において、「放送の自由化」が重要な争点の一つとなり、自由ラジオの公認を掲げる社会党のミッテランが社会党初の大統領となった。そして、「放送の自由」を認める1982年法が成立したのである(松村 2022：88)。この自由主義的な転換を受け、1980年代、90年代においては、テレビ放送は国家の独占的な運営から急激に民営化がおしすすめられ、メディア史的観点においても大きな変化がもたらされたといえる(松村 2022：85)。社会党政権は長くは続かず、1986年には再び保守党のジャック・シラクが政権を担うが、「通信の自由に関する法律(1986年法)」が成立し、メディアの民営化の勢いはますます加速する(清谷 2009：44)。1984年には、カナル・プリュス(Canal +)という有料ケーブルテレビの放映が開始され、1986年、第5チャンネル(ラ・サンク)、第6チャンネル(TV6) といった二つのチャンネルが増加し、1987年から民営化した。さらには、1987年、フランス国営第1チャンネル（Télévision Française 1、以下、TF1）も民営化することとなった（松村 2022：88）。1980年代後半以降は、「民間テレビ局の開局でテレビ放送は自由化と市場競争の時代へと突入する」のである（松村 2022：89）。実際、民営化したTF1は、「他局との競争、視聴率、コスト計算など、市場主義的な思想で番組づくりや編成を考えることを迫られてい」た（松村 2022：89）。放送局が民営化されることによって、意識されたのは視聴率であり、その結果、「多くの視聴者を惹きつけるための大衆的な番組づくりやその成功が注目されていた」と指摘されている（松村 2022：90）。視聴率に関しては、国家が視聴行動について調査していたが、1975年からは、放送局と広告主が独立して交渉できるようになり、「放送局間の視聴率競争が顕在化」した（松村 2022：90）。

しかし、フランスにおいてすぐに放送時間を埋めるだけの番組制作がなされたわけではなかった。かつてのようにニュースや討論番組ばかりを放映していては視聴率が伸びない。番組制作能力が伴わず、外国からの輸入番組が激増することになる。1988年、TF1における「フランスおよびヨーロッパ（EC）で製作された番組」は37.1％と既定の7割に到底到達せず、CNCL（Commission National de la Communication et des lidertés：通信と自由に関する全国委員会）より処罰の対象として通達されている（桜井 1993：129）。CNCLとは、1987年にTF1が民営化する際に放送内容を確認するために設立された組織で、政権の影響を強く受けていた（ブルネ 2015：104）。また、アメリカ製のドラマや映画の増加は暴力シーンの氾濫とも指摘されていた（桜井 1993：129）。

ここで重要なことは、視聴者としての子どもの発見といえるのではないだろうか。つまり、戦後しばらくは国家によって主導され、国家意識を醸成するための装置として位置づけることができるが、テレビの民営化が進むにつれて、広告収入をいかに得るのかということが重要な課題となる。消費社会の到来とともに、女性や子どもの嗜好が意識され、視聴者となりうる存在が発掘される。

3-2　日本製アニメの放映枠の拡大

国営第一チャンネルの基礎となる放送局は、1935年開業で、1939年から1945年の間は、当時のヴィシー政権がプロパガンダ放映に使用していた。1963年に国営第二チャンネルの前身、1972年には地方ローカル局の側面をもつ国営第三チャンネルの前身が誕生した。したがって、当時は国営放送のみであり、「人々にチャンネルの選択肢がほとんどなかった」（ブルネ 2015：30）。1970年代、国営放送において重要視されたのが子ども番組である。国営第1チャンネルでは、1972年から『新ジャングル大帝 進めレオ！（*Le roi Léo*）』、1974年から『リボンの騎士（*Princesse Saphir*）』が、続いて国営第二チャンネルでは『UFOロボ　グレンダイザー（*Goldorak*）』（以下、『グレンダイザー』）が放映され爆発的な人気を博していた。

当時、フランスの小学校は水曜日が休みとなっており、水曜日をいかに過ごすかは家庭に委ねられていた。TF1は、1975年から毎週水曜日13：30から5時間にわたり『水曜日の訪問者』という幼児・児童向けの番組を開始し、教育番組やアメリカ製アニメを放映した（ブルネ 2015：32）。当時の日本アニメの受容について論じている著書のタイトルが『水曜日のアニメが待ち遠しい』というのはこのような背景がある。国営第一チャンネルにおけるアニメ人気を踏まえて、国営第二チャンネルでは、1978年夏より、子ども向けの歌や教育企画、アニメで構成された『レクレA2』という新たな番組を開始した（ブルネ 2015：35）。この番組の司会者にドロテが抜擢され、大人気司会者となり、番組の放送枠も拡大され、ほとんど毎日放映される大人気番組へと成長していく。また、『レクレ A2』とともに放映が開始された『グレンダイザー』もまた「爆発的な人気を獲得した」（ブルネ 2015：37）。日本のアニメがフランスの子どもたちに人気があるという確証が得られたことで、『レクレ A2』では、『キャプテンハーロック（*Albator*）』や『キャンディ♡キャンディ（*Candy*）』といった作品が次々に放映されることとなり、大ヒットした（ブルネ 2015：38）。ブルネは、これを「レクレ A2の逆襲」と称し、『レクレ A2』が「日本アニメの普及の最も重要な源泉」と指摘している（ブルネ 2015：35）。加えて、国営第一チャンネルにおいても、78年より『ハイジ』、80年より『ガッチャマン（*La bataille des Planètes*）』が放映され、三つしかないテレビ局において、日本製アニメが定期的に放映される状況となったのである。

とりわけ、フランス国営第1チャンネルの民営化は、日本のアニメ受容において、非常に大きな役割を果たした。というのも、民営化したTF1は、大手建設会社ブイーグ（Bouygues）によって運営されており、豊富な資金源を有していた。TF1の放送部長であったジャック・ムソーは、「同じジャンルの番組でより面白いものを提供する必要性、大衆を惹きつける映画やバラエティ番組の必要性」、また最高の司会者やディレクターを引き抜き、彼らの最大値を引き出すこと」の重要性を指摘している（松村 2022：89）。実際、その資金源を背景として、『レクレ A2』で人気を博していたドロテを引き抜き、『クラブ・ドロテ』という新番組を企画したのである（ブルネ 2015：78–79）。1987年に開始された『クラブ・ドロテ』では、日本のアニメも数多く放映され、結果的にこの番組を通じて日本製アニメが子どもたちの間で人気を博していく。

従来、フランスではほとんどのアニメがアメリカ経由で入ってきていたが、放送時間の拡充を受けて、ドロテとアベプロダクション[5)]は直接日本から『ドラゴンボール』や『聖闘士星矢』などアニメ番組の版権を買い取ることとなった（清谷 2009：45-46）。

4　アニメ視聴の記憶の記録

4-1　アニメ視聴経験の世代の微妙な差異？

『水曜日が待ち遠しい』の著者であるブルネは、1976年、パリの東に位置するマルヌ＝ラ＝ヴァレ地域のトルシーという街に生まれる。ここは、1970年代の都市計画で人工的に作られた街で、アルジェリアなどの旧植民地からの移民を受け入れるための居住地と、戦後の経済成長のなか誕生した経済的に余力のある中間階層の居住地を融合した街である。階層ごとに居住地域が明確に区分されており、一軒家の集まる地域には中間階層、団地には移民がそれぞれ居住していた。ブルネの家庭は中間階層であり、この街に12歳まで居住していた。『水曜日が待ち遠しい』では、第一世代の著者による当時の記憶とフランス社会の特徴が踏まえられている。この著書のなかで、ジャパンエキスポの元スタッフであるアレクシーの経験を第二世代としているが、移民の子どもから、「ドラゴンボールの専門家」と呼ばれ、階層を超えた交流があったことが説明されている（ブルネ 2015：156）。

第一世代である自身とは、視聴したアニメのジャンルや他のメディアとの関係性に「些細ではあるけれど重要な違い」があるとしている（ブルネ 2015：153）。先述したように、テレビで日本製アニメが放映され始めた1972年以降、急速に子どもの世界に日本のアニメが浸透し、1987年から放映された『クラブ・ドロテ』によって、一気に日常化していく。次に1983年生まれのR氏の語り[6)]を通じて、第二世代の日本のアニメとの関わりについての記憶を記述したい。R氏は、当時、シャンベリー（サボア県）で過ごしており、地方都市における経験として位置づけられる。

4-2　日本製アニメとの出合い

アニメをテレビで視聴し始めたのは、5歳から6歳の幼児期との記憶なので、

5）ドロテのマネージャーが設立したテレビ制作会社。
6）インタビューは2023年10月15日に実施した。R氏のインタビュー時の年齢は40歳である。

1980年代後半から視聴していることになる。初めてみたアニメは思い出せないが、その一つのタイトルは、『太陽の子エステバン（*Les mystérieuses cités d'or*）』であったという。この作品は日仏合作で、日本ではNHKで放映され、フランスでは『レクレA2』で1982年6月から約1年間放映された。R氏は1983年生まれであるため、これらは再放送で視聴したと思われる。当時、人気のある作品は繰り返し再放送されていた。1978年に放映された『グレンダイザー』も再放送で視聴しており、人気があったという。たとえば、友人の誕生日会で、フランス語版の主題歌を流すほどであった。『グレンダイザー』は再放送されていたため、「前の世代がみていたもの」と捉えられていた。小学生になってからは、1987年から放映された『クロブ・ドロテ』も見始め、そこでいろいろな作品に出合う。

前述したように、フランスでは水曜日の午後は学校が休みになるので、それに合わせてアニメ番組が放映されていた。R氏の場合も両親は共働きで、学校から帰宅すると、近くの祖父母の家に預けられていた。

> 確かな思い出じゃないけれど、土曜日は学校が午前中で終わったので、午後からはアニメをみていた。ただ、水曜日の番組のほうが、新しい話が放映されるので、友達もみな見ていた。

と回想する。また、『クラブ・ドロテ』で構成されているアニメは、日本のものだったが、なかでも、とくに『ドラゴンボール』を楽しみにしていたという。『ドラゴンボール』は、1988年3月2日から1994年まで、長期にわたって『クラブ・ドロテ』に組み込まれていた（Suvilay 2021：15）。これらは、日本ではフジテレビ系列で1986年2月26日から、1989年4月19日に放映されていたが、当時は日本で制作されたものという意識はなく、「とにかく気に入ってみていた」と力説しており、この世代において『ドラゴンボール』は爆発的な人気を誇っていたことが伝わってくる。

R氏によれば、『ドラゴンボール』の魅力は、ダイナミックで、主題がいろいろあってそれがよかった、『ドラゴンボール』の対決シーンのアクションが楽しかったという。男子の友人間でとくに人気があったのが『ドラゴンボール』だったが、ほかにも『聖闘士星矢（*Les Chevaliers du Zodiaque*, 1988-1990）』[7]、『北斗の拳（*Ken le*

7）フランスで初めに放映されたシリーズの放映年を記載した。

Survivant, 1983–1988)』、『シティハンター（*Nicky Larson*, 1987–1988)』なども人気があった。女子については、同じく『クラブ・ドロテ』のプログラムに組み込まれていた『セーラームーン（*Sailor Moon*, 1993–1997)』、ラ・サンクで放映されていた『アタッカー YOU!（*Jeanne et Serge*, 1987–1988)』など3種類くらいのコンテンツが人気があったというが、フランス製のアニメについては、次のように語っている。

> 当時はないね、フランス製のアニメは確かにあったけど、それは小さい子どもに向けていた。一つか二つ覚えてますけど。

フランス製は幼児向けのものが少しあるにすぎず、ほとんど印象に残っていないようである。同世代の友達との遊びのなかで話題になるアニメも、『ドラゴンボール』を筆頭に日本のものが多かったという。

4-3　キャラクターグッズ

R氏の場合、キャラクターグッズに関しては、幼いころは『ドラゴンボール』のカード、小さいフィギュア、ガチャポンみたいなものがあって、お小遣いで買っていたという。フランスでは、日本によくあるような、おかしのおまけのようなものはないようである。もう少し大きくなってから、『聖闘士星矢』のフィギュアなど、武器などのディテールがよいものがあったけれど、高価だったので一つだけ持っていた、という。『朝日新聞』の記事では、当時、パリにあるデパート、プランタンにおいて、一番売れている商品として、4000円から4500円の価格帯で販売される『聖闘士星矢』の合金模型が紹介されている。玩具メーカーであるバンダイ・フランスによれば、『聖闘士星矢』の玩具の販売は、テレビ放映を前提として計画されていた。1988年9月のテレビ放映以降、150万個以上が販売されている。フランスのおもちゃ市場は日本の三分の一ほどであるが、おもちゃ販売はアニメ放映に連動し増加しているのである。

一方で、ル・モンド系の教育雑誌『教育の世界』では、アベプロダクションとバンダイをとりあげ、テレビの公共性の後退と商業主義化が批判されている。1984年には94%の親が子どもにチャンネルを自由にさせない一方で、1987年には実に7～10歳の子どもたちの27%が登校前にアニメをみているという調査結果となっている（『朝日新聞』1989年8月9日、17面）。テレビ局の民営化は、日本のテレビアニメ放映数の増加に結びつき、子ども中心主義を加速化したといえる。

4-4　TV から VHS へ

R 氏によれば、幼少期から日本のアニメはテレビ放映で見ていたが、10 〜 12 歳くらいから VHS ビデオカセットでも見始めたという。テレビでは放映されないビデオのためのオリジナルエピソードもあって、それが目当てだったという。両親からの誕生日プレゼントで、ルクレールといったショッピングモールで購入した。VHS ビデオカセットはたくさんの種類があるわけではなかったが、『ドラゴンボール』の人気は非常に高かったので、ショッピングモールで購入することができた。これは 1993 年から 1995 年ごろからということになるが、次にふれるように 1980 年代後半から日本のアニメに対する批判が政治的に巻き起こり、1990 年代はテレビでのアニメの放映が減少傾向にあった。そのため、テレビの代わりとして VHS ビデオが選択されることとなったともいえる。そもそも VHS ビデオカセットは、1975 年に誕生し、そこまで着目されることなく小規模に販売されていたが、1995 年から「すべてが加速した」と指摘されている（Suvilay 2016：110）。1995 年は、『ドラゴンボール Z』の映画が大ヒットし、TF1 で放映されるテレビシリーズも記録を更新した年であった。そして、伝統的な企業もアニメの VHS ビデオ市場に登場したのである。映画館で放映されたことのない日本のオリジナルアニメも VHS として発売されることとなった（Suvilay 2016：110）。当時、字幕つきのビデオは 2000 本から 5000 本、吹替になれば、この倍となり、有名なアニメシリーズともなると 100000 本の発行数となる。多くの企業が設立され、VHS が大量販売されることによって、「新興市場といえる」VHS ビデオ市場は日本アニメによって「飽和状態になった」と指摘されるほどである（Suvilay 2016：110–111）。

4-5　親世代の反応

日本のアニメが人気を博する一方で、1988 年ごろから日本のアニメに関する「ジャパンバッシング」がなされるようになる。代表的な著書としては、社会党議員のセゴレーヌ・ロワイヤルによる『ザッピングする赤ちゃんにはもう、うんざり（*Le ras-le-bol des Bébés Zappeurs*）』（1989 年）が挙げられる。ベストセラーとなり、当時の親世代への影響は計り知れず、アニメが安心して見せられないテレビ番組と捉えられ始めるのである（ブルネ 2015：97）。当時はエリート層の支持を得て、広く一般的に広がっていたジャパンバッシングであるが、ロワイヤルが必ずしもアニメの本質を捉えていたわけではないと指摘されている（ブルネ 2015：103）。というのも、背景には、社会党と保守党の政治的闘争があったためである。社会党のロワイヤルの批判は、人気絶頂の『クラブ・ドロテ』を放映するTF1を民営化させたシラク政権率いる保守党への攻撃にすぎない。ジャパンバッシングのスローガンとして「ジャポニエズリ（Japoniaiserie）」という造語があるが、これに「日本の馬鹿馬鹿しいもの」という意味を与え、日本のアニメを批判的に捉えていた。この新しい意味を与えた人物は、社会党に近い場所にいた元記者エルヴェ・ブールジュで、95年よりCSA（視聴覚最高評議会、1989年に設立）の長として、日本アニメの検閲にあたった。CSAは1989年に誕生した組織で、前述のCNCLを前身としており、政局の影響を受けていた。このような日本アニメに批判的な人びとの声を載せる役割を果たしたメディアとして、新聞『リベラシオン』、雑誌『テレラマ』が挙げられるが、これらは社会党の支持者たちの愛読誌となっており、社会党に近い機関やメディアが日本アニメやTF1への批判を全面展開していったのである（ブルネ 2015：98-99）。

また、このジャパンバッシングは日本でも報じられており、『朝日新聞』では、CSAの青少年向け番組担当者のマリー・H・N・デプレ氏による「特にドラゴンボールはひどいわ。戦いや暴力シーンが多すぎます」という談話を紹介している（『朝日新聞』1992年10月26日朝刊）。

では、R氏の家庭は、どうであったか？　両親ともにアニメを観ることに反対はなかったという。母親は「大丈夫だった」し、父親も「同じ、ときどき、こんなん見てという感じに言われることはあった」が、日本のアニメへの批判を意識されることはなく、視聴を禁止されるということもなかった。ただ、日本のアニメを見ることを反対する家庭もあったのはあった、と。学校の教師のなかには一人か二人くらい、「日本のアニメはよくない」という教師もいたが、多くは特に反対することはなかった。そもそも学校で教師が日本のアニメの話をすることもあまりなかったという。

R氏の考えでは、ジャパンバッシングはきわめて政治的だったのではないかと思う、という。実際、1990年代はアニメのテレビ放送が激減し、受動的な作品体験の機会は減少した（ブルネ 2015：122）といわれているが、子どものころは気づかなかった。成長して、ドキュメンタリー番組をみていてジャパンバッシングについて知ったけれど、当時感じたことはなかったという程度のようだ。

大人の世界では、アニメは日本で製作されたものとして批判の対象となっていたのだが、子どもたちはこれらのアニメは日本製だという認識はあったのだろうか。『クラブ・ドロテ』では、これらのアニメ作品が日本で制作されていることや日本での買いつけの様子も放映され、ここで初めてアニメが日本で制作されていることを知ったという人も多くいただろう[8]（清谷 2009：46–47）。一方で、R 氏の場合はというと、「小さい時は日本の文化として意識せずにみていた」という。「日本に興味があったというわけではなく、アニメを見るだけということだ」。ただ、「人気が出て、人々は日本文化に興味を持つようになり、大人になって日本について、もっと知りたくなった」という。

『ドラゴンボール』も途中から日本で制作されたアニメと意識している。

> 悟空は、中国の文化も入っていたが、日本や中国という意識はとくになかった。12 歳くらいから日本製のアニメはおもしろいとか気づき始め、日本製のものをみるようになった。

と語っている。実際、『ドラゴンボール』の放映は中止されるものの、『ドラゴンボール』に関しては、漫画本で続きを知ることとなる。フランスで『ドラゴンボール』の漫画本が売り出されるのは 1993 年からで、R 氏も初めて購入した漫画本は『ドラゴンボール』という。ジャパンバッシングにより、テレビでの放映がなくなると、ファンたちはテレビから離れざるを得なくなり、独自に情報を収集しようとする。90 年代はファンの組織化が進む時期でもあったのだ（ブルネ 2015：122）。

5 おわりに

本章ではフランスにおける日本のアニメの受容について、1980 年代から 90 年代にかけて、フランスの子どもたちがどのようにしてテレビでアニメに熱狂し、遊びのなかに組み入れていたのかについて、述べてきた。テレビ放送局の民営化によってテレビの視聴率が重要となり、子どもたちに人気があるということが新しい価値になっていく。キャラクターグッズの売り上げや VHS ビデオカセットの普及とも連動し、アニメの人気が消費社会のなかで重要視されていくのである。

一方で、アニメの放映量の増加は、ジャパンバッシングに結びつくことになる。視聴している子どもやその親、学校の先生のすべてが批判的に捉えているわけでは

8）米国経由で入ってきたアニメのクレジットはアメリカ人とフランス人のみで紹介されることも少なくなかった（清谷 2009：47）

9）文化パス公式ホームページ Accéder à l'application pass Culture〈https://pass.culture.fr/nosapplications/（2024 年 6 月 5 日最終閲覧）〉

なく、テレビ放送局の民営化を進めた政党への批判を背景としたきわめて政治的な批判にすぎないが、結果としてテレビ放映が減少していくこととなる。幼少期には日本で制作されたものと意識せずに視聴していた子どもたちも、成長するにつれ、日本のアニメはおもしろいと認識するようになり、その考え方は今や定着している。R 氏は、幼児期にテレビで日本のアニメと出合ってからこれまで日本のアニメのファンであり続けている。それは特殊な趣味ではなく、ひろく一般的にありえるもので、現在、日本の漫画はすぐに翻訳されフランスでも人気を博している。とくに着目されているのが、フランス政府が配布する「文化パス（pass Culture）」を利用した漫画本の購入の増加である。マクロン大統領は若者の文化芸術活動を経済的に支援することを公約にしていたが、政府は若者（15 歳から 18 歳）を対象に「文化パス」を提供している。文化パスは、「誰でも利用できるモバイル・アプリケーションで、地域の文化情報やデジタル情報（書籍、コンサート、劇場、美術館、音楽レッスン、デジタル購読など）をまとめて提供するもの」であるが、対象者は 20 ユーロから 300 ユーロ分の文化的なサービスを受けることができる[9]。そして、この文化パスの使途として多くの若者が漫画本の購入を選択しているのである。漫画本の売り上げ増加によって、地方都市にも数件ある漫画専門店が盛況であるという。日本のアニメや漫画が世界で親しまれているといわれて久しいが、テレビを通じた受動的な消費の時代から、ファンがいかにしてそれらを組織化／個人化していくのか、インターネット時代の消費の在り方を踏まえて注視したい。

■参考文献リスト

大場吾郎, 2017,『テレビ番組海外展開 60 年史――文化交流とコンテンツビジネスの狭間で』人文書院

川竹和夫, 1983,『テレビのなかの外国文化』日本放送出版協会

桜井哲夫, 1993,『サン・イヴ街からの眺め――フランスの社会と文化』筑摩書房

清谷信一, 2009,『ル・オタク――フランスおたく物語』講談社

ブルネ, T., 2015,『水曜日のアニメが待ち遠しい――フランス人から見た日本サブカルチャーの魅力を解き明かす』誠文堂新光社

松村菜摘子, 2022,「戦後のフランス放送メディアの歴史社会学的分析――ジャーナリスティックな界の構造変化」『立命館産業社会論集』57(4), 85–101.

雪村まゆみ, 2007,「戦争とアニメーション――職業としてのアニメーターの誕生プロセスについての考察から」『ソシオロジ』52(1), 87–102.

Suvilay, B., 2016, Retour sur les debuts de la vente de cassettes video l'animation en France, M. Pruvost-Delaspre, J. Bouvard, & C. Allamand, eds., *L'Animation Japonaise en France: Réception, Diffusion, Réappropriations,* L'Harmattan, pp. 105–114.

Suvilay, B., 2021, *Dragon Ball une Histoire Française,* presse Universitaires de Liège.

Roffat, S. 2005, Animation et Propagande: les dessins animés pendant la seconde guerre mondiale, L'Harmattan.（ロファ, S., 2011, 古永真一・中島万紀子・原正人訳, 『アニメとプロパガンダ——第二次大戦期の映画と政治』法政大学出版会）

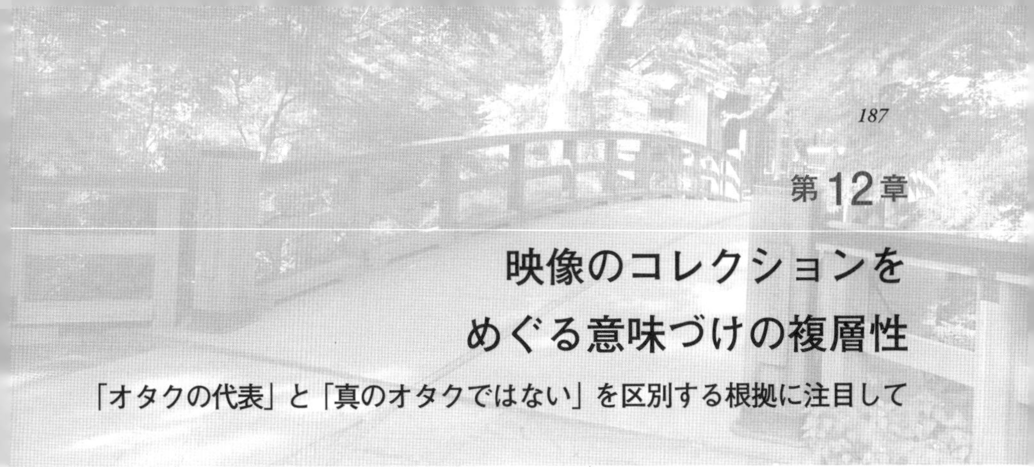

第12章

映像のコレクションをめぐる意味づけの複層性

「オタクの代表」と「真のオタクではない」を区別する根拠に注目して

永田 大輔

1 オタクの問題化とビデオ利用

1-1　1980年代におけるオタクの浮上

アニメが子ども向けとは限らない映像として広く受容されるきっかけは1970年代後半～1980年代であるといわれている。そうしたアニメ文化を愛好する若者たちはのちにオタクと呼ばれるカテゴリーの中心を占めることとなる。

しかし、当時放送を基盤としたテレビという映像文化を趣味として楽しむには一定の制約が存在していた。放送のリズムから離れて好きなタイミングで好きな映像を視ることが難しかったからである。その障壁を乗り越えるためには、好みの映像を利用する「アーカイブ」が必要となる。岡田（1996）が、映像を収蔵する装置であるビデオデッキと趣味について語り合い、現在放映されているアニメを一覧するための場としてのアニメ雑誌をオタク文化の重要な基盤に置いていたことは上記の傍証となるだろう。よいアーカイブをつくるには参考に足る目録（インデックス）が必要なのである。

同時に「オタク」は一般的な視聴者像・ファン像とは異なるものとして語られてきた。大澤（2006）は、世間一般にとって価値がないものと知りつつ、強くその対象にコミットメントしているのがオタクの特徴だとしている。オタク的な趣味文化が「世間一般には価値のないもの」として認識されるのは、そもそもその趣味文化が外部（世間一般）から見て独自な領域として形成されている必要がある。だがオタク文化を始めとするアニメ文化がどうして外部からは価値のないものに見えたのだろうか。本論はその問題を考えていきたい。

こうした議論を考えるうえで、参照点となるのが大塚（2004）の「新人類」と「おたく」を比較した以下の記述である。大塚は、既存の商品の組み合わせで自己を表現できたのが「新人類」であり、そうではなく「独自の市場」を作り出さざるを得なかったものが「おたく」だと大塚は位置づける（大塚 2004）。それではアニメ文化において「独自の市場」はどのように作り出されることになったのだろうか。その可能性とゆらぎをある事件についての語りの場とその背景となるビデオが利用されていた場から読み解いていくことが本章のねらいである。

1-2 オタクの社会問題化と二つの語り

オタクという言葉は1983年に中森明夫が、「「おたくらさぁ」なんて呼びかける」（『漫画ブリッコ』1983年7月1日：172）人びとを「発見」したことが起源だといわれる。これは互いのことを奇妙な呼称によって区分する行為を観察し、それを「おたくと呼ぶことに」したというものである。このようにして人口に膾炙することになったオタクという呼称は、元来その特異な行為の行為者をカテゴライズする言葉であった。しかしオタクという言葉が一般社会に浸透するまでには、1989年の東京・埼玉連続幼女誘拐殺人事件[1]（以下、連続幼女殺害事件）の加害者である宮﨑勤のビデオテープをコレクションした部屋がオタクというカテゴリーと関連づけられ社会問題化されることを待たなければならない。1989年に中森自身が「いちども耳にしたことのない」「“流行語”」を並べ、それらが記載された『現代用語の基礎知識』と『イミダス』に「おたく」という言葉が載ることがなかったことを振り返っている。

> 「ポンピュー族」「金ゴロー族」「こたつむり族」「出産ギリギリ族」「アンマリッヂ族」「仮面少女」「フライヤーズ」「新男類」……いちども耳にしたことのないこれらの“流行語”の数々を掲載している89年度版の『現代用語の基礎知識』『イミダス』には、「おたく」はもちろん、「おたく族」「オタッキー」の姿もない。（中森 1989：89）

同時に中森は、オタクという言葉がある事件をきっかけに社会問題化し、次巻以降はこの言葉が掲載されると予測している（中森 1989：89）。このように連続幼女殺害事件で、オタクというカテゴリーは一般に認知され、オタクと一般層との関係を問題にする必要が生じるようになった。この事件を契機として社会全体にオタクという言葉が浸透し、数々のオタク論が論じられるようになったことに着目した議論は多い。そのなかでも浅野（2013）は、オタクが若者語りの前線を形成してきたとし、

1）1988年から1989年に東京都および埼玉県で発生した、幼女を対象とした一連の連続殺害事件を指す。

「若者に見られる全般的な傾向を語る際に欠かせない象徴的なキーワードになっていく」（浅野 2013：104–105）とする。そしてオタクの姿が、批評的言論において「コミュニカティブな像」として語られつつも、マスメディアではコミュニケーション不全な存在として語られたと論じる。そのきっかけとなるのが宮﨑事件であるという。

浅野は、宮﨑勤に関しても「大塚英志がはっきり指摘したように、この青年はオタクであることにむしろ失敗していた」（浅野 2013：103）と述べている。しかし、「マスメディアによってある種の誇張を受けながら増殖する彼のイメージは、オタクの典型像として社会に流布していった」（浅野 2013：104）とし、宮﨑がオタクの代表としてネガティブに語られるのはマスメディアの報道の仕方の問題としており、この言論が発せられた文脈を脱文脈化している。

しかし、この事件の際に実際に注目されていたのはビデオの利用法であったことに本章では注目したい。ビデオテープをコレクションする営みは 80 年代にオタクと呼ばれることになる人びとのなかでも最も日常的な行為である。それと同時にビデオデッキは当時、普及率が爆発的に増加しており、ビデオはその他の多くの人びとにとっても、日常的に使用するメディアとなっていた。そして、オタクが社会問題化するきっかけとされる連続幼女殺害事件はまさに、この複数の水準での行為の意味づけが交錯する場面であったといえる。そこで本章では、こうした 80 年代のビデオ史の文脈を踏まえつつ、宮﨑をオタクの代表とみなす言説と宮﨑はオタクではなかったという言説の双方とそのメディア史的な条件を検討することにする。

ここで、いったん本章で行なう議論を整理してみよう。

宮﨑勤の自室から発見された約 6000 本のビデオテープが、オタクというカテゴリーに関係づけられる際に、宮﨑勤はマスメディアなどで「**オタクの代表**」として語られた一方で、宮﨑勤は「**真のオタク**」では**ない**という語りも批評家などの間で見られていた。

ビデオテープをコレクションするという一つの行為に対する評価として、事件の加害者がオタクであるかどうかについて二つの評価が存在したことは、オタクというカテゴリーを考察するうえで重要である。

本章ではこの二つの文脈性について、1989 年時点にビデオというメディアが持っていたメディア史的な条件のもとで、宮﨑勤のビデオテープのコレクションに対して、それぞれのアクターがどのように意味づけようとしたのかを考えてみたい。

2 「オタクの代表」の宮﨑勤

本節では、連続幼女殺害事件とビデオのコレクションを結びつけた報道について取り上げたい。

2-1 「証拠」としてのビデオ報道

そもそも宮﨑勤のビデオのコレクションは事件の「証拠」としても扱われた。そのため、ビデオを事件の客観的な証拠とする報道と事件の動機としてとりあげる報道の二通りの仕方でビデオのコレクションは報道されていた。

まず警察側がビデオに着目したのは、実際的な証拠としてだった。事件当日の足どりの資料として、彼が訪れるビデオ店が周辺にあったかどうかや、事件の当日にビデオカメラを借りていないかが焦点となった。宮﨑が、少女をビデオに撮ろうとして逮捕されたことから、証言が先行して物証が出ず、「合同捜査本部は、宮﨑の自宅から押収した約6,000本のビデオテープを分析して、宮﨑が犯行の過程でビデオを使っていなかったかどうか」(『朝日新聞』1989年8月16日夕刊)が問題となり、捜査の結果、次々と殺害した幼女を撮影したビデオテープが発見された。ただ、捜査において大規模に人員を割かなければならなかった理由は他にも存在する。

> ビデオは大半がテレビのアニメ番組などをダビングしたものだが、カセットの表題と中身が違っていることも多いため、21日からはビデオデッキを55台に増やし、分析作業を急いでいる。(『朝日新聞』1989年8月21日夕刊)

ここでは宮﨑のビデオテープが未整理であったために、目星をつけた捜索ができなかったことが指摘されている。この未整理という問題は一見些細なことに見えるかもしれないが重要な意味を持つ。くわしくは後に検討するが、宮﨑がオタクであるのか否かという論点が浮上した際に、ビデオテープが未整理であることが問題として取り上げられたからである。

そして、連続幼女殺害事件の報道でもう一つ見られたのが、彼の6000本に及ぶビデオテープが事件に直接の影響を与えたのではないかというものである。犯行に似た手口を用いている「ホラービデオ」が発掘されたことがしばしば重要な資料として報道され「こうした作品が何らかのヒントになって、宮﨑が残忍な犯行に走った可能性があるとして追及している」(『朝日新聞』1989年8月12日朝刊)などの報道がされた。

2-2　宮﨑勤とオタクの結びつき

事件の報道において、事件の証拠はもちろん、宮﨑一人の動機からも離れ、虚構に没入する若者たちといった事件の背景をある種の社会状況にまで拡張して説明を試みようとする語りが見られるようになる。

> ▼なま身の人間のつき合いでは、まず相手の立場を考える。時にはかけひきや妥協も必要だ。やりとりの間におたがい自尊心が傷つくこともある。[…略…] そうしたことは面倒だ、避けたい、と考える人が若い世代に増えている▼そこへゆくと映像、虚構、機械の領域では自分が想像の中で好きなようにふるまえる。近頃若い男性の中に、しっかりした独自の考えを持つ女性とのつき合いは苦手、というものが多いともいう。濃密な人間関係を避け、想像の中で欲望が大きくなると、はけ口は無抵抗な幼女に向かう。[…略…] だが、この青年も何かの被害者ではないのだろうか。それが何なのかわからないと、社会は落ち着けない、という事件だ。(『朝日新聞』1989年8月16日朝刊)

この記事では「なま身の人間」とのつき合いと、「想像の中」で自由に振る舞うことが対置され、そこで大人の女性と無抵抗な幼女がそれぞれ結びつけられる。そして、そうした問題と宮﨑が結びつけられ、「何かの被害者」として語られ、社会全体で考えねばならない問題とされる。その一方で、オタクという特殊な集団に結びつけられたことでもこの事件は知られる。

> この事件で、一躍、マスコミの表面に浮かび上がった言葉がある。「おたく」だ。アニメ、コミック、ゲームなどの熱狂的なファンで、その世界を共有しない他者とは、コミュニケーションを持ちたがらない、若者群を指す。かつて、彼らの間では相手を「おたく」と呼びあったのが、語源という。[…略…] 宮﨑被告の部屋の写真が与えたインパクトが、「おたく」という言葉と結びつき、多くの解釈や批判が、彼らの独特の行動パターンのあり方に集中した。「ビデオや他の映像メディアにのめり込みすぎ、虚実の境目がわからなくなった」と。(『朝日新聞』1990年1月6日夕刊)

前述のように世代への結びつけがなされる一方で、6000本というビデオテープとオタクという言葉が結びついていたことがわかる。さらに、「他の映像メディアにのめり込み」、「虚実の境目がわからなくなった」と、ほぼ上記の世代全体の拡張と同様のレトリックで語られつつも、「彼ら」というかたちで特定の集団を想定した議論が展開されている。これを検討するには、そもそもビデオというメディアになぜ負のまなざしが注がれたのかという、ビデオの社会的位置づけをめぐる問いをひとまず検討すべきである。

3 1989年におけるビデオの社会的位置づけと有徴性

1989年当時、ビデオの社会的位置づけはどのようなものであったか。1980年には2%程度だったビデオデッキの普及率は、89年には7割に迫っていた。つまり、ビデオを所有すること自体はこの時点では珍しいことではなくなっていた。では、7割近い普及率を誇るメディアが、有徴なものとされたのはいかにしてなのか。

ビデオの特性は、70年代に急速に普及したカラーテレビと比較するとその有徴性が明らかになる。カラーテレビが3Cとして、完全に家庭のイメージと結びついたのに対して、ビデオは個人で消費（鑑賞）するというイメージと結びついていた。そうした理由として、ビデオというメディアがアンダーグラウンドな環境で流通していたことと、家庭で十全に受容されていなかったことが挙げられる。

このアンダーグラウンドな市場というイメージは、当時のビデオ店の歴史的地位に由来する。1980年代中盤にレンタルビデオシステムを日本ビデオ協会が確立し、それまで法律的にグレーだった非加盟店に対して加盟店が増えて行くが[2)]、それでも長らく非加盟店が多い頃のイメージが残存していたのである。そのためビデオデッキ自体は普及しているが、ビデオというメディアはその普及率に比して依然として負のイメージを払拭できていなかった。

また、ビデオは教育現場に先行して導入されたこともあり[3)]、家電としては複雑な機能が付随したメディアであった。ゆえに、家庭に導入されても、多くの家庭ではそのメディアをうまく使いこなせず、テレビを視聴できないときに録画をするなど単純な操作のみが行われていた可能性がある[4)]。こうしたただ録画だけをする層

---

2) 日本ビデオ協会がレンタルビデオシステムを確立したのは1982年末で、『アニメージュ』の1988年11月号の調査によると1984年時点でレンタルビデオシステムへの加盟店は514店舗であり、85年1181、86年2733、87年4732、88年9月8684であった。

3) 永田（2016）でも論じたように、1970年代末の時点でたとえばある地域の高校でビデオデッキは99%普及し、活用されており、教員を対象としたビデオの研究会が各地で催されていた。

4) たとえば「皆はスロー再生ダビングというほとんど病気（原文ママ）の用途に使用している」（『Animec』1984年4月：113）としてアニメファンのビデオ使用の特異さが強調され、「電子レンジのように「使いこなす人」と「死蔵する人」の二派に分れるのかもしれません」（『Animec』1984年4月：113）と語るような言説が存在していた。

から見たときに、ビデオ録画した映像をコマ送り・編集したり、「コレクション」したりするような消費行動は、珍しいものとして映った[5)]。それが特定の集団（オタク）を奇異なものとして結びつけていくまなざしへと接続されたのではないか。

ただ、10年で70%に近づく急速な普及は前述の構造がゆるやかに解体されていくことでもあった。ビデオテープの値段が下落するとともに、一定数のビデオテープが自宅に集積することは自然なことでもあった。だからこそ、程度の問題はあるが大量にビデオテープがたまっているというイメージは、多くの人びとにとって想像可能なことであった。そこで一部においては「若者」という大まかな把握を可能にし、それが一部の集団へと閉じるだけの語りではない「社会問題」としての語りも生みだしたのではないか、といえる。

長谷（2014）によると世界を自分のお気に入りの世界にカスタマイズすることが、パーソナルな文化の条件である。これは大衆向けのコンテンツを一律に消費するような視聴とは大きく異なる。ビデオは気に入った番組を視聴者が選択し、録画視聴することによって、テレビをパーソナル化するメディアであったが、まさに89年のビデオをめぐる言説空間はそうした「一部のものだけがパーソナルな消費を行うこと」と「社会全体がパーソナルな消費を行うこと」の問題が混在するような場であった。宮﨑勤を「オタクの代表」として語り、ビデオとオタクを結びつける文脈はパーソナル化が一般化していく過渡期のものとして存在したのである。

4 「真のオタク」ではない宮﨑勤という語り

マスメディアが宮﨑勤を「オタクの代表」とした一方で、前述したように宮﨑勤がじつは「真のオタク」ではないという語りも一部では存在した。

その代表的な語りの一つに『Mの世代』における大塚の語りがある。『Mの世代』は、大塚の「二六歳のおたく青年の主張を代弁したところで何の意味もないかもしれないが、彼の生きてきた不毛とぼくが生きてきた不毛がつながっているとわかった以上、そうする他にないではないか」（『新文化』1989年8月17日：8）という発言を

5）アニメファンにおいても初期はビデオテープを集める活動は日常的なものではなかった。2歳の娘が起こしたアクシデントで、「すぐに消してしまうモノラル放送用にしていた雑テープのカバーとCM抜きで、きっちり5話分を録画した『イデオン』用のテープのカバーをとりかえてしまった」（『アニメージュ』1981年3月：123）という投稿からも、すぐ消す「雑テープ」と「『イデオン』用」（お気に入りの作品用）のビデオテープを使い分けていることがわかる。アニメファンのなかでさえも、ビデオテープの基本的な用途は一本のビデオテープに繰り返しさまざまなコンテンツを録画するものであった。

もとに作られた中森明夫との対談を中心とした書籍である。

この対談集は「M君のどこに、ぼくはこんなシンクロしちゃったのかなっていうのが、ちょっとまだわかんないんですよ」（中森・大塚 1989：21）とあるように、終始宮﨑勤のことを愛着をもってM君と呼び自己同一化しつつ、マスコミも含めて「同世代と言われたときにね、妙に納得しちゃうような」（中森・大塚 1989：21）という形で世代全体への共感を自分たちの世代の側から実存的に語る。このように世代全体に宮﨑勤の問題を拡張する一方で、大塚は宮﨑勤がオタクであるかどうかについては留保している。

> きっと捨てられた子供であるM君っていうのは、マニアとか、おたくみたいなね、擬似共同体が目に見える形で存在しているからそこに行き着く術として、一生懸命、ビデオを集めてマニアのふりをしてみたんだけれども、でも、あんまり入れてもらえなかったみたいなね。その意味じゃ彼は、「真のおたく」でも「真のロリコン」でもなかったんだと思う。彼のおたく文化への愛は、何かマニアックっていうよりもまさに「すがっている」という感じに近い。（中森・大塚 1989：96）

大塚は上記のように「真のおたく」なるものを想定して、その「真のおたく」のふりをしているという表現によって、M君との距離感を確認している。そこで「おたくみたいな」疑似共同体に入れないものをどうするかという論点で対談は進んでいくことになるが、重要なのはここで一度オタクという集団と宮﨑勤との関連を切断しようとしていることである。M君が「真のオタク」ではないことの根拠として、「彼、あれを三倍速で撮ってるんだよね。［…略…］あと、一本のテープの中に複数の作品を収めている。これもマニアのやり方ではない」（中森・大塚 1989：96）ことなどが語られ、「強迫的に集め」（中森・大塚 1989：96）ていると評価し、その集めたビデオの「整理」についても問題化している[6)]。このようにただビデオテープを部屋に「貯めている」だけでは「真のオタク」ではないという議論が展開されているのである。それでは、これらのビデオ使用が「真のオタク」から宮﨑を切断することを可能にしている文脈性はどこにあるのだろうか。

その文脈性を検討するために、コレクションをめぐってどのような議論がファン集団内で存在したのかを見ていく。なかでも、そこでビデオテープをコレクションする

6）他にもコレクションにジャンルの統一性がなかったことも指摘されていた。

ことをめぐる言及がとりわけ多く蓄積されているアニメ雑誌を資料として用いる。

5　変容するコレクションの意味論

5-1　80年代における「数」という意味

連続幼女殺害事件において、オタクコミュニティ内でのコレクションの作法と宮﨑勤の振る舞いにはズレがあるという言及が存在していた。だが、そのズレの意味を考察するには、その準拠先であるファン集団のなかにおいて、当時ビデオテープのコレクションがどのような意味を持っていたのかを確認する必要がある。本節では、そうした当時のビデオ使用の様子を多く観察できるアニメ雑誌上で80年代を通じ、ビデオテープをコレクションすることの意味がどのように形成・変容していったかを見ていく。

ビデオテープをコレクションすることの意味がどのようなものであったのかは、時期によって変化する。80年代の初めには数百本のコレクションをしているアニメファンがいることがアニメ雑誌上で注目される。この語りがなされる前提として、80年代前半は、ビデオデッキはもちろん高価であったが、ビデオテープ自体の価格もかなり高価だったことがある。そして、これらの価格が80年代末に向かって次第に低下していく。このことを背景としながら、当時の言論は検討する必要がある。

ビデオテープがアニメ雑誌上で、コレクションの対象として注目されるのは1980年代の前半である。1983年の6月に『アニメージュ』の「わぁーマニア」という特集企画コーナーの一つとして、「ビデオマニア」が紹介される。

> 現在ビデオはVHS2台とβ1台を持っていますが2台目を買った理由はテレビの『ヤマト2』を保存のためにとっておきたいと思ったからです。それ以降ずっとアニメ録画し続け、(現在は週に23本を録画) たまったビデオが580本というわけです。現在録っているビデオは、徳間でのバイトが終わり夜の12時ごろ帰宅してから見始めます。だから寝るのは朝5時くらいですね。大学へは、いまほとんどいっていない状態なんです。でも、いまアニメを見ることとそのアニメに関連したバイトを徹底的にやってみたいと思いますから軌道修正をするつもりはありません。(『アニメージュ』1983年6月：90)

ここで言及されたのは580本という数と、その数がもたらす生活のリアリティである。まずどの程度の速度で網羅的にコレクションを集めているのかに焦点が集まる。また、コレクションを本人が見る限界（＝身体性）の問題が浮上する。ビデオテープ自体の価格が高価なときにはビデオテープを無駄にすることが許されない。それに追いつくために身体を酷使しそのことを中心に生活を考えている様子がうかがえ、アニメにリソースを割いていることが「マニア」を代表する指標として語られている。

5-2　コレクションの「質」をめぐる二つの争点

前項ではコレクションの数への焦点化を確認したが、次第にコレクションにおいて数だけが重要視されなくなる。ビデオテープの価格自体が低下してくると、今度は数以外のコレクションに関する言及が増える。たとえば以下のようなアニメーターへのインタビュー記事がある。

> 土器手さんがビデオを買ったのはほんの三年ほど前。しかしテープの数は恐るべき勢いで増え、いまはβ・VHSを合わせて600本に到達するのだ。
> 当初はVHS三倍速モードを多用していたが、いまはすべてVHS標準とβで録画している。三倍で録画していたうる星やつらも再放送で標準でとりなおしている。(『アニメージュ』1985年12月：173)

このように、ただ本数を持っている以上に、録画したアニメの「質をめぐる論争」が起こる。たとえば「三倍で録画していた」作品を、標準で取り直すようなこだわりが現われる。そして、このコレクションの質の問題が前面に出る際には二つのことが注目されていた。「βかVHSか」という機種をめぐる軸と、「VHS標準かVHS三倍速か」という録画方法をめぐる軸である。

機種に関しては、βが機能面では評価が高かったが、普及はVHSの方が先んじており、80年代の中盤にはVHSの勝利が実質的に決定した。当初は意味を持っていたこの区分もOVAなどのコンテンツの入手のしやすさから、VHSを使っていかざるを得ないという認識に移っていった。

もう一つの対立軸がVHS標準か、三倍速かである。これは、2時間のビデオテープに三倍速で録画するべきかどうかという軸である。2時間のビデオテープを三倍で録画したときには、単純計算で2時間のビデオテープ1本あたり、6時間の映像を録画することができる。しかし、その反面として映像や音声が2時間の標準録画に比べて劣ると言われていた。そのなかで費用との兼ね合いからビデオテープをどう録るべきかに関して、議論が展開されていた。連続幼女殺害事件の際に宮﨑勤を真のオタクではないとする語りに関して取り上げられたのも同様の点であった。

5-3　節約と質の拮抗

本項では標準か三倍速かということをめぐる論理をより詳細に見て行く。そこで問題化していたのは、「よりよい映像を見る」か「よりコストを節約するのか」という二つの論理の対立であった。それを詳細に見ていく。

> SONYのβ機は最新型であってもβⅠの再生が可能な為、古いコレクションを保存している人間には重宝がられているのですが、VHS派からみるとマニアの道楽にしか見えないようです。マニアといえば、VHS派の人は何故かエンディングをカットする人が多いようです。オープニングは同じものがひとつ入っていれば良いのですが、エンディングは貴重な資料だと思います。(『Animec』1984年3月：134–135)

ここでは最新のβ機がVHSを使う側から見ると「マニアの道楽」と語られている。また、オープニング（OP）は一回録ればいいが、エンディングは貴重な資料なので飛ばさないというのは、エンディング（ED）で流されるスタッフや声優のクレジットが毎回異なるためであるが、こうした選択は、ある程度、個々人の判断で行われていた。

そうした節約の技法が、さまざまな消費に現われ、自分なりの整理が行われる。そうした技法が発達したのは、何よりもビデオテープ自体が高価だったからである。たとえばその節約の技法を考えるうえで重要なのが、T120[7]のビデオテープにいかにアニメを詰め込むかという実践である。以下の一連の投稿とそれに対する編集のコメントを見てみよう。

> 標準モードでは、T120の場合毎回本編のみ（OP、ED、予告をcut）すると5話まで詰ります。3倍モードではOP、ED、予告を毎回録り、ＣＭのみcutすると、一本に14話まで入ります。(愛知県名古屋市 A)[8]
>
> VHSテープの有効（？）な活用法T-120を使用した場合　※標準モード…OPを頭に、

7）120分の録画用ビデオテープのことを指す。
8）A、B、Cは誌面では実名であったが、匿名表記した。

> CM をカットして 5 話入る。そして 5 話収録後に ED を入れる。するとテープが約 8 分余る。これは 3 倍モードにすると 24 分、1 話分の時間になるのです。※3 倍モード…OP を最初だけ、ED をラストだけに入れると約 16 話、ギリギリまで詰めると 17 話入る。しかしこーゆーテープは後で見る気がしない。(埼玉県草加市 B)
> [… 略 …] いつも CM カットができるわけではなく、留守録ということもあるので、4 話分プラス半分 (OP + 本編 A パート) を 1 本のテープに入れています。これだと 2 話分が留守録の CM ノーカットの物が入れる事ができます。(茨城県新治郡 C)
> 等々、各自色々な苦労の跡が見受けられるお手紙を多数いただきました。(『Animec』1984 年 1 月 : 112–113)

このように全国から寄せられた複数の使用実践の報告を「苦労の跡」としてまとめていることから、趣味をめぐる卓越の技法として評価されるというよりは、節約と映像の質の担保のための試行錯誤として位置づけられていたことがわかる。さらにいくつか考えるべき論点が、三倍速と標準をめぐる工夫のなかに存在している。

それは標準と三倍速を混交させて用いる実践が報告されていることである。余った 1 本分までを節約する志向性が見られると同時に、そういった節約はするが三倍速のみでは画質が下がるという葛藤がある。つまり標準にしろ、三倍速にしろ、詰めすぎない瀬戸際が模索されていた。その際に本数の調節に失敗しないようにタイムチャートが利用される [9)]。

> 先月号にひき続き、好評だったアニメ番組のタイムチャートを掲載いたします。ただし、チャートというのは、あくまで暫定的な物なので、常時注意して下さい。(『Animec』1984 年 1 月 : 112)

「常時注意」が必要なほどチャートが整理に必要だったことが見てとれ、それが「好評」といった程度には受容されていた。こうした実践の前提として、アニメ雑誌の読者は 1 本のビデオテープに、アニメだけを録っていたことがうかがえる。さら

9) タイムチャートには、「1OP (オープニング) 2CM (コマーシャル) 3 本編 A パート & アイキャッチャー 4CM (いわゆる中コマ) 5 アイキャッチャー & 本編 B パート 6CM7ED (エンディング) 8 予告編 9CM10 エンドタイトル　このうち録画したいのは 1・3・5・7 ですからこれらの始まる時間が正確に判れば必要な部分のみ録画できる事になります。下段に比較的ビデオ録画率の高いと思われる作品のタイムチャートを三本掲載」(『Animec』1983 年 12 月 : 116–117) といったかたちで、秒単位でのチャートが載せられていた。

に「OPを頭に、CMをカットして5話入る。そして5話収録後にEDを入れる」という記述からも推測可能なように、多くのファンが一本のテープに一つの作品を録画していたこともうかがえる。これは、趣味として分化していたことが前提として存在するだろうが、保存と整理の便宜といった性質も強かったのである。

5-4　こだわりの変容

宮﨑が「オタクではない」ことの根拠として、さまざまな映像が一本のビデオテープに入れてあることや、標準か三倍速かに関するこだわりがほとんど見られなかったこと、ビデオテープが未整理であったことが挙げられていた。だが、元来これは「オタクであるかどうか」を峻別できる卓越性を表示するような指標ではなかったのである。無駄なく整理された録画が「オタク的であるかどうか」の評価の基準となる状況とはどのようなものだったのか。

80年代の初頭に2時間のビデオテープ1本あたり数千円していたビデオテープが、89年には数百円まで価格が下落していた[10)]。卓越の原理の一つとして存在していた数を持つことがファン集団内ではあまり有意味なことではなくなった。とくにアニメなどを趣味に持たなくとも数百本のビデオテープが「たまっている」こと自体はそう珍しいことではなくなっていたからである。もちろん6000本というのは、その当時にしても所有量としては多かったが、その本数だけを挙げたところで、オタクと呼ばれた人びとが彼を「自分たちの側に立つものではない」という抗弁が可能な資源となる程度には説得力を失いつつあった。画質に関してもβとVHSというこだわりが存在していたが、βは80年代末に実質的に市場撤退をしたことによって次第に骨董品以上の意味を持ちにくくなった。

この時期に、所有以外の卓越の指標がひとまずは目指されることになる。こうした従来的な卓越の根拠に対して、新たな根拠として連続幼女殺害事件の際に批評家によって持ちだされたのが、標準か三倍速かという枠組みと録画の効率化をどのようにしているのかといった、これまで節約の技法とされてきた実践である。

10）1981年7月号の『アニメージュ』の広告では、VHSビデオテープの価格は120分用で4800円(90分用では4300円、60分用3500円、30分用2800円)と、現在想像されるよりもはるかに高価なものであった。それに対して85年には「VHS60分（1本）2300円（2本）4500円 VHS120分（1本）3000円（2本）5800円ベータ60分（1本）1700円（2本）3200円ベータ120分（1本）2400円（2本）4600円」(『アニメージュ』1985年4月：186）となり、問題の89年には「ソニー「V」二時間用 T-120が770円。」(『アニメV』1989年12月：104）であり、さらに「「一山いくら」の八百屋感覚で二本組、三本組の特価テープ。」(『アニメV』1989年12月：104）があったことが語られる。

また、同じ作品や少なくとも同じジャンルに絞って一本のビデオテープに録画するといった実践が行われていないことも宮﨑勤が「真のオタクではない」根拠として用いられた。前述したようにビデオテープの価格が下がったこともあり、こうした録画の技法などは、実用的な意味がそれほどなくなっていっていたと推測される。情報の詰め込み方などの整理の仕方が、実用的なものではなく、長くそうした習慣を持ってきたという卓越の原理として持ち出され、オタク的でないものとして宮﨑を位置づけることの根拠の一つとして用いられたのである。ここで持ち出されたのはむしろ、これまで節約の原理が主であったものからかろうじて卓越性を発明していく実践であったといえる。そして、それがマスメディアとの差異化を志向しつつ「真のオタク」と宮﨑勤の差異としての切り離しを可能にしていた。

6 結論：オタクが語られ始めた論理

本章は1989年当時に「宮﨑勤がビデオテープをコレクションしていた行為」に関して、一方ではそれが「オタクの代表」とするものとして語られ、他方では宮﨑勤は「真のオタク」ではないことの論拠として用いられたことに着目してきた。そうした語りがそれぞれ可能になっている条件に関して1989年のビデオのメディア史的な位置づけを前提として議論した。

宮﨑勤を「オタクの代表」とする語りは、宮﨑勤を用いてオタクと一般層との断絶を作り出そうとするものであった。しかし、こうした語りは、「特異な集団」としてオタクを語ると同時に、それが特定の世代全体へと敷衍されるような語りでもあった。このことはビデオが、普及し一般化していく際にビデオというメディア自体に注がれたまなざしを源としていた。それは、ビデオを外部に位置づけようとすると同時に、普及率が7割にまで達している以上、広い拡張を余儀なくするものであった。そのことが若者世代全体とほぼ同一視されつつも有徴さを持つオタクというカテゴリーの運用を可能にしていた。

一方で「真のオタク」と宮﨑を遠ざける論理の一つとして機能した根拠（整理の不在）が、昔からあった卓越の論拠ではなかったことを本章では指摘した。むしろ、卓越の根拠が従来の「数」に求められないがゆえに、これまで節約と映像の質との妥協点を求める「苦慮」ともいうべき根拠であるようにみえる。このことはオタクが社会問題化した際の条件とその現在形を考えるうえで重要な意味を持つ。少なくとも「真のオタク」なるものは、むしろファン集団と一般層との間のギャップが曖味になっていくという危惧のなかでファン集団の側が、ビデオというメディアを使用する際の実践の違いについて、その差異を再主張するのに適合的な論理として存在していたのである。

こうした切断操作は「宮﨑勤から」オタクを切断すると同時に、マスメディアのカテゴライズに対して抵抗する形で一般との差異化も目指すような実践として機能していた。このように次第に節約術というよりはオタク的なコミュニティのなかにいることを示す指標として用いられ、それによって宮﨑の切り離しが成り立っていたのである。これは大塚（2004）がいう「独自の市場」という条件が、映像においては一般層との区別が難しくなってきており、改めて線の引き直しが要請されていた当時のメディア史的な条件のなかで可能となる語りだったのである。

■ 参考文献リスト
浅野智彦, 2013,『「若者」とは誰か――アイデンティティの30年』河出書房新社
大澤真幸, 2006,「オタクという謎」『フォーラム現代社会学』5, 25–39.
大塚英志, 2004,『「おたく」の精神史―― 一九八〇年代論』講談社
岡田斗司夫, 1996,『オタク学入門』太田出版
永田大輔, 2016,「ビデオにおける「教育の場」と「家庭普及」――1960年代後半-70年代の業界紙『ビデオジャーナル』にみる普及戦略」『マスコミュニケーション研究』88, 137–155.
中森明夫, 1989,「僕が「おたく」の名付け親になった事情」別冊宝島編集部編『別冊宝島 おたくの本』JICC出版局, pp. 89–100.
中森明夫・大塚英志, 1989,「1989. 9. 4. ぼくらはメディアの子供だ」太田出版編『Mの世代――ぼくらとミヤザキ君』太田出版, pp. 14–98.
長谷正人, 2014,「映像文化の三つの位相――見ること，撮ること，撮られること」井上俊編『全訂新版 現代文化を学ぶ人のために』世界思想社, pp. 114–131.
別冊宝島編集部編, 1989,『別冊宝島 おたくの本』JICC出版局

第13章

「音楽」を通じて作品を理解すること

アニメ『ぼっち・ざ・ろっく！』における視聴者分析の一事例から

佐々木 啓

1　アニメの感想や意見を述べるという実践

近年ではTVや配信を通じて数多くのアニメが放送されており、そうした作品に関するさまざまな感想や意見などがインターネットやSNSなどを通じて広く見られるようになっている。また人びとがそうした感想や意見を述べることは、同時に作品に対する内容理解や評価とも密接に関わるものである。たとえばある人がある作品を「よかった」というとき、作品内での作画や演出、あるいは声優の演技などと関連づけて語ることがしばしば見られる。またそうした理解や評価は作品内でのさまざまな場面だけでなく、それ以外のさまざまな要素（たとえば音楽など）と結びつけられることもある。とりわけ近年のアニメ作品においてはさまざまなジャンルを題材にしたものが増えており、たとえば前述した「音楽」がテーマとなっている作品も見られるようになっている。とはいえ、「音楽」の良し悪しを一般的な作品評価と結びつけることにはある種の困難が生じるように思える。なぜなら音楽を通じて感想を述べるということは、いわゆるバトルものやスポーツものなどにおける勝敗などとは違い、判断の基準がわかりにくい側面があるからだ。そうであるにもかかわらず、人びとはそうした作品に対し、どのようにして「感想を述べる」といった実践を行っているのだろうか。

本章では、ネット上で行われたアニメ作品に対する実際のやりとりを分析することによって、人びとがそもそもいかにして作品を鑑賞し、また意見を表明しているのかを明らかにする。とりわけ、作品中における音楽や演奏をどのように視聴者が理解し、作品との関係のなかでどのように位置づけているのかということに焦点を当てた分析を行う。そしてそのような分析から、人びとがどのようなふるまいのもとで「視聴者」として存在し、また作品の意見を述べているのかということを社会学の一分野であるEM/CA（Ethnomethodology/Conversation Analysis）の知見から明らかにしていきたい。

2 先行研究および「音楽」を通じて「作品について語る」ことの意味

社会学において、作品を制作する人びととそれらを鑑賞する人びとに関する研究はさまざまなかたちで行われてきた。たとえば本章の分析で取り扱う「音楽」についていえば、社会学には「音楽社会学」が存在しており、メディア研究においても、音楽と社会のあり方やそれを視聴する人びととの関係性を分析した研究がすでに数多く存在している。またEM/CAにおいても、たとえばジャズピアノの演奏をめぐる研究（サドナウ 1993）や、ヴァイオリンの練習における身体活動（西阪 2008）、アンサンブルの演奏やピアノの練習場面の分析（吉川 2023）など、主に楽器の奏者がいかにしてそれらの楽器を使いこなせるようになるのかという「人々の方法」をEM/CAの技法によって明らかにしようとする試みなど、さまざまなアプローチからの研究が蓄積されている[1)]。

一方で、本章の目指す分析はこれらの先行研究とは異なり、人びとがいかにして「音楽」を理解し作品の感想を述べるのかといった点に注目したものになる。こうしたアプローチにおいては、人びとの「メディア理解」の分析が大きな役割を果たすものと思われる。たとえば是永論はメディア理解の相互行為分析において、従来のメディア分析とは異なる視点としてEM的な人びとの「理解の仕方」に即した分析を提唱している（是永 2017）。これはたとえばCMや漫画などのさまざまな表現を、「そのようなものとして見る」という人びとの実践がどのようにして行われるのかということを分析するものである。そしてそのような分析を行うことによって、CMや漫画といったメディア表現が一つの「表現」として人びとに理解され、記述される様子が明らかになる。このような視点は、本章で扱う音楽を題材としたアニメ作品の分析においても有用であろう。なぜなら、作品で描かれるさまざまな表現について感想を述べるという行為を分析するにあたっては、それらを「そのようなものとして見る」という人びとの実践が重要になるからである。以上のような点から、以下ではあるTVアニメ作品における表現および人びとの実践的な理解といっ

1）EM的な音楽研究の動向や詳細については吉川（2020）などを参照のこと。

たものを、主に劇中の「音楽」という側面を中心に分析していくことにする。

3 取り扱う題材について

今回の分析の対象として、2022年10月から12月にかけて放送されたTVアニメ『ぼっち・ざ・ろっく！』を視聴した人びとのやりとりの一部を取りあげる。『ぼっち・ざ・ろっく！』とははまじあきによる4コマ漫画であり、2018年から芳文社の『まんがタイムきららMAX』で連載されている作品を原作としたアニメである。またこの作品は「バンド活動」を一つのテーマとしており、「極度の人見知りで陰キャな少女・後藤ひとり［通称「ぼっち」］が《結束バンド》というバンドに加入し、伊地知虹夏、山田リョウ、喜多郁代の3人の個性的なメンバーとともに成長していく様を描いた」[2] 物語となっている。なおアニメにおいては、ふとしたきっかけによる主人公の「結束バンド」への加入から始まり、ギターボーカルの加入によるバンドの本格的な始動とライブハウスでの出演を賭けたオーディション、および初ライブでの模様や他バンドとの交流、そして主人公の通う高校での文化祭ライブといった内容が全12話を通じて描かれている。

この作品は上述のようにバンド活動という「音楽」をテーマとした作品ではあるが、原作は「漫画」という性質上、実際の音楽や演奏を聞くことはできず、読者の想像に任せるかたちとなっている[3]。しかしアニメにおいては音楽と演奏がそれぞれ可視化されており、「結束バンド」が実際にバンドとして演奏するシーンが詳細に映像化されたことによって[4]、視聴者はどのような曲が演奏されているのかを実際に「見て聞く」ことができ、またそうした音楽や演奏などに対する感想や意見を作品の内容と関連づけながら述べることが可能となっている。そして、それらの内容に関する感想や意見は同時に、作品そのものに対する視聴者の「感想や意見の表明」といった行為と密接に関わるものであり、視聴者が作品から実際に何を理解し何を

---

2) TVアニメ『ぼっち・ざ・ろっく！］公式サイトの「Introduction」より引用（［ ］内は著者による補足）〈https://bocchi.rocks/omnibus/introduction/（2024年3月31日最終閲覧；以降引用URLは全て同日のものである）〉。

3) すでに解説したように原作は4コマ漫画ではあるが、一方で一部の演奏シーンなどでは通常のマンガのコマ割りによる表現がなされており、また一部の楽曲についても楽曲名が明らかにされている。ただし具体的な歌詞や楽曲の内容などについては作中では描かれていない。

4) バンドがライブハウスのオーディションを受けることになった5話と、本章で扱う初ライブを迎えた8話、そして文化祭でのライブを行うことになった12話がそれぞれ該当する。なお後述するようにこれらのライブ映像の一部は製作会社のYouTube公式サイトで視聴可能である。

受け取ったのかということを示す論拠となりうるものである。さらにいえば、本作品は2022年に放送されたアニメ作品のなかでもさまざまなかたちで注目が集まった作品の一つとして人気を博しており[5)]、それらは同時にそうしたネット上のさまざまな意見や感想などを集めやすく、分析するのに適した作品であるという点も挙げられる。

今回の分析にあたっては、検討の結果「2ch.sc」(https://www.2ch.sc/)の掲示板のログを引用するかたちで分析を行った。これは、一つ目の理由としてオープンアクセスが可能なインターネット掲示板であるということ、二つ目として「掲示板」という特性上、過去ログの収集および分析が容易であるということ、そして三つ目として、掲示板形式でのログはたとえばCAが分析の対象とするような「連鎖組織(sequence organization)」(サックスら 2010)(Schegloff 2007)によるユーザー同士の話の展開が他のネット媒体と比較して可視化しやすいといったことから今回採用することとした。

以上のような点から、以下ではとりわけ作中で展開された「演奏」をめぐるさまざまな意見のやりとりを見ていくことにしたい。

4 視聴者たちの理解1:「下手な」演奏を「そのようなもの」として聞くこと

今回取りあげる内容は、『ぼっち・ざ・ろっく!』第8話(サブタイトルは作品名と同じ「ぼっち・ざ・ろっく」)にて展開された話の一部分である。あらすじを簡単に紹介すると、主人公は他の仲間三人と「結束バンド」を結成し、その後第5話でライブハウスのオーディションに無事合格し、いよいよ初ライブを行うことになるのだが、「台風の影響で呼んでいたはずの家族や友達から続々とキャンセルの連絡がきてしまう。直前になってもお客さんはまばら、重い雰囲気のなか結束バンドは4人としての初ライブを迎える」[6)]といった内容となっている。

この回の感想でしばしば話題となっていたのは、劇中における「結束バンド」の演奏に関するものであった。とりわけ、初ライブのステージで緊張するメンバーと、初ライブゆえに知名度も人気もなく、自分たちに関心がないまばらな客を相手

5) たとえば本作品において演奏された楽曲をまとめ、2022年末に発売されたアルバム『結束バンド』はBillboad Japanにおけるダウンロードアルバムチャートで2023年の年間1位を獲得した他、放送終了後も新曲の発表や音楽イベントおよび舞台演劇の実施、各企業とのコラボや総集編映画の上映といったさまざまな形でのコンテンツ展開が行われるなど、2024年現在も人気を誇る作品となっている。
6) アニメ公式サイト内の「Story」より引用(https://bocchi.rocks/story/?id=08)。

に演奏しなくてはならないという逆境のなかで、彼女たちは1曲目に5話のオーディションの際に披露した「ギターと孤独と蒼い惑星」を演奏することになるのだが、実際にこれらのシーンを見た視聴者たちは一様にここでの演奏を「下手」と述べていることがわかる。以下に実際のログの一部を引用する[7]。

553：風の谷の名無しさん@実況は実況板で：2022/11/27（日）00:26:30.54 ID:CES4nHYZ0.net
配信されてるギターと孤独聞き慣れてるとめっちゃずれてたり声量足りてないのわかって面白かったな

561：風の谷の名無しさん@実況は実況板で：2022/11/27（日）00:27:04.59 ID:Y7sVsvOf0.net
>>553
いちいち芸が細かいよな
丁寧な作りだった

580：風の谷の名無しさん@実況は実況板で：2022/11/27（日）00:27:53.27 ID:85TmD4X20.net
>>553
わざと下手に演奏出来るスタジオミュージシャンすげー！ってなった

586：風の谷の名無しさん@実況は実況板で：2022/11/27（日）00:28:11.18 ID:Y9EfE4QQ0.net
やーばいですこれ
ギターと孤独公開から数話時間置いたのも効果的すぎるだろ

593：風の谷の名無しさん@実況は実況板で：2022/11/27（日）00:28:30.20 ID:0JmnkMP60.net
下手くそライブめちゃくそ上手かったな

この1曲目の演奏シーンは、上述したような状況から、実際の演奏も「上手くいってない」ことがわかるものとなっている。なお、553において「配信されてる」という言葉があるが、これは前述のように5話の劇中で同曲がすでに「オーディション」というかたちで視聴者に提示されていること、また5話が放送・配信された直後、製作会社がYouTubeの公式チャンネル内で同曲の「オーディションシーン」（本編で実際に放送されたシーンの一部）および「リリックビデオ」をそれぞれ配信していること[8]を指している。つまり、視聴者は一度「通常の演奏」（いわば「上手く

7）「ぼっち・ざ・ろっく！ GIG.24」（https://toro.2ch.sc/test/read.cgi/anime/1669379933/）より引用。なお本ログを今回採用した理由としては、第8話のTV放送および配信が開始された時刻とほぼ同時刻に書き込みされており、放送を見た直後の感想や意見がより直接的に反映されているものとみなすことができるという理由による。また、ログの引用に関しては筆者による取捨選択を行っているため、レス番号が飛んでいる部分があることをあらかじめご了承願いたい。

いった演奏」）の同曲をこれまでの話の展開の中で聞いており、そのうえで改めて8話の演奏を聞いたために「上手」「下手」という判断基準を明確に示すことができるようになっているといえるのである。そう考えるならば、ここでやりとりされている視聴者による演奏の良し悪しの判断は、一義的には作品の展開によってそのような流れが位置づけられていると考えることができる。事実、同じく553ではそのすぐ後に「聞き慣れてるとめっちゃずれてたり声量足りないのわかって～」という感想が書かれている他、586でも「公開から数話時間置いたのも効果的すぎるだろ」とあるように、少なくとも同曲を事前に聞くことによって8話の演奏の「下手」な部分を聞き分けることができたことを示すものとして見ることができる。そして、その後のレス（561および580）においても553の意見を指摘するかたちで「下手な演奏」を称賛していることからも、少なくともここでは視聴者がそうした話の展開を理解したうえで各自の感想を述べていることがわかる。

もう少しくわしく見てみよう。たとえば561では「芸が細かい」や「丁寧な作り」といった言葉が使われている。これらの言葉は、いずれもストーリー上の展開や「上手い演奏」との関連を理解していなければ出てこないものである。なぜならそれが「下手な演奏」であることを指摘するためには、少なくともストーリー上これらの演奏が「上手くいっていない」、もしくは以前の演奏と比較して「おかしい」ことを知識として知っていなければならないからである[9]。さらにいえば、続く580の「わざと下手に演奏出来るスタジオミュージシャンすげーってなった」や593の「下手くそライブめちゃくそ上手かったな」という感想もこうした意見を補強するものとなっている。ここで重要なのは「わざと」や「めちゃくそ上手かったな」といった表現である。これらの表現は、今回の演奏が「意図的に」下手に演奏されていることについて理解したうえでの感想となっている。「下手」なライブが「上手」だという一見すると矛盾した表現になっているわけだが、なぜこのような表現が可能になるのかといえば、それは少なくとも視聴者が内容との関係から「意図的に下

8）アニプレックス チャンネル（https://www.youtube.com/watch?v=p010N38zFrA）および（https://www.youtube.com/watch?v=B7BxrAAXl94）をそれぞれ参照。

9）なお、劇中においても演奏シーン中に「他の三人の演奏や歌唱が上手くいっていない」ことを語る主人公のモノローグが入る他、演奏中にどこかへ行ってしまう観客や、演奏を聞いて段々と曇った表情になる主人公のファンたちの様子などが描写されているため、内容を知らない人でもそれが「下手な演奏」であることは理解可能だといえる。しかし、そうした事情を踏まえたとしても「芸が細かい」や「わざと」といった表現を使うためには、これまでの話の展開や5話での演奏を事前に知っていなければ不可能だろう。なお、こうした言葉の概念関係についての詳細については（クルター 1998）などを参照。

手な演奏をしている」という前提を共有しているからである。つまり、視聴者たちは作中で示されている「下手なライブ」をまさに「「下手」なものとして見る」という理解を、自らの感想を述べるなかで実践的に表現し、そして「下手」だと「感想を述べる」という行為を通じて明らかにしていることがわかるのである[10)]。

ここまでの話をまとめておこう。ある物語を一つの「物語」として理解するという実践においては、作り手側があらかじめ用意した内容や前提を視聴者側が理解することが重要となる。そして、今回の例で展開されている「下手な演奏」の流れをそのようなものとして理解するということも、そうした実践の一つに含まれる。そうした一連の流れの中には、視聴者がいかにしてその作品に対して「適切な」理解が行えたのかということを示すさまざまな証拠が意見や感想を通じて立ち現れることになる。すなわち「下手な演奏を下手なものとして見る」という相互的実践によって、人びとは物語の展開として作り手が用意した内容をそのようなものとして理解し、またそれを踏まえたうえで各自の意見を述べているということが一連の流れにおいて明らかになっているのである。そしてそのような視聴者の感想は、後述するように本作の８話全体の感想や意見にも結びつけられている。以下ではそうした点について見ていくことにする。

5 視聴者たちの理解２：「音楽」を通じて作品の内容を理解するということ

前節においては、視聴者たちの「適切に理解する」という実践がいかにして行われているのかを、演奏に関する感想や意見を通じて分析した。そのなかで重要だったのは、作り手側の用意した内容や前提を視聴者がいかにして適切に理解するか、そしてそれらがいかにして表現されるのかということであった。すなわち、前節の例においては、話の展開と実際のシーンで演奏された「下手な演奏」を、視聴者側が「そのようなものとして見る」という実践をどのようにして行っているかを分析したのである。

しかしながら今回引用したデータにおいては、単に「下手な演奏」を指摘するといったものだけでなく、その後に続く話の展開や、以前の話（とりわけ５話）と結び

10）なおこのシーンでの演奏に関しては、同曲を収録したアルバム『結束バンド』の座談会において音楽ディレクターが「緊張してもたってしまうドラムをお願いします！」とドラム担当に伝え、意図的に「下手な演奏」を再現したことや、ボーカルを担当した声優が８話のアフレコ中に別録りではなくそのまま譜面台を用意され、その場で下手な演奏のバージョンを聞きながら歌を収録したと述べている（『リスアニ！』50.5, 2023：62）。

つけて演奏を評価する感想も見られた。こうした感想は本作8話のストーリーと大きく関わるものであり、また「作品を見る」という実践の分析においても重要であると考えられるため、以下ではそうした点について見ていくことにしたい。

前述したように、ライブ演奏の1曲目は失敗に終わってしまう。他のメンバーたちが意気消沈するなか、主人公は「このままじゃ嫌だ」と奮起し、続けて2曲目の「あのバンド」の演奏を成功させバンドの危機を救うという展開が続くのだが[11]、こうした一連の流れについては次のような感想が見られた。以下は前節で引用したログの続きである。

673：風の谷の名無しさん@実況は実況板で：2022/11/27(日)00:33:24.95 ID:77GWJFrSM.net
最初の死んだ音下手くそライブから、
覚醒したぼっちちゃんのソロ速弾きで勢い上がるの最高
色々アングルに凝って、スタッフも燃え尽きてそう

709：風の谷の名無しさん@実況は実況板で：2022/11/27(日)00:36:09.94 ID:ewg0A4gd0.net
>>673
ヘタクソライブは音源はもちろん他のバンド目当ての観客の解像度が完璧だったね
その後にすべてを変えるぼっちちゃん最高に輝いてたよ

上記のやりとりでは、まず673が一連のライブシーンの感想を述べている。そしてそれに対し、さらに709では673宛てに自分の意見を表明している。ここで重要なのは、前節で分析した1曲目の演奏が「死んだ音」の「下手くそライブ」（失敗）だったということと、その後の2曲目で主人公（ぼっちちゃん）の活躍によって「バンドの演奏が成功する」という二つのトピックが物語の展開と関連づけられて述べられているということである。そしてこうした流れは同時に、前述した1曲目の演奏が「下手」であったことの理由づけを示すものにもなっている。たとえば673では「覚醒した」という言葉が使われているが、これは1曲目の演奏が「下手」であったからこそ、続けて演奏された曲によって「勢い上がる」という展開になり、それが673にとって「最高」のものになったとしているのである。さらに709では、1曲目の「下手」さに触れつつ（「ヘタクソライブは音源はもちろん〜」）、673の意見を受けたうえではじめはバンドに関心を示さなかった観客たちが主人公の奮起によって変わったことを「最高に輝いてた」としている。これらの感想はいずれも前述の

11）実際のシーンについては注8）と同様に製作会社がYouTubeの公式チャンネルでその一部を公開している（https://www.youtube.com/watch?v=5tc14WHUoMw）。

失敗があったからこそ出てくるものであり、また同時に「失敗からの成功」という物語で描かれた重要なシーンに対して、劇中の演奏の出来や観客の反応などを述べることによってそれらを適切に理解したことを示すものといえるだろう。

さらにその後には5話における同じ曲の演奏シーンと8話での演奏シーンとの比較が行われている意見が見られる。以下にそうした意見の例を引用する。

767：風の谷の名無しさん@実況は実況板で：2022/11/27(日) 00:42:24.61 ID:20kgYs13a.net
ギターと孤独と蒼い星は緊張からくるミスしてる感よく出てたのはいいが
(先走り演奏や上ずった歌い方など)
いったん5話で神曲認定しちまったのを下手版で聞かされると印象あまりよくないんじゃないか？
別の曲を下手にやってもよかったんじゃ？と言ってみる

781：風の谷の名無しさん@実況は実況板で：2022/11/27(日) 00:44:35.39 ID:ewg0A4gd0.net
>>767
逆逆、ホントはいい曲だって前提がなかったらぼっちちゃんの回想からの奮起が映えないし、曲だって第一印象悪くなっちゃうだろ

809：風の谷の名無しさん@実況は実況板で：2022/11/27(日) 00:48:29.76 ID:/QafSNXC0.net
>>767
俺は会場のシラけたムードの中結束バンドの実力はこんなもんじゃねえ！って応援したくなった
初めてのライブからぼっちちゃん達がどんどん人気になって欲しいって気持ちになったから
オーディションとの対比もあえてかなって思った

ここでは5話のオーディションで披露された演奏に触れつつ、同じ曲が8話で下手に演奏されたことについて意見が交わされている。767は5話で演奏された曲が「神曲」であったとしており、それを8話で「下手版で聞かされると印象あまりよくないんじゃないか？」とし、下手な演奏が必要なら別の曲でやったほうがいいのではないかといった意見を述べている。これはいうなれば、本来「神曲」(良い曲)であるものが下手に演奏されることにより、いわばその曲の持つ価値が下がってしまうのではないかといった不満を述べたものであるといえる[12)]。それに対し、781や809のレスはそうした意見に対し一様に否定的である。とりわけ781は「逆逆」と冒頭で強く否定し、なぜ同じ曲であった方がいいのかといったことを力説している

12) ただしここで述べられている不満は最後に「と言ってみる」と書かれているため、767の意見はある種の擬似的な「問題提起」だったと見なすこともできるだろう。とはいえ、その後のレスの展開においてはそのようには見なされておらず、あくまで一つの意見として扱われている点も重要である。

ほか、809でも「オーディションでの対比もあえてかな」ということによって同様に「同じ曲であったことの意義」を強調した意見となっている。

くわしく見ていこう。とりわけ781では「なぜ同じ曲でなければならなかったのか」という理由が明白に述べられている。ここでは下手な演奏が「同じ曲」であったということと、その後の「主人公の奮起」との関係がそれぞれ述べられているが、これは「同じ曲」での演奏の良し悪しという対比がここでは重要であるという「物語上の意味」を指摘し、かつその後の「主人公の奮起のシーン」とつながる理由を説明している。つまりここでは「同じ曲であること」がこうした展開における重要な要素になっているということを示し、またそのような理解によって、一連の物語の持つ意味や話の流れをより明確に理解できるということを説明するものとなっているのである。また809でも前半で結束バンドへの個人的な応援の心情を表明しつつ、そうした心情から最後の部分で5話の演奏との対比を物語の展開として「あえて」入れたのだろうという理解を示すことによって同様の意見を述べている。これらの感想は、人びとが音楽や演奏を通じていかにしてその作品を理解し、そして感想を述べるのかといったことについての「人々の方法」が表明されているものとして見ることができる。こうした点を分析することによって、視聴者のそれぞれの感想から作品に対する理解やその作品に何を見出しているのかといったことが見えてくるのである。

上述した一連のやりとりで明らかになることとは、いうなれば物語の内容やストーリー上の展開について、それを視聴者がどのように受け取ったかということである。よりくわしく述べるならば、それは5話での演奏を念頭に置きつつ、8話での演奏シーンやその後の話の展開によって何がそこで表現されていたのか、そして物語上何が重要だったのかといったことを視聴者側がどう理解したかを示すものとなっている。すでに述べたように、8話では初ライブでの演奏の失敗から一転して主人公の奮起によりライブが成功するという一種の「成功譚」が主に前半部分の鍵として描かれており、またそうした展開が多くの視聴者の共感を呼ぶものとなっている[13]。そうしたなかで、本作で描かれている「失敗からの成功」という物語上の重要なシーンを視聴者たちが「そのようなものとして見る」ことは、作品を理解し

---

13) 一例として、ニコニコ動画における本作品の評価を挙げておく。本作はニコニコ動画で「公式生放送」という形式でTV放送とほぼ同時期に配信されており、また各話の放送後に「面白かったかどうか」を尋ねるアンケートが実施され、回答結果がサイトにまとめられている。その中で8話は全12話中「とても良かった」という回答が最も多く寄せられており（98.1%）、本作品の中でもとくに人気の高いエピソードだといえる。詳細は（https://w.atwiki.jp/nicoliveanimesurvey/pages/1579.html）参照。

たり評価したりするうえできわめて重要な実践といえる。さらに、そうした作品の理解を促す要素の一つとして今回の事例では「音楽」、とりわけ劇中での「演奏」があったということは明白であろう。特に本作はバンド活動をテーマとした作品であり、作品のテーマとして「音楽」が重要な要素であるという事実を見逃すことはできない。このように考えるならば、視聴者たちが自らの意見を述べるなかである演奏を「下手」だとし、またその演奏に対してむしろその「下手さ」を称賛する感想が見られるということは、そうした作中の「演奏の良し悪し」の理解といったものが、視聴者たちがある作品を見て感想を述べるという実践と密接に関わるものであるということ、そして同時にそのような理解をもたらすものとして、音楽や演奏といったものが作品において重要な役割を果たしているということ、さらにある作品を鑑賞し、それに対しさまざまな感想を述べるという行為にはそうした物語への理解や作中のさまざまな要素への適切な理解とそれらへの表現が含まれているということを意味している。

人びとがある作品を鑑賞し、それらの感想を述べるという実践においては作品のさまざまな要素がその資源となる。今回取り扱った事例では、そうした資源の一つとしてバンドの演奏が含まれており、また演奏の良し悪しが作品の内容や話の展開とも密接に関係していた。こうした事例を実際のデータから分析することにより、人びとの作品に対する批評がどのようなかたちで行われているかだけでなく、日常生活における音楽への接触の方法の一つの事例として見ることが可能であると思われる。

6 視聴者の「方法」の分析と今後の課題

今回は、アニメを視聴する人びとがいかにして作品を理解し、それを表現するのかということの一例をEM/CAの知見から分析した。とりわけ作品中の「音楽」、そのなかでも「下手な演奏」といったものに対し、それを実際に聞いた人びとが「下手であるということ」をどのようなかたちで理解し表現するのか、そしてそこにはどういった実践があるのかといったことを中心に分析を行った。こうした分析を行うことにより、作中における「演奏」をめぐるさまざまな意見が同時に作品そのものへの評価と密接に関係しているという点を一部ではあるにせよ明らかにできたの

14) 文字（テキスト）を中心としたネット上でのコミュニケーションの分析可能性を考察したものとしては、たとえば（岡沢 2022）を参照。

ではないかと思われる。

なお、今回取り扱ったデータはインターネット掲示板であったが、同様の分析はSNSなどにおける他のインターネット・コミュニケーションの分析手法としても有用であると考えられる。たとえばSNSにおいても現在はテキストを中心としたコミュニケーションが行われているほか、インターフェイスの違いによるコミュニケーションの違いといったさまざまな比較分析が可能であろう[14)]。こうした点の詳細については今後のさらなる研究が必要となるだろう。

■ 参考文献リスト

岡沢亮, 2022,「エスノメソドロジーとテクストデータ」『社会学評論』72（4）, 540–556.

クルター, J., 1998, 西阪仰訳,『心の社会的構成 ――ヴィトゲンシュタイン派エスノメソドロジーの視点』 新曜社（Coulter, J., 1979, *The Social Construction of Mind: Studies in Ethnomethodology and Linguistic Philosophy,* Macmillan.）

是永論, 2017,『見ること・聞くことのデザイン ――メディア理解の相互行為分析』新曜社

サックス, H., シェグロフ, E. A. & ジェファソン, G., 2010, 西阪仰訳「会話のための順番交替の組織――最も単純な体系的記述」西阪仰訳・ S. サフト翻訳協力『会話分析基本論集――順番交替と修復の組織』世界思想社, pp. 5–153.（Sacks, H., Schegloff, E. A., & Jefferson, G., 1974, A Simplest Systematics for the Organization of Turn-taking for Conversation. *Language*, 50 (4).）

サドナウ, D., 1993, 徳丸吉彦・村田公一・卜田隆嗣訳『鍵盤を駆ける手――社会学者による現象学的ジャズ・ピアノ入門』新曜社.（Sudnow, D., 1978, *Ways of the Hand: The Organization of Improvised Conduct,* Harvard University Press.）

ソニー・ミュージックソリューションズ, 2023,『リスアニ！ 一冊まるごと「ぼっち・ざ・ろっく！」大特集』50.5.

西阪仰, 2008,『分散する身体――エスノメソドロジー的相互行為分析の展開』勁草書房

はまじあき, 2019,『ぼっち・ざ・ろっく！(1)』芳文社

吉川侑輝, 2020,「音楽活動のエスノメソドロジー研究――その動向、特徴、そして貢献可能性」『社会人類学年報』46, 137–151.

吉川侑輝, 2023,『音楽の方法誌 ――練習場面のエスノメソドロジー』晃洋書房

Schegloff, E. A., 2007, *Sequence Organization in Interaction: A Primer in Conversation Analysis Volume 1,* Cambridge University Press.

第14章
『ポケモン GO』の現象学
空間・時間・自己・他者

高艸 賢

1 『ポケモン GO』プレイヤーの経験

1-1 場所の意味の重層性？

2016年にリリースされたスマートフォン用アプリ『ポケモン GO』は、リリース直後から多くの注目を集めた。とりわけ耳目を集めたのは、プレイヤーがゲームを遊ぶには徒歩で特定の場所まで移動しなければならない点と、スマートフォンのカメラの画面上にポケモンのキャラクターを表示することができる点であった。スマートフォンの位置情報とGoogleマップの地図情報により、プレイヤーの物理的な移動がゲーム内の操作キャラクターの移動に反映される（図14-1）。ポケモンのいる地点まで移動して、ポケモンをタップすると、捕獲画面に移る。捕獲画面でボールを投げると、そのポケモンを捕まえることができる。位置情報を利用したゲーム自体は『ポケモン GO』以前から存在したが、ポケモンという人気コンテンツを利用していることや、AR（Augmented Reality：拡張現実）技術でカメラの画面上にポケモンを表示できることが、話題を呼んだと考えられる[1)]。

図14-1 『ポケモン GO』に表示された地図

『ポケモン GO』の特徴を分析したこれまでの

研究は、物理的世界とゲームの世界との密接な関係性、それによって生じる場所の意味の重層性を指摘してきた（神田 2018；松岡 2018；松本 2018；須藤 2018；谷村 2018）。既存研究によれば、『ポケモン GO』のプレイヤーは「虚構と現実が混じりあうというハイブリッド」（神田 2018：104）ないし「異なるレイヤーの現実」（松岡 2018：135）を経験する。それによってプレイヤーは、場所の意味を「上書き」（須藤 2018：199）し、「塗り替え」（谷村 2018：211）、非プレイヤーとは異なる意味を場所に対して付与する。アプリリリース直後、公園や宗教施設などゲームとは関係のなかった場所が『ポケモン GO』のプレイヤーで埋めつくされる事態となったことは、驚きをもって報じられた。この状況を記録した映像資料として、2016 年 10 月 7 日に NHK 総合テレビで放送された「ドキュメント 72 時間「大都会　モンスターに沸く公園で」」がある。2016 年 8 月 19 日から 8 月 22 日までの錦糸公園（東京都墨田区）の様子を記録したこの番組では、多数の『ポケモン GO』プレイヤーが公園を埋めつくしている様子が映されるとともに、ラジオ体操をする高齢者や公園で遊ぶ親子――つまり『ポケモン GO』とは関係ない目的で公園を訪れる人びと――の姿も映されている（須藤 2018：197）。

しかし、『ポケモン GO』がもたらした場所の意味の重層性は、筆者が本章を執筆している 2023 年時点において、もはや頻繁に観察されるものではなくなった。きっかけは新型コロナウィルス感染症（COVID-19）の蔓延に対応したシステムの変更である。プレイヤーの密集を防ぐため、ポケストップ（ゲーム内で使用できるアイテムの入手場所）やジム（他プレイヤーの配置したポケモンと対戦したり、「レイドバトル」を行ったりできる場所）にアクセスできる範囲が 40m から 80m に拡大されたほか、「リモートレイドパス」が実装されジムの近くに行かずともレイドバトルに参加できるようになった（圓田 2022）。2017 年にレイドバトル（他のプレイヤーと協力して強いポケモンと戦う）が実装された際には、「その場の誰なのかは分からないが、確実にこの近くにいる誰か」（岡本 2018：47）と協力プレイをするというシステムが話題を呼んだが、今では、現地でレイドバトルに参加しても周りに『ポケモン GO』プレイヤーらしき人を一人も見かけないことすらある（図 14-2）。さらに、そもそも多くの人はすでに『ポケモン GO』のプレイをやめ、少数のコアプレイヤーがプレイを継続しているようである[2]。

1）AR の特徴は「現実世界の視界と電子的な情報を重畳（オーバレイ）して表示することにある」（暦本 2012：1048）。なお、実際には多くの『ポケモン GO』プレイヤーが AR モードをオフにしてプレイしているといわれている（Mäyrä 2017：48）。GPS による位置情報はプレイするうえで必須であるのに対し、AR は「AR モード」をオンにするかオフにするか、選択できるようになっている。

先述の「ドキュメント 72 時間」に記録されているような光景は、日常的に見られる光景ではなくなった。

図 14-2 レイドバトルが発生したジムの噴水広場（東京都内、2023 年 8 月 16 日（水）午後 3 時頃、筆者撮影）。

「イベルタル」のレイドバトルには約 15 人のプレイヤーが参加していたが、噴水で遊ぶ親子と日陰で歓談する人以外に誰も見当たらない。

1-2 プレイヤーの経験

これまでの研究は場所の意味の重層性やプレイヤーと非プレイヤーの相互作用といった特徴に注目してきたが、本章はプレイヤーの経験に注目する。「プレイヤーにとって『ポケモン GO』とはいかなるゲームなのか」——この素朴な問いは、ゲームの熱狂的流行が脚光を浴びるなかで背後に追いやられ、十分に問われてこなかったように思われる。

本章は、アルフレッド・シュッツの現象学に依拠して『ポケモン GO』プレイヤーの経験を捉える。哲学者・社会学者のシュッツは、日常生活世界の経験の構造を現象学的に記述した仕事で知られている。本章の文脈においてシュッツが有用であるのは、彼が「多元的現実（multiple realities）」というアイデアを提出しているからである。シュッツによれば、「現実」なるものは一つではない。私が対象に付与する「現実のアクセント」によって、その対象はある意味領域における「現実」として経験される。『ポケモン GO』というゲームは、日常生活世界の意味領域とゲームの意味領域の二つにまたがることで成り立っている。

『ポケモン GO』を扱ったこれまでの研究においても、シュッツは参照されている（須藤 2018；Liberati 2018；圓田 2022）。このうち、ニコラ・リベラティの論文はシュッツに依拠して『ポケモン GO』の現象学的分析を行っている（Liberati 2018）。リベラティは、類似する他の AR ゲーム（『Geocaching』『iButterfly』『Ingress』）と比較しつつ、『ポケモン GO』の特徴を検討している。リベラティによれば、『ポケモン GO』において日常生活世界の現実とゲームの世界の現実の絡み合いが発生しており、ゲームの世界の現実が日常生活世界の現実に影響を与えている点に『ポケモン GO』の特

2）「『ポケモン GO』公開から 5 年 ヘビーユーザー 4 割、巣ごもりでも」（『日経 MJ』2021 年 7 月 19 日付 〈https://www.nikkei.com/article/DGXKZO73951940W1A710C2H21A00/（2023 年 12 月 27 日最終閲覧）〉

徴があるという。そしてリベラティはシュッツの多元的現実論に依拠しつつ、複数の意味領域が絡み合って展開する現象として『ポケモン GO』を捉えている。リベラティの分析が時間経験と空間経験に焦点を合わせたのに対し、本章は認知様式論に依拠することで時間経験・空間経験のみならず自己経験・他者経験をも扱う。

2 シュッツの多元的現実論

本節ではシュッツの多元的現実論の概略を説明する。本節の内容は高艸（2023）の第7章と一部重複する。シュッツの仕事全体における多元的現実論の位置づけについては高艸（2023）で論じたので、本章では割愛する。

現実は多元的である（＝「唯一の現実」が存在するわけではない）という考え方は、ウィリアム・ジェームズの「下位宇宙（sub-universes）」の議論に由来している。ただし、シュッツの多元的現実論はジェームズの下位宇宙論と全く同じではない。シュッツはジェームズとの違いを強調して、「現実を構成するのが私たちの体験の意味であって諸対象の存在論的構造ではない」（シュッツ 1985：38）ことを主張する。現実はあくまでもそれを経験する人によって現実として構成されるのであって、あらかじめ存在論的に与えられた現実があるわけではない。このことを明確化するために、シュッツは「認知様式（cognitive style）」という概念を導入する。「私たちの諸体験のすべてが特有の認知様式を示し、――その様式に関して――それら自体が一貫しているだけでなく互いに両立可能であるならば、私たちは、一連の諸体験をひとつの限定的な意味領域と呼ぶ」（シュッツ 1985：38）。

認知様式という概念は、日常生活世界とは異なる原理で組み立てられる経験を記述するための概念として有用である。たとえば、映画を鑑賞しているとき、私は目の前で繰り広げられる光景を映画の世界の出来事として経験している。「あくまでも映画の世界の出来事として一貫性がある限り、そこには「現実のアクセント」が付与される」（高艸 2023：169）。『ハリー・ポッター』シリーズで魔法使いの登場人物たちが物理法則を無視して空を飛んでいても、視聴者はそれを映画の世界の出来事として受け入れることができる。

シュッツによれば、認知様式は（1）特有の意識の緊張（生への注意）、（2）特有のエポケー（疑念の停止）、（3）支配的な自生性（spontaneity）の形式、（4）特有の自己経験の形式、（5）特有の社会性の形式、（6）特有の時間パースペクティブ、の六つの要素からなる（シュッツ 1985：39）。それぞれ簡単に説明しよう。意識の緊張ないし生への注意という言葉は、アンリ・ベルクソンの議論に基づいている。意識が最も緊張している状態は、周囲の状況に対応してプラグマティックに行為しているときであり、意識が最も弛緩している状態は、そうした周囲の状況への対応から最も遠い状態にあるとき、つまり眠っているときである。次に「エポケー」であるが、これは「判断停止」を意味する現象学用語である。シュッツはこの言葉を転用しつつ、さまざまな認知様式に特有のエポケー（疑念の停止）があると論じる（高艸 2023：171）。三つ目の「自生性の形式」は、当該の意味領域における行為企図の実現方法に関するものであり、たとえばある場所に行くという行為企図は物理的に移動するという方法によって実現される。四つ目の「自己経験の形式」は自己がどのようなものとして経験されるかに関係し、五つ目の「社会性の形式」は他者がどのようなものとして経験されるかに関係する。最後の「時間パースペクティブ」は時間の経験のされ方に関係する。

筆者なりにまとめ直すと、シュッツが認知様式の構成要素として挙げているのは、「エポケー（疑念の停止）」「意識の緊張と空間経験」「時間経験」「自己経験」「他者経験」の５点だといえる[3]。以下ではこの５点に沿って『ポケモンGO』の経験の特徴を分析する。この現象学的分析は、いわばエンピリカル（経験的）な調査の手前にあるものである。ここでの現象学的な問いの立て方をわかりやすく述べれば、『ポケモンGO』というゲームがほかでもなく『ポケモンGO』として経験されているのはなぜか、という問いだといえよう。「現れの学」である現象学は、まさに「何かがそれとして現れているのはいかにしてか」を問うのである。

3 認知様式論に基づく分析

3-1 『ポケモンGO』に特有のエポケー（疑念の停止）

画面に現れるポケモンを、他でもなくポケモンとして知覚できることが、このゲームのプレイの前提である。画面に現れる「それ」は、ナイアンティック社のアルゴリズムが自動生成したデータにすぎない。しかし、「こんなものは０と１で構成されるデジタルデータでしかない」と考えてしまうと、ゲームのプレイ自体に支障をきたす。プレイヤーにとって、画面に現れる「それ」はポケモンなのであって、それ以上でも以下でもありえない。それはプレイヤーにとって自明の前提であり、

3)「自生性の形式」を「空間経験」と言い換えるのは、シュッツ解釈としてはやや強引である。この強引さによってシュッツ理論の長所が損なわれているか否かは、読者諸賢の判断に委ねたい。

第1部 第2部 第3部

プレイするなかで疑問に付されることはない（cf. Liberati 2018：222）。

プレイヤーの経験を額面通りに受け取ることから始めるのが、現象学のアプローチである。デジタル資本主義に批判的な人は、「アルゴリズムが生成したデータにすぎないものに価値を見いだしてそれを熱心に集める行為者たちは、資本主義の権力によって操られているのだ」と言いたくなるかもしれない。筆者も、『ポケモンGO』がそうした側面を持っていること自体は否定しない。しかし、「上空飛行的」（メルロ＝ポンティ）な観察者の高みから降りて、人びとの経験に接近することで見えてくるものもあるはずだ。人びとが見ていないものを暴露したいのならば、まずは人びとが見ているものをつまびらかにしなければならない。人びとの眼前に現れているもの（現象）を探究するのが、現象学の務めである。

3-2 『ポケモンGO』に特有の意識の緊張と空間経験

プレイステーションやNintendo Switchのようなコンシューマー機のビデオゲームや、アニメ視聴、映画視聴は、プレイヤーやオーディエンスが画面に集中することを要請する。この種の経験は「マジックサークル」と呼ばれる時空間的な分離によって特徴づけられる。マジックサークルは、ヨハン・ホイジンガの著作で使われ、その後ゲーム研究に持ち込まれた概念である（松永 2019）。マジックサークル概念をどのように解するべきかについてはさまざまな議論があるが、ここでは松永伸司のいう「区切りとしてのマジックサークル」、すなわち「（時間や空間を含む）現実のどの要素が当のゲームのプレイにとって関与的（relevant）であり、どれが関与的でないかが、プレイヤーにとって明確に区別されている」（松永 2019：272）こととして考える。ところで、『ポケモンGO』においてこの時空間的な分離は、コンシューマー機のビデオゲームのプレイやアニメ視聴ほど明確ではない。松永が述べるように、「どの要素が当のゲームにとって関与的かがはっきりしているという意味では、区切りとしてのマジックサークルもなくなっているわけではない」が、「ゲームのなかで意味づけられているものの範囲が、空間的にかなり無節操に広がっている」（松永 2019：276）という点に、『ポケモンGO』などの位置情報ゲームの独特さがある。

シュッツの認知様式論に基づけば、この独特さは『ポケモンGO』に特有の意識の緊張と空間経験に由来するといえる。『ポケモンGO』のプレイヤーは、つねにゲーム内と物理空間の両方に注意を向けていなければならない（神田 2018）。画面ばかりを見ていると、人とぶつかったり、車道に出てしまったり、立ち入り禁止の場所に入ってしまったりする危険性がある（実際、アプリリリース直後にはそうした事故や事件が多数報告された)。プレイヤーはつねに周囲に対する注意を払う必要がある。アプリ起動時にも「周りをよく見て、常に注意しながらプレイしてください」という注意喚起が表示される。屋外を歩く『ポケモン GO』プレイヤーには、注意の半分をゲームの世界に、もう半分を身体的な行為の世界[4)]に向けるという、独特の意識の緊張が求められているのである。

この独特の意識の緊張は、『ポケモン GO』というゲームの「没入感の低さ」と結びついているといえるかもしれない。注意の半分だけをゲームの世界に向けるというのは、プレイヤーにつねに「注意散漫」であることを求めることでもある。そこには、多くのビデオゲームが提供するようなプレイヤーのゲームへの没入が欠けている。もちろん、「没入感が高いほど良いゲームである」とは一概にはいえないかもしれないが(ユール 2016 : 228)、ゲームに対する不満の源泉になる可能性もあるだろう。

3-3 『ポケモン GO』に特有の時間経験

『ポケモン GO』における時空間的な分離の不明確さは、当然ながら『ポケモン GO』の時間経験とも関係する。『ポケモン GO』というゲームは、ほんのわずかな時間でもプレイできるように作られている。アプリを起動してポケモンを1匹ゲットするまでにかかる時間は、1分にも満たない。たとえば電車での通勤や通学の途中に乗り換えのホームでアプリを開いてポケモンをゲットすることも可能である。『ポケモン GO』の時間経験の特徴は――スマートフォン用ゲーム全般の特徴でもあるが――日常生活世界の時間とゲームの時間がすみやかに入れ替わる点にある[5)]。

しかし、ゲームプレイの内容は単調な作業の繰り返しが多い。ゲームの時間はプレイヤーにとって「同じことを繰り返す時間」である。たとえば「コイキング」という弱いポケモンを「ギャラドス」という強いポケモンに進化させようと思うと、「コイキングのアメ」というアイテムが400個必要になる。この「アメ」は「コイキング」を1匹ゲットするたびに3個手に入る。ポケモンを捕まえるだけで「ギャラドス」に進化させようとするならば、途方もない数の「コイキング」をゲットしなければならない。すでに捕まえたことのあるポケモンを余分に何十匹も捕まえるという行為は、かなり単調な作業になる。作業が好きな人にはよいかもしれないが、それが嫌いな人は続けられないだろう[6)]。

---

4) シュッツの用語では「労働の世界」という。くわしい用語解説については高艸(2023)を参照されたい。
5) 2000年代以降のゲームの「カジュアル革命」については、松井(2021b)を参照。

3-4 『ポケモン GO』に特有の自己経験

図14-1に示したように、『ポケモン GO』の画面には操作キャラクターが表示される。これがゲームの世界の中の私、画面の中の私である。『ポケモン GO』のプレイヤーにおいては、徒歩で移動する私（画面の外の私）と、画面の中に表示される私の二重化が生じている。

画面の中の私は、ポケモンをゲットすることで「XP」を獲得し、「トレーナーレベル」を上昇させる。だが、画面の外の私はプレイを通じて何かを得ているのだろうか。一つ考えられるのは、運動不足解消による健康増進効果である。現在、『ポケモン GO』プレイヤーの約30%が50代以上の中高年である[7]。圓田浩二によれば、「移動を動機づけるポケモン GOは、初期の熱狂を過ぎてからは、健康や美容に関心をもつ中高年によって、支持されている」（圓田 2022：83）。ゲームをプレイすることで、画面の中の私だけでなく画面の外の私も得られるものがある。ひょっとすると『ポケモン GO』は、普段ゲームをすることを「時間の無駄」（＝画面の外の私にとって得るものがない）と考えている人に対してさえ、ゲームプレイを動機づけることができるのかもしれない。

他方で、『ポケモン GO』の物語性の希薄さは、プレイからの離脱の要因となりうる。藤田祥平が指摘する通り、「ポケモン GOには、これといった物語が用意されていない」（藤田 2018：71）のであるが、これはつまり、画面の外の私がゲームのテクストとの対話を通じて得られるものはほとんどないということである。

3-5 『ポケモン GO』に特有の他者経験

『ポケモン GO』はいわゆる「ソーシャルゲーム」に分類される。ソーシャルゲームとは、「複数の（時に不特定多数の）プレイヤーと協力・競争するコミュニケーション指向のゲーム」のうち、特に「SNS〔引用者注：ソーシャル・ネットワーキング・サービス〕と密接に関わるゲーム」である（松井 2021a：64）。では、『ポケモン GO』をプレイするなかで、他者はどのように経験されるのだろうか？

『ポケモン GO』のプレイ中、他者が直接関わるのは、ギフト交換（フレンド（友

6）スマートフォン向けゲーム『Fate/Grand Order』のプレイヤーにインタビューを行った木島由晶は、素材集めのために周回プレイをするときプレイヤーは「ゲーム自体をさほど楽しんでいない」こと、「飽きていても周回する」ことを指摘している（木島 2019：64）。『ポケモン GO』に関して、「飽きていてもプレイし続ける」という行為がポケモンというコンテンツへの愛着に由来するのか、それ以外の動機に由来するのかは、調査を通じて明らかにされるべきことである。

7）「ポケモン GO、根強い人気」（『毎日新聞』2023年7月17日朝刊：11ページ）

人）として登録した他のプレイヤーとのアイテム交換）、レイドバトル、ジムバトル、GO バトルリーグ（他のプレイヤーとのリアルタイムのオンライン対戦）の四つである。このうち、「生身の他者」と接する機会があるのはレイドバトルだけである。しかしその場合の協力相手は、「その場の誰なのかは分からないが、確実にこの近くにいる誰か」（岡本 2018：47）という、いわば「出会われざる他者」なのである。シュッツは「共に時を経る（growing older together）」という経験を対面的な他者経験の特徴として論じているが（シュッツ 1991）、レイドバトルはそのような特徴を必ずしも有しているわけではない。レイドバトルの協力相手とコミュニケーションをとる必要はなく、画面を操作すれば自動的に協力プレイが始まる。レイドバトル中もプレイヤーの操作は画面を連打するだけなので、他のプレイヤーとコミュニケーションをとる余地はない（cf. 神田 2018：113–114）。

現地でのレイドバトル以外で現れる他者は、シュッツの用語でいえば、「匿名性の度合い」の高い他者である。「匿名性の度合い」というのは、個人を特定できる可能性の度合いのことではなく、生身の身体を手がかりとした他者経験からどれほど離れているかの度合いのことである（シュッツ 2006）。フレンドとして登録した相手に関しては、ギフト交換をしたり相手の直近のプレイ状況を見たりすることができるが、その人が私の目の前に「生き生きした他者」として現れるわけでも、私に働きかけてくるわけでもない。『ポケモン GO』の中では、「フレンド」でさえ匿名的な他者にとどまる。『ポケモン GO』というゲームの世界の中では、私に働きかけてくる他者と出会うことはなく、プレイヤーはつねにモノローグ的にゲームと関わる。

4 『ポケモン GO』における空間・時間・自己・他者

本章では、シュッツの現象学に依拠して『ポケモン GO』プレイヤーの空間経験・時間経験・自己経験・他者経験を検討してきた。空間経験に関してはプレイヤーの注意がゲーム内と物理空間の両方に向けられる点、時間経験に関しては日常生活の時間とゲームの時間が速やかに入れ替わる点と単調な作業の反復になりやすい点、自己経験については画面の外の私と画面の中の私という二重化が生じている点、他者経験については他者が出会われざる他者にとどまる点を、それぞれ指摘した（表14-1）。加えて、特有のエポケーがゲームをプレイするという行為そのものの前提であることを指摘した。

表 14-1 『ポケモン GO』における空間・時間・自己・他者

	特徴
意識の緊張と空間経験	注意がゲーム内と物理空間の両方に向けられる
時間経験	日常生活の時間とゲームの時間の速やかな入れ替わり 単調な反復
自己経験	画面の外の私／画面の中の私という二重化
他者経験	出会われざる他者、モノローグ的経験

本章の現象学的分析は、それ自体では社会学的分析ではない。社会学的分析へと展開するには、プレイヤーの空間経験、時間経験、自己経験、他者経験について調査を行うことが必要である。現象学にできる具体的な貢献は、せいぜいプレイヤーの経験を分析するための視座と語彙を提供することくらいである。それでも、現象学の提供する視座や語彙は、対象（ここでは『ポケモン GO』）に固有の特徴を把握しつつ他の対象にもあてはまりうる特徴を見つけることができる点で、それなりに役に立つはずだ。社会学的研究はつねに固有性と一般性を往還するなかで行われるのだから、本章のような理論的研究も、社会学的研究の一部に含まれる。

現象学に基づく社会学的研究の一例としては、空間経験・時間経験・自己経験・他者経験に即して「ゲームのプレイヤーがプレイを続ける／やめるのはなぜか」を問う研究が考えられる。ゲームの持つ特徴を、あるプレイヤーは好ましく感じ、別のプレイヤーは不満に感じることがある。同じ特徴がプレイヤーによって真逆に受け取られうる以上、ゲームの一般的特徴を明らかにしただけでは「ゲームのプレイヤーがプレイを続ける／やめるのはなぜか」という問いに答えることはできない[8]。こうした場合に、社会学は調査に基づくエンピリカルな分析を行うのである。

『ポケモン GO』のアプリリースから 10 年弱が経過し、リリース直後の熱狂は過ぎ去った。しかし、流行が終わったからといって、それが学術研究の対象としての価値を失ったわけではない。現象をつぶさに観察しその固有性と一般性を分析することが学術研究の本義であるから、アニメ・マンガ・ゲームなどのコンテンツを扱う場合でも、コンテンツの流行りすたりに引きずられずに研究主題を設定せねばならない。それを可能にしてくれるのは理論的な視座・語彙である、と筆者は考えている。

8）同様のことは、アニメ視聴者、マンガ読者、音楽の聴取者などにもあてはまる。

■参考文献リスト

岡本健, 2018,「ポケモンGOの観光コミュニケーション論――コンテンツ・ツーリズムの視点からの観光観の刷新」神田孝治・遠藤英樹・松本健太郎編『ポケモンGOからの問い――拡張される世界のリアリティ』新曜社, pp. 42–54.

神田孝治, 2018,「新たなるモバイル・ハイブリッド――ポケモンGOが生みだした虚構と現実の集合体」神田孝治・遠藤英樹・松本健太郎編『ポケモンGOからの問い――拡張される世界のリアリティ』新曜社, pp. 104–115.

木島由晶, 2019,「携帯する「ゲーム＝遊び」の変容――オンラインゲームの大衆化をめぐって」松井広志・井口貴紀・大石真澄・秦美香子編『多元化するゲーム文化と社会』ニューゲームズオーダー, pp. 47–66.

シュッツ, A., 1985, 渡部光・那須壽・西原和久訳,『アルフレッド・シュッツ著作集第2巻 社会的現実の問題［II］』マルジュ社（Schutz, A., 1962, *Collected Papers I: The Problem of Social Reality*, Martinus Nijhoff.）

シュッツ, A. 1991, 渡部光・那須壽・西原和久訳,『アルフレッド・シュッツ著作集第3巻 社会理論の研究』 マルジュ社（Schutz, A., 1964, *Collected Papers II: Studies in Social Theory*, Martinus Nijhoff.）

シュッツ, A., 2006, 佐藤嘉一訳,『社会的世界の意味構成――理解社会学入門（改訳版）』木鐸社（Schütz, A., 1932, *Der sinnhafte Aufbau der sozialen Welt: Eine Einleitung in die verstehende Soziologie,* Verlag von Julius Springer.）

須藤廣, 2018,「上を下へのポケモンGO――拡張現実が生活世界にもたらすもの」神田孝治・遠藤英樹・松本健太郎編『ポケモンGOからの問い――拡張される世界のリアリティ』新曜社, pp. 196–207.

高艸賢, 2023,『シュッツの社会科学認識論――社会の探究が生まれるところ』晃洋書房

谷村要, 2018,「コンテンツに〈容易に〉上書きされるセカイとどう付き合うか――「聖地巡礼」現象との比較から考えられること」神田孝治・遠藤英樹・松本健太郎編『ポケモンGOからの問い――拡張される世界のリアリティ』新曜社, pp. 208–218.

藤田祥平, 2018,「穢れなきポケモンと現実の都市――ARによって浮き彫りになる、現実世界への糾弾」神田孝治・遠藤英樹・松本健太郎編『ポケモンGOからの問い――拡張される世界のリアリティ』新曜社, pp. 66–77.

松井広志, 2021a,「ソーシャルゲームというメディア――コミュニケーションと虚構世界」松井広志・岡本健編『ソーシャルメディア・スタディーズ』北樹出版, pp. 63–70.

松井広志, 2021b,「失われた日常を求めて――「パンデミック」におけるコミュニケーション指向のビデオゲーム」『マス・コミュニケーション研究』98, 19–32.

松岡慧祐, 2018,「デジタル地図を遊ぶレイヤー――グーグルマップからポケモンGOへ」神田孝治・遠藤英樹・松本健太郎編『ポケモンGOからの問い――拡張される世界のリアリティ』新曜社, pp. 128–138.

松永伸司, 2019,「ゲームの内と外？――マジックサークル再考」松井広志・井口貴紀・大石真澄・秦美香子編『多元化するゲーム文化と社会』ニューゲームズオーダー, pp. 267–279.

松本健太郎, 2018,「ポケモンGOでゲーム化する世界――画面の内外をめぐる軋轢を起点として」神田孝治・遠藤英樹・松本健太郎編『ポケモンGOからの問い――拡張される世界のリアリティ』新曜社, pp. 90–102.

圓田浩二, 2022,『ポケモンGOの社会学――フィールドワーク×観光×デジタル空間』関西学院大学出版会

ユール, J., 2016, 松永伸司訳,『ハーフリアル――虚実のあいだのビデオゲーム』ニューゲームズオーダー（Juul, J., 2005, *Half-Real: Video Games between Real Rules and Fictional Worlds,* MIT Press.）

暦本純一, 2012,「拡張現実感技術の将来展望」『映像情報メディア学会誌』66(12), 1048–1053.

Mäyrä, F., 2017, Pokémon GO: Entering the Ludic Society, *Mobile Media & Communication*, 5(1), 47–50.

Liberati, N., 2018, Phenomenology, Pokémon Go, and Other Augmented Reality Games: A Study of a Life Among Digital Objects, *Human Studies*, 41(2), 211–232.

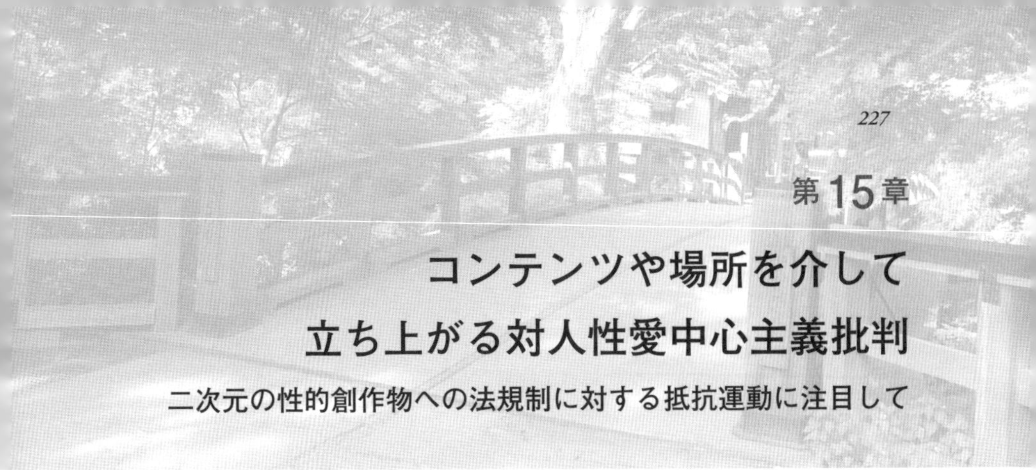

第15章
コンテンツや場所を介して立ち上がる対人性愛中心主義批判
二次元の性的創作物への法規制に対する抵抗運動に注目して

松浦 優

1 対人性愛中心主義への批判：クィア・スタディーズにおける二次元性愛

性的マイノリティをめぐる従来の研究では、いわゆるLGBTに関する議論が主流を占めていた。これに対して近年ではLGBT以外の性的マイノリティについても研究が進んでおり、異性愛規範やシスジェンダー中心主義だけでは説明しきれないタイプの差別や周縁化についても議論が蓄積してきた[1]。その一環として、架空のキャラクターへ性的に惹かれるフィクトセクシュアル（fictosexuality）についても、研究や運動が展開されている[2]。

架空の創作物をめぐるセクシュアリティのなかでも、マンガやアニメなどのいわゆる「二次元」の創作物をめぐるセクシュアリティ（以下、二次元性愛[3]）について、クィア・スタディーズの文脈での調査がなされている（松浦 2021a）。二次元キャラクターは生身の人間とは異なるカテゴリーの存在物として成立しており[4]、それによって二次元性愛は、生身の人間を欲望するセクシュアリティとは異なるものとし

1）たとえばアセクシュアルの立場からは、他者へ性的に惹かれることを望ましいセクシュアリティとみなす規範が「強制的性愛」（compulsory sexuality）と呼ばれている。また対物性愛研究では、人間へ性的に惹かれることを自然で望ましいこととみなす規範を指す「人間性愛規範」（humanonormativity）概念が提起されている。

2）フィクトセクシュアルに関する概説は松浦（2023b）を参照。フィクトセクシュアルについては台湾でもクィア・アクティヴィズムや研究がなされている（廖・松浦 2024）。

3）本章では便宜的に、二次元キャラクターとの性的あるいは恋愛的関係を志向する人びとだけでなく、二次元の性的創作物を愛好しつつ自身とキャラクターとの性愛関係は望まない人も含むものとして、「二次元性愛」という言葉を用いる。

4）二次元キャラクターは人間ではないという点については、とりわけ人類学の領域で議論されている（e.g. Nozawa 2013；Aoyagi et al. 2021）。二次元性愛について考えるうえでは、「二次元」を単なる表現様式やジャンルとしてではなく、人間とは異なる存在を名指すための存在論的なカテゴリーとして理解する必要がある。

て存在している（松浦 2023b）。そして二次元性愛の立場からは、生身の人間へ性的に惹かれることを自明のものとみなす規範を「対人性愛中心主義」[5] と呼ぶ批判がなされている（松浦 2021b）。

対人性愛中心主義のもとでは、フィクトセクシュアルや二次元性愛は「正当」なセクシュアリティではないとみなされがちである（松浦 2021b : 76）。またこうしたセクシュアリティは、あからさまに嫌悪されるだけでなく、単なる「普通」の「オタク」とみなされることによって巧妙に抹消されることもある（松浦 2021b : 77）。

さらにこうした周縁化は法制度的なレベルにおいても生じることがある（松浦 2023a）。本章では、まず対人性愛中心主義的な法制度をめぐる論争として、二次元の性的創作物に「児童ポルノ」という枠組みを適用するタイプの規制について紹介する。そのうえで、こうした規制に対する抵抗運動が、二次元性愛の立場からの運動でもあることを、インタビュー調査[6] に基づいて説明する。そしてその運動にとって、コンテンツの存在や、コンテンツを介したつながりの場が重要であるということを論じる。

2 多様なスケールにおける二次元性愛のスティグマ化

2-1 「児童ポルノ」規制に潜む対人性愛中心主義

先行研究で議論されているように、二次元の性的創作物はスティグマ化されることがある（松井 2019）。スティグマとは、ある種の対象に付与されるネガティブな烙印のことであり、とりわけ被差別属性を有する人びとに対して付与されやすいものである。しかしスティグマの原因は、こうした属性自体にあるのではない。たとえば、一般的には大学を出ていない人よりも大卒の人のほうがより望ましいと考えられるかもしれないが、大卒の人が社会的地位の低い職業に就いている場合、その人は「失敗者、部外者というレッテルを貼られたくないために、大学出という事実を隠そうとする」ことがある（ゴッフマン 2001 : 17）。スティグマはある属性に本質的に備わっているものではなく、社会的・文化的な状況のなかで構築されるものなのである。

スティグマは人に付与されるものとして議論されることが多いが、ポップカル

5）対人性愛中心主義は、性別二元論や異性愛規範、強制的性愛とも密接に結びついている（松浦 2023b）。
6）筆者は、「二次元の性的表現を愛好しており，かつ生身の人間へ性的に惹かれない」人びとへのインタビュー調査を 2019 年から行なっている。またそれと別に、後述する荻野幸太郎さんへのインタビューを 2021 年 4 月 24 日に実施している。

チャーや文化製品にもスティグマが付与されることがある（松井 2019）。ファンや「オタク」のような、コンテンツの愛好者がスティグマ化されることもあるが、コンテンツ自体がスティグマ化されることもあるのである。そして文化製品に対するスティグマも、社会や時代に応じて異なる[7]。その一例として、マンガやアニメなどの二次元の性的創作物に「児童ポルノ」の枠組みを適用する法規制や倫理的非難を挙げることができる。

現在では、二次元の未成年キャラクターが登場する性的創作物を「児童ポルノ」に含めて法的に規制している国があり、たとえばカナダやオーストラリア、イギリス、アメリカ、韓国などで、過去に有罪判決がなされている[8]。日本では、二次元の創作物を「児童ポルノ」とみなす法規制はなされていないが、1990 年代以降、法規制をめぐる議論が断続的になされている。その事例として、2010 年の「東京都青少年の健全な育成に関する条例」（以下、都条例）改正論争や、2014 年の「児童買春、児童ポルノに係る行為等の規制及び処罰並びに児童の保護等に関する法律」（以下、児童ポルノ禁止法）改正論争などが挙げられる。

こうした動向に関わっているのは国家（および政治家）だけではない。実際、日本で 1990 年代にマンガを「児童ポルノ」とみなす議論が生じたきっかけは、1996 年の「子どもの商業的性的搾取に反対する世界会議」（ストックホルム会議）において、「日本国内で「児童ポルノ」（ただし、児童が登場する性的なアニメやコミック、児童に見えるような成人女性が登場するいわゆるアダルトビデオなどを含む）が大量に製造されているとの世界中の非難が集中」したことである（園田 2014：2）。

こうした規制や非難には、狭い意味で制度的な政治システムには含まれない、市民運動のようなサブ政治のアクターも関与している（松浦 2023a）。一方で、「児童ポルノ」としての法規制を要求する市民運動が存在しつつ、他方で規制に反対する立場の運動も展開されてきた。さらにもう一つのサブ政治のアクターとして、資本も挙げられる。現代では、民間のデジタルプラットフォーマーやクレジットカード決済サービス会社が、独自のガイドラインによってコンテンツの流通を「自主規制」している。たとえば外資系のクレジットカード会社のガイドラインでは、「アダルト表現（ロリ、萌え絵を含む）は日本国内基準よりも厳しい欧米基準がベースになる」（永山 2023：235）。いわば国家という単位を越えた検閲が、私企業によって展開

7）たとえば、アメリカではマンガの性暴力表現については非常にきびしいスティグマを付与されているが、アメリカと比べるとフランスはマンガの性暴力表現に寛容だといわれている（松井 2019：177）。
8）こうした動向や、法規制に関する先行研究については松浦（2023a）で整理している。

されているのである。

こうした規制については、法学的な妥当性が検討されてきたほか、ファン研究や「オタク」論の観点からの検討もなされている（松浦 2023a：63-65）。とりわけ後者の先行研究では、「ファン文化は女性や若者にとって重要な表現の場となっており、それゆえ創作物規制は、むしろ女性や若者のセクシュアリティに不当な抑圧を課すことにもなりかねない」（松浦 2023a：64）という議論がなされてきた。とはいえ従来の法学的研究やファンや「オタク」の観点からの研究では、対人性愛を自明視する社会状況への批判が欠けていた[9]。クィアの立場からのファン研究があるといっても、あくまで対人性愛のクィアしか考慮されていなかったのである。

近年になってようやく、二次元性愛の権利や承認という観点からの研究が徐々に進みつつある（Miles 2020；松浦 2021a；2023a）。二次元の性的創作物に対する規制や非難では、「二次元の未成年キャラクターを性的対象とすること」が「人間の児童を性的対象とすること」につながるのではないかと懸念されてきた。しかし人間の児童が性的対象にされることが可能になるのは、そもそも人間を性的に欲望する慣習や文化があるからこそである。にもかかわらず、これまで対人性愛の文化が批判されることはなかった。つまり二次元の性的創作物のみが一方的に問いの対象とされるのに対して、対人性愛というあり方は所与の前提とされてきた、という非対称性があるのである（松浦 2023a：65）。さらにこうした規制や非難は「人間と二次元キャラクターとの存在論的差異がいかなる意味も持たない、という暗黙の決めつけ」を含んでおり、二次元性愛の存在を抹消してもいる（松浦 2023a：66）。

「児童ポルノ」の枠組みで二次元の性的創作物を議論する論争は、表面的には未成年キャラクターの性的創作物の是非に関する論争に見えるかもしれない。しかしその根底には、未成年キャラクターの問題に還元できない、対人性愛中心主義の問題があるのである。

2-2　法的および倫理的な非難による抹消

以上のように、対人性愛中心主義のもとで二次元性愛が周縁化される状況は、法制度のレベルやグローバルなサブ政治、そして法規制だけでなく倫理的非難として

9）二次元と三次元を区別するという「オタク」の慣習をオルタナティブな倫理（「萌えの倫理」）と位置づけてクィア理論的に評価する研究はあるが（Galbraith 2021：106）、そこでも対人性愛が認識や価値判断の基準となっているという構造的問題は捉えきれていない。ただし近年では、わいせつ規制に関する法学研究のなかで、二次元の性的創作物を規制する論理に対人性愛中心主義的な前提が持ち込まれていないか、批判的検討がなされている（上田 2023）。

も展開されてきた。そして二次元性愛の人びとが、対人性愛中心主義的な法制度によって実質的に存在を否定されるという事態は、現実的な問題となっている。このことについて、筆者の調査をもとに論じたい。

先に触れた都条例改正に対しては反対運動が生じたが、その理由の一つとして、対人性愛中心主義的な制度改正への抵抗、というものがある。この反対運動で重要な役割を果たしたのが、「表現の自由」の擁護に関する活動を行うNPO法人うぐいすリボンである。その理事である荻野幸太郎さんによれば、自身が活動を始めた最初のきっかけが、二次元性愛の中学生との出会いだった（荻野 2023）。

都条例の論争が起こった頃、荻野さんは当時静岡のNPOの運営支援の仕事をしており、不登校の子どもに勉強を教える教室の手伝いをしていた。そのときに、教室のボランティアをしている人の娘と、その友人（二人とも教室に通っている不登校の中学生）から、都条例の問題について相談を受けた。これをきっかけに、法学者を講師に呼んでマンガ規制の論点について学ぶ勉強会を企画した、というのが荻野さんの活動の始まりだという。とはいえ本章にとって重要なのは、後日二人の中学生のうちの一人（「ボランティアの娘さん」）が荻野さんに語った、以下の内容である。

> 「正直に言うと、自分は普通のオタクだから、石原慎太郎に腹は立ったけど、そんなに人生を悲観していたわけじゃなかった。条例が改正されても18歳になるまで大っぴらに本を買うのを我慢すればいいだけのことだから」と。
> 「でも、自分の友達のあの子は違う[10]。あの子は現実の男にも女にも恋愛しない子で、恋愛とか性の気持ちは、マンガの中にしかない。描いたり読んだりすることでしか、自分が何者かを知ることも伝えることもできない。だから条例でそれが禁止されるかもしれないと知ってからは、本当に精神的に追い込まれていた。それに、条例では終わらないと聞いた。児童ポルノ法とかが改正されて、そういうマンガを描いただけ、持っているだけで逮捕される時代になるかもしれない。自分は、もちろん反対はするけど、もし法律がそうなってしまったら、いったんそういうジャンルとは距離を置く選択もできると思う。でも、あの子は、逮捕されても、死刑になるとしても、そういう絵を描くのを止めないし、一生自分の原稿や大切な本を捨てることができないと思う」と。（荻野 2023：下線は引用者）

10）ここで話題になっている「あの子」は「ボランティアの娘さん」の友人であり、「誰とも恋したくない。自分は女でも男でもない」という人物である（荻野 2023）。

先行研究では、都条例改正への反対運動は、「表現の自由」や「オタク」の政治参加が論点として取り扱われてきた（浅野 2012）。しかしここで話題になっているのは、単にマンガが好きな「オタク」ではなく、自身のセクシュアリティの構成要素として二次元の性的創作物が重要な意味を持っているという人にとっての問題なのである。このように、運動の最初期から、二次元性愛の立場からの問題提起がなされていた。都条例改正案は対人性愛中心主義的な価値判断のもとで二次元性愛の存在を周縁化するものであり、そのことに対する抵抗という側面が、反対運動には含まれていたのである。

さらに実際に法規制がなされた国における事例として、韓国出身で日本への留学経験のあるＩさんによる語りを取り上げたい[11]。インタビュー当時のＩさんは日本で生活をしていたが、Ｉさんが「韓国よりもっと自由な国に移りたい」という理由の一つとして挙げたのが、「児童及び青少年の性保護に関する法律」改正である。

韓国では 2011 年に「児童及び青少年の性保護に関する法律」が改正され、マンガやアニメの性的創作物が、実在児童を利用した児童ポルノと同様の処罰をされるようになった（Park 2013）。その後、運用上の取り締まり範囲が緩和されたものの、マンガやアニメの規制そのものは合憲と判決され、現在に至っている。この法改正について、Ｉさんは以下のように「圧迫感」や「緊張感」という言葉を使いつつ、「精神健康」への悪影響を語っている。

Ｉ：かなりの圧迫感を感じましたね。アチョン法（注：韓国の「児童及び青少年の性保護に関する法律」の通称「아청법」）でエロアニメを流通して逮捕されたり罰金くらった人々の履歴とかを見ると、たしかにハードコアなエロアニメとか、そこに実写物もまじって流通したケースが、たぶんほとんどであると思うんですけど。［…略…］なのにそこで、そういうのがマスコミによって晒し者にされるのを見て、一緒にまとめて僕も嫌なことをされるんじゃないかという緊張感はありました。［…略…］

Ｉ：まあ、今回可決になったと言っても、また時代が変わってから訴訟をやり直して、覆すことはまたできると思いますし、別の案件を見てもそういう事例はいくつかあります。でもその間、耐えていく精神的負担はやっぱり避けられないので。

＊：そうですよね。

Ｉ：なので、まあ、僕の場合も、ここでそういうのをずっと潜んだままここで生きてい

11）Ｉさんは 40 代（調査時）の男性で、調査は 2022 年 3 月 12 日に日本語で実施した。なおＩさんのインタビューは松浦（2023a）と重複するものである。

くのは、たしかに自分の精神健康にも良くなさそうだし。

二次元性愛は対人性愛中心主義的な法制度のもとで、いわば実写の性表現や三次元への性的欲望と「一緒にまとめ」られることによって、実質的に存在を否定される。このように、二次元性愛の存在が抹消されるという事態は現に生じている。こうした法制度は、二次元性愛を実質的に対人性愛よりも劣るものとして価値づけ、かれらの「精神健康」を害し、そして場合によっては、「居住地選択の制限」をもたらしかねないものなのである（松浦 2023a：68）。

3　性的創作物と流通する場の重要性

3-1　同類の痕跡としてのコンテンツ

前節では二次元性愛が周縁化される事例を確認した。性的マイノリティが周縁化され、存在を不可視化されている状況では、当事者たちは孤独感や疎外感を覚える可能性がある。そのような苦悩を防ぐ手段として、自分と同じようなセクシュアリティの人が存在するということを知るということが挙げられる。そしてその機会として、二次元性愛の場合は、自身の愛好するコンテンツや、コンテンツが流通・集積している場が重要な役割を果たす。

この論点はファンや「オタク」に関する研究とも重なるものである。たとえば英語圏のファン・フィクション（二次創作）文化についての研究では、ファン・フィクションがアーカイブされたウェブサイトが女性や性的マイノリティのための場となると指摘されている（De Kosnik 2016）。また「オタク」男性についての研究では、「萌え」という「感情の様式」を学ぶ「対抗的公共」（counterpublic）として、「オタク」の街としての秋葉原を捉えるものもある（Galbraith 2021：102）。このような場は、ファン・コミュニティという側面だけでなく、二次元性愛の存在する場にもなっていると考えられる。

また、コミュニティの場やそこにいる人びとだけでなく、コンテンツそのものが、他の同類がいることを指し示すという機能を果たすこともある。より具体的にいえば、二次元性愛の人びとにとって、個々の性的創作物それ自体や、性的コンテンツが流通しているという事実そのものが、自身と同じようなセクシュアリティの人びとが存在することの痕跡として機能する場合がある。そのことを示してるのが、以下のＧさん[12]の語りである。Ｇさんは二次元のキャラクターのみに性的欲望や恋愛感情を感じるという人物である。

G：やっぱり、彼氏彼女が欲しいみたいな感覚とか、好きな人がいるっていうのがよくわかんなくって、そういう関係を持ちたいっていうの、よくわからなくて。それは恋愛的な話なんですけど、もっと性的なことを含めてもそうなのかなって。でも、二次元だと全然違うんですよね、自分の場合。好きなキャラクターはいますし、割とかなり、（そのキャラクターと）セックスもしたいですし、全然（二次元と三次元の）感覚が違う。

Gさんは他人と性的な話題について語ることをあまり好んでおらず、これまで自身のセクシュアリティについて「人と話してきたわけではない」。しかし「自分はそこまで孤独感みたいなの強く感じたかっていうと、そうでもない」と語っていた。Gさんが孤独感を感じずにすんだ理由として挙げたのが、二次元コンテンツの愛好者たちがネット上で公開したり販売したりしている作品だった。

G：あとは、自分の好きなキャラクターのエロ二次創作ですよね。ああいうのがあると、やっぱり（自分以外にも）いるじゃんって、思いますよね。あと今は、例えばそれこそDLsiteとかって二次元専門のアダルトなものを扱っているサイトもあって、やっぱりそういう需要があると（自分以外にもいるというのが分かるから）、別に大したことなくなるんですよね。自分としては、周りにそういう人がいなくても。

このような性的創作物が存在し、一定数の愛好者集団が自分以外にもいると知ることができるからこそ、Gさんは孤独を感じずにすんでいたのである。この語りは、同じアイデンティティを共有するつながりとは異なる、「痕跡」を介した「共鳴」（Przybylo & Cooper 2014）として理解することができる。つまりここでは、コンテンツやその流通が同類の「痕跡」となっており、それに「共鳴」するという仕方で、同類の存在を間接的に感じ取っているのである。それゆえ、二次元の性的創作物やその流通は、二次元性愛の存在を指し示すものとして機能しており、その意味では、二次元性愛の人びとを表象するものでもあるともいえる。だからこそGさんは、18歳よりも前に二次元の性的創作物にアクセスできるほうがよいのではないかと語っている。

12）Gさんは20代（調査時）の男性で、調査は2020年11月22日に実施した。

G：やっぱり思い返すと、そういうの（二次元の性的創作物）が必要だったんだなって、思うんですよ。だからそういう情報を、別に18歳になってからじゃなくって、それより前から知っててていいんじゃないかって。知っててていいというか、知っていたほうがいいんじゃないか、って自分としては思って。そのほうが、変に悩まずに済むというか、そのほうが救いがあるんじゃないか、っていうふうに自分では思ってるので。［…略…］年齢制限、そこまできついものがなくていいんじゃないかって。

このように、二次元性愛の人びとにとって、二次元の性的創作物そのものが、自分自身のセクシュアリティを理解して受け入れるうえで重要な役割を果たす場合がある。その意味で、そうした性的創作物に厳格な年齢制限を課すのは、むしろ二次元性愛の青少年に苦悩をもたらしかねないと考えられる。

ただし、誰もがコンテンツだけで同類の痕跡を十分に実感できるわけではない、という点に留意は必要である。たとえば「男性向け」コンテンツを愛好する女性のような、ジャンル名に自分とは異なる属性が含まれるコンテンツを愛好している人の場合、ジャンル名と自分の属性が合致している人と比べて、コンテンツだけでは同類の存在を実感しづらい可能性が考えられる[13)]。

同類を知覚するための媒介としてコンテンツ自体がどの程度機能できるかは、状況によって異なる。またコンテンツへのアクセスのしやすさも、時代や状況などによって異なる[14)]。それでも、コンテンツの存在や、コンテンツが一定数の人びとの間で流通しているという事実そのものが、同好の士がいるという実感を愛好者にもたらすものだといえる。

また、痕跡を介した共鳴はさまざまなマイノリティにとって重要であるが、その意義はそれぞれの属性によって異なる。たとえば、「同性愛」や「同性愛者」という概念が成立している社会においては、同性愛者は性的・恋愛的な出会いを求める際に、相手が同性愛者かどうかということを重要だと考える（森山 2012）。また、クィア・アクティヴィズムでは運動の場が性的・恋愛的な出会いの場にもなることがあ

13）この場合には、SNSなどで実際に他の人と交流することが、同類の存在を感じる機会となる。たとえば筆者の調査では、「男性向け」とされるR18美少女ゲームを愛好する女性Kさんは、他の女性プレイヤーの存在をSNSで認知していた。なおKさんは30代（調査時）の女性で、調査は2022年7月19日に実施した。

14）たとえばインターネット普及以前には、アダルトコンテンツを入手するには実店舗での成人向けコーナーに立ち入る必要があり、とりわけ女性がアクセスしづらい状況があった（守 2010：197）。その後オンラインでコンテンツが流通するようになり、近年では女性向けアダルト同人ストア「DLsiteがるまに」が現れるなど、新たな動向が生じている（アオヤギ 2023）。

り、それが運動継続の一因になることもあった（佐藤 2011）。これに対して二次元性愛の場合、二次元に対する性的欲望と「三次元」に対する欲望が切り離されているため、「同じ」性的アイデンティティの人と出会いたいという動機が同性愛者と比べると生じにくいと考えられる。さらに同性愛と比べると、二次元性愛の場合はアイデンティティのラベルが社会のなかで確立していない。だからこそ、二次元性愛にとってはアイデンティティ・ポリティクスとは異なる仕方での共鳴がより重要になると考えられる。

3-2　コンテンツと集まりの場を介しての可視化

上記のようなつながりは、当人の性的アイデンティティを明示したつながりではないため、セクシュアリティに関するアクティヴィズムには結びつきにくいと思われるかもしれない。しかしコンテンツを介したつながりを通して、アイデンティティに関する言語化されたラベルを用いない仕方で、二次元性愛の人びとが政治的な活動の場において可視化されることはありうる。

その例が、都条例改正への反対運動のような、マンガ表現規制に対する反対運動である。この運動は「オタク」の趣味縁による政治参加として論じられてきた（浅野 2012）。たしかにここには「オタク」というアイデンティティに基づく活動という側面もあるが、それだけでなくコンテンツを介したつながりとして成立した活動という側面がある。

たとえば、この運動に参加していたAさん[15]は、「単純に表現の自由云々で、それはダメだろってところと、まあやっぱり作品に少なからず影響があるっていうことで、ステークホルダーっていうところがあって」という理由で、政治家へのロビイング活動を行っていると語っている（松浦 2021a：122）。Aさんの活動の動機は、「オタク」アイデンティティに基づくものでもなければ、自身の性的アイデンティティに基づくものでもない。「作品」や「ステークホルダー」という言葉で語っているように、Aさんの活動はコンテンツの存在によって媒介されたものである。

この運動が活発化したのは、先ほど触れた都条例や児童ポルノ禁止法改正の時期である。これらの時期は、法制度や海外の判例などに関する専門的な論争や、政治家への陳情などが展開されていた。しかしこれがいったん収束すると、活動内容が陳情や情報発信から、表現規制に反対する政治家の選挙活動への手伝いに移行す

15）Aさんは20代（調査時）の男性で、調査は2019年5月12日に実施した。なおAさんのインタビューの一部は既発表論文（松浦 2021a）で分析している。

る。そのときに選挙事務所に集まって作業をするなかで、Aさんのようなセクシュアリティのあり方が、活動のなかで可視化されていったのである。このことについて、荻野幸太郎さんは以下のように語っている。

O：そういうなかで選挙事務所なんかで集まってると、だんだん顔を合わせる時間が長くなって、個人的な話っていうのが出てくるようになるじゃないですか。
＊：あーはいはいはい。
O：で、その時に覚えているのが、見た目のいい男の子がいるとさ、なんでそれなのに彼女作んないのとかさ、そういう話をする人っているじゃないですか。
＊：はいはい。
O：男でも女でも。で、そういう話が出るなかで、いやそういう対象にされるのも嫌だし、他人をそういう対象にするのも嫌だし、っていう話を、ポツリポツリと語る人っていうのが現れるように、現れると言うか見かけるようになって。［…略…］そうなるとさ、ひとりふたり界隈に当事者がいると、皆の意識が変わるんだよね。

上記の選挙事務所で顔を合わせるという事例は、性的アイデンティティの共有ではなく、コンテンツを介した共鳴を通じた集まりである。また「そういう対象にされるのも嫌だし、他人をそういう対象にするのも嫌」というのは、性的アイデンティティを特定のラベルで明示するものではなく、当人の経験や感覚を語るものである。このような集まりのなかで、Aさんのようなあり方が可視化され、結果的に周囲の人びとの認識を変化させていったのである。

このプロセスは、性的アイデンティティに依拠した活動ではなく、そもそもセクシュアリティに関する純粋に能動的な運動とも言い切れない。このプロセスには、コンテンツを媒介とした共鳴があり、選挙事務所という集まる場所があり、そしてそこでの言語的なコミュニケーションがある。つまりこの事例において、非対人性愛が可視化されるプロセスには、いわゆる言説の連関だけでなく、場所やコンテンツなどの物質的存在の連関も含まれていたのである。対人性愛中心主義的な解釈図式を問い直す契機は、人間の能動的活動だけでなく、人びとが人間以外のモノと関わり合うプロセスのなかで生じていたといえる。

3-3　「非モテ」から「非対人性愛」への転換：クィアな再文脈化

こうした認識の変化は、いわゆる「非モテ」から「非対人性愛」への認識枠組みの転換ともいえる。「非モテ」とは文字どおり「モテることのない、モテから疎外されること」(西井 2021：16) だが、非モテをめぐる言説のなかには、「恋愛弱者」としての非モテは二次元に活路を見出すべきだというものがあり (西井 2021：18)、非モテは二次元の創作物を愛好する営みと結びつけられてきた。また「非モテ」男性の立場からはしばしばミソジニー的な主張がなされてきたため、「非モテ」はミソジニーとも紐づけられてきた。そのような文脈のもとで、生身の人間へ性的に惹かれないあり方は、ミソジニー的な「非モテ」だとみなされがちな状況があった。

荻野さんによれば、マンガ表現規制反対の議論の際に「三次元の女はクソだよね」と露骨にミソジニーを露わに言う男性もいたという。しかしこのような状況が、先に述べた選挙事務所での集まりによって少しずつ変化していく。それによって、運動のなかでも非対人性愛的な語りが促進されていった[16]。このようにして、生身の人間へ性的に惹かれないことを「非モテ」と結びつける解釈図式から、対人性愛を自明視しない解釈図式に転換するという現象が生じていった。すなわち、言説の連関が組み替えられ、解釈図式が改訂され、それによって非対人性愛の存在が認知されるようになったのである。

3-4 共鳴のジェンダー非対称性

以上のように、性的アイデンティティを表明して集合的に共有するような社会運動とは異なる経路で、対人性愛を相対化し、セクシュアリティをめぐる人びとの解釈図式を変容させる現象が生じていた。しかし変容は必然的に生じるわけではなく、このような現象が生じる可能性は一様ではない。関連する論点の例としてジェンダー非対称性が挙げられる。

まず、非対人性愛を「非モテ」と結びつける解釈図式は、とりわけ男性に適用されやすいものである。このことは、アセクシュアルの男性がインセルと結びつけられることがあるという問題 (e.g. チェン 2023：264) と共通するものである。男性は (生身の) 女性へ性的に惹かれるのが当然であるとみなされる状況では、そうでない男性は何らかの理由があるのではないかと勘繰られることになる。その結果として、本当は (生身の) 女性を欲望しているが、その欲望を実現できない人びとなのでは

16) 荻野さんによれば、新しいタイプの語りが促されることによって、「「三次元での性愛に興味がない」と言うとむしろ摩擦や反発を招いて、変な人だと思われてしまうから、そのことを意図的に隠すために「自分も非モテなんだよ」と言っていた」という人がいたことも明らかになっていったという。既存の通じやすい言説を流用することによってトラブルを避けていたが、実際には非対人性愛だという人もいる。そうした人びとが自身の実情について語れるようになったのである。

ないか、とみなされてしまうのである。しかし裏を返せば、アセクシュアルの男性や非対人性愛の男性は、セクシュアリティに関する男性の規範から逸脱するものとして顕在化しやすく、それゆえに周囲の人びとに認識の変容をもたらしやすいという側面がある。

これに比べると、非対人性愛の女性の場合、（生身の）男性を性的に欲望しないということに違和感を持たれにくく、それによって存在を不可視化されるということが起こりうる。これを示唆する事例として、荻野さんによる以下の語りが挙げられる。マンガ表現規制反対運動のなかには、非対人性愛の女性も参加していた。しかし荻野さんによれば、そのような人びとは他の参加者の多くから、「女性だから」対人性愛を志向していないのだとみなされていたという[17)]。

O：なんでかって言うと、結局女性が言ってると、女性だからだと思ってたんだと思うんだよね。
＊：はいはい。
O：単にそれはなんか、女性だからエロは嫌いなんだとか、女性だから実写エロが嫌いで二次元のBLだけなんだと思ってたのが、男性がそう言ったときに受け止め方として、あぁそういうことっていうのがようやく実感として分かるというか。

これもアセクシュアルの状況と一致するものである。アセクシュアルの女性の場合、女性は性的に能動的であるべきでないというジェンダー規範には適合するため、あからさまな逸脱として顕在化されにくい。しかしそれゆえに抹消を被りやすく、不可視化されやすくなっているのである。

4　モノや場所の連関から立ち上がる対人性愛中心主義批判

本章では、二次元の性的創作物を愛好する営みについて、ファンや「オタク」という枠組みではなく、セクシュアリティをめぐる規範や制度の問題として議論してきた。ファン研究や「オタク」研究でもクィアの観点からの先行研究はあるが、そこでは異性愛規範が批判されつつも、依然として対人性愛は自明視されがちだった。

17）この説明は、個々の参加者の解釈や経験を直接的に語っているものではないが、すくなくとも男性の語りと女性の語りで反応の違いがあったことを示唆するものである。
18）このことに関する理論的考察は、松浦（2024）を参照。

二次元性愛の周縁化を捉えるうえでは、対人性愛中心主義的な構造や規範に目を向けなければならない。そしてその際には、対人性愛中心主義がジェンダー規範と絡み合っていることにも注意が必要である。

また本章で見てきたように、対人性愛中心主義への抵抗運動は、名詞化されたラベルに基づくアイデンティティ・ポリティクスとは異なるかたちで、人びととモノや場所との連関のなかで立ち上がることがある。たとえば調査を通して、二次元の性的コンテンツそのものや、性的コンテンツが流通しているという事実そのものが、二次元性愛の存在を指し示すものとして機能することが示された。また、コンテンツを介した政治的運動が、選挙事務所という具体的な場所に集うことによって、セクシュアリティに関する人びとの認識を変えるきっかけとなることも示された。このように、二次元性愛の存在や運動にとって、コンテンツそのものや、コンテンツが流通する場所が、重要な機能を果たしている。それゆえ、今後はセクシュアリティをめぐる研究において、言語的なカテゴリーや人間の能動的実践だけでなく、人間以外の事物についても視野に入れた考察が必要となるだろう[18]。

■ 参考文献リスト

アオヤギミホコ, 2023,「女性向け×男女×R18 ×同人の時代」安田理央・稀見理都編『アダルトメディア年鑑 2024――AI と規制に揺れる性の大変動レポート』イースト・プレス, pp. 56–61.

浅野智彦, 2012,「趣味縁から公共性へ」小谷敏・土井隆義・芳賀学・浅野智彦編『文化』日本図書センター, pp. 245–274.

上田正基, 2023,「わいせつ規制をめぐる諸課題」『刑事法ジャーナル』75, 12–17.

ゴッフマン, E., 2001, 石黒毅訳,『スティグマの社会学――烙印を押されたアイデンティティ』せりか書房（Goffman, E., 1963, *Stigma: Notes on the Management of Spoiled Identity*, Prentice Hall.）

佐藤知久, 2011,「社会運動と時間――アクトアップにおけるエイズ・アクティビズムの生成と衰退」西井涼子編『時間の人類学――情動・自然・社会空間』世界思想社, pp. 88–114.

園田寿, 2014,「児童ポルノ禁止法の成立と改正」園田寿・曽我部真裕編『改正児童ポルノ禁止法を考える』日本評論社, pp. 1–14.

チェン, A., 2023, 羽生有希訳,『ACE――アセクシュアルから見たセックスと社会のこと』左右社（Chen, A., 2020, *ACE: What Asexuality reveals about Desire, Society, and the Meaning of Sex*, Beacon Press.）

永山薫, 2023,「表現規制とは何か？」安田理央・稀見理都編『アダルトメディア年鑑 2024――AI と規制に揺れる性の大変動レポート』イースト・プレス, pp. 226–237.

西井開, 2021,『「非モテ」からはじめる男性学』集英社

荻野幸太郎, 2023,「私が「表現の自由」の仕事をするようになった理由」〈https://note.com/ogino_kotaro/n/nb8f8da32684e（2024 年 1 月 13 日最終閲覧）〉

松井剛, 2019,『アメリカに日本のマンガを輸出する――ポップカルチャーのグローバル・マーケティング』有斐閣

松浦優, 2021a,「二次元の性的表現による『現実性愛』の相対化の可能性——現実の他者へ性的に惹かれない『オタク』『腐女子』の語りを事例として」『新社会学研究』5, 116–136.

松浦優, 2021b,「日常生活の自明性によるクレイム申し立ての『予めの排除／抹消』——『性的指向』概念に適合しないセクシュアリティの語られ方に注目して」『現代の社会病理』36, 67–83.

松浦優, 2023a,「グローバルなリスク社会における倫理的普遍化による抹消——二次元の創作物を「児童ポルノ」とみなす非難における対人性愛中心主義を事例に」『社会分析』50, 57–71

松浦優, 2023b,「フィクトセクシュアルから考えるジェンダー／セクシュアリティの政治」公開講座「從紙性戀思考性與性別的政治」講演資料, 〈https://researchmap.jp/mtwrmtwr/presentations/42871322（取得元URL：2024年6月13日最終閲覧）〉

松浦優, 2024,「エンコーディング／デコーディング論の脱 - 人間中心化——物質的な誤配のメディア理論」『年報カルチュラル・スタディーズ』12

守如子, 2010,『女はポルノを読む——女性の性欲とフェミニズム』青弓社

森山至貴, 2012,『「ゲイコミュニティ」の社会学』勁草書房

廖希文・松浦優, 2024［近刊］,「増補 フィクトセクシュアル宣言（紙性戀宣言）——台湾における〈アニメーション〉のクィア政治」『人間科学 共生社会学』13.

Aoyagi, H., Galbraith, P. W., & Kovacic, M., 2021, Idology in Transcultural Perspective: Anthropological Investigations of Popular Idolatry. H. Aoyagi, P. W. Galbraith, & M. Kovacic (eds.), *Idology in Transcultural Perspective: Anthropological Investigations of Popular Idolatry*, Palgrave Macmillan, pp. 1–16.

De Kosnik, A. 2016, *Rogue Archives: Digital Cultural Memory and Media Fandom*, MIT Press.

Galbraith, P. W., 2021, *The Ethics of Affect: Lines and Life in a Tokyo Neighborhood*, Stockholm University Press.

Miles, E., 2020, Porn as Practice, Porn as Access: Pornography Consumption and a 'Third Sexual Orientation' in Japan. *Porn Studies*, 7(3), 269–278.

Nozawa, S., 2013, Characterization. *Semiotic Review* 3. 〈https://semioticreview.com/ojs/index.php/sr/article/view/16（取得元URL：2024年6月13日最終閲覧）〉

Park, K. S., 2013, The World of 'Minority Report' Lived in South Korea, うぐいすリボン, 〈https://www.jfsribbon.org/2013/07/the-world-of-minority-report-lived-in.html.（取得元URL：2024年6月13日最終閲覧）〉

Przybylo, Ela & Cooper, D., 2014, Asexual Resonances: Tracing a Queerly Asexual Archive, *GLQ: A Journal of Lesbian and Gay Studies*, 20(3), 297–318.

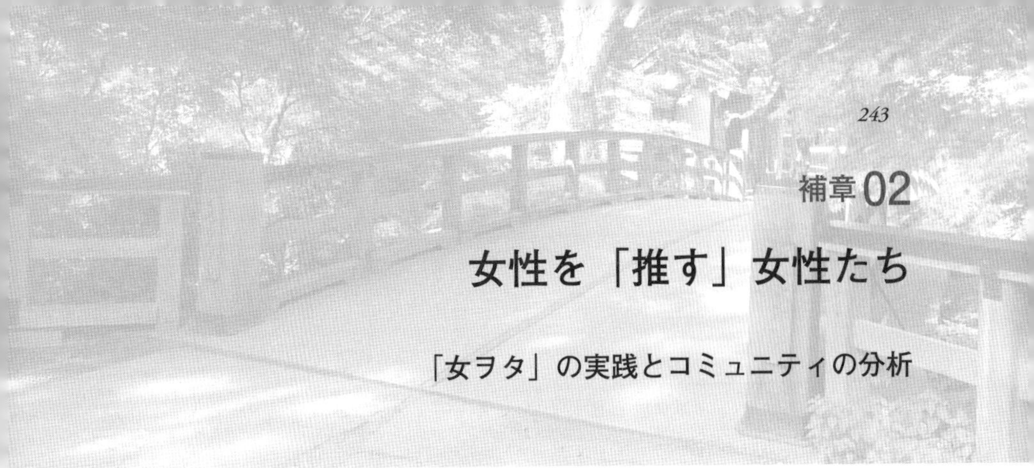

補章02

女性を「推す」女性たち

「女ヲタ」の実践とコミュニティの分析

中村 香住

1 女性を「推す」女性に向けられてきた目線

2020年代には、テレビのワイドショーなどで「推し活」について紹介されるようになり、オタクと呼ばれる集団の行動様式のなかでも「推す」という行為により注目が集まるようになった。かつてはニッチな存在であった「オタク」が、「個性」の一つと認識されるようになり、オタ活・推し活の様子がより積極的に発信されるようになったといえよう。この補章では、そのなかでもとくに、女性ファンが女性の演者やキャラクターを「推す」という実践について検討する。

「(異性愛) 男性向け」、つまり女性の演者やキャラクターがメインのコンテンツのファンダムには、「女ヲタ」という用語が存在する。労働者としてのアイドルについて研究する上岡磨奈によれば、この言葉はファンコミュニティのなかで「女性」であるとして区別された人を指す言葉であり、基本的に男性ファンがマジョリティの場合に使われるジャーゴンであるという (上岡 2020 : 260)。また、圧倒的に男性ファンのほうが多い男性向けコンテンツの現場に「女がいる」という事態を男の側からおもしろがったり、ともすればそうした女性をさげすんだりする目線から生まれた言葉でもあり、蔑称としての出自を拭いきれていない (中村 2020 : 249-250)。しかし、最近では女性たちが自らあえて「女ヲタ」と名乗ることも増えてきた。

こうした女ヲタたちは二重の抑圧を受けているといえる。それは、彼女たちに素朴に向けられる「なぜ同性が同性のことを推しているのか」という疑問に象徴される。乃木坂46などを取材してきたライターの香月孝史によれば、「女性が女性アイドルを応援する」ことに対して向けられる他者からの視線は窮屈であり、女性ファンにはしばしば、アイドルというジャンルへの愛着を異性愛的なものにのみ還元する視線や性的指向に対する雑駁な固定観念が投げつけられる（香月 2020：124）。その背景には、(1)「推す」という感情は恋愛関係と緊密に結びついており、推しの性別＝恋愛対象の性別であること、(2) その恋愛対象は異性であること、という二段階の前提が存在すると考えられる（中村 2020：250）。

そうした「女ヲタ」たちによる「女が女を推す」ことの実践については、体系化された言説の蓄積がまだあまりない。しかし、フィクション作品において「女ヲタ」が描かれる機会は増え、彼女たち自身による語りを目にする機会も増えた。そこでこの補章では、こうした「女ヲタ」にまつわる資料を分析することで、「女が女を推す」実践の内実について考えたい。

2 「女が女を推す」ことをめぐる多様な理由：資料の分析

平尾アウリによる漫画『推しが武道館いってくれたら死ぬ』（徳間書店）に登場するえりぴよは、「女ヲタ」に外部（主に同じファンダムにいる男性オタク）から期待される「女性像」をことごとく裏切る。たとえば、えりぴよはくまさという男性オタクがアイドルの誕生日に渡すメッセージアルバムを作るのを手伝うのだが、手先が不器用すぎてきれいに制作できず、くまさに「普通他の現場なら生誕の準備は他推しでも女オタが手伝ってくれるもんなんですけど これほど不器用な女オタ見たことないですよ」（単行本 2 巻：35）と言われてしまう。上岡が「異性愛主義と男女二元論を飛び越えて、えりぴよはただ推しとの関係にあってオタクであり続ける」（上岡 2020：261-262）と述べているように、本作ではセクシュアル・オリエンテーションやジェンダー・アイデンティティに起因することなく築かれるアイドルとオタク特有の人間関係に焦点が当てられる。

NHK にて 2019 年 7 月 27 日～ 9 月 14 日に放送されたドラマ『だから私は推しました』においては、SNS 映え競争やマウンティングに疲れていた遠藤愛を、自分の「分身」のようなハナというアイドルが変えてくれる様子が描かれる。遠藤はひょんなことから地下アイドルのライブを見に行き、「それぞれに魅力的な女の子たちが歌って、踊ってしてたんですけど。そのなかに、どうしようもなくついていけてない子が一人だけいたんです」「なのにグループの一員でいようとするその姿が、まるで自分のように思えて」と述べた後、第 1 話の最後で変化を見せたハナについて「ハナのダンスも歌も、相変わらずひどくてみっともないものだったんですけど、でも、逃げないで前に進もうっていう気持ちは、まっすぐで、キラキラしてて。私も、前に進まなきゃって」と語る（2019年7月27日放送 第1回「地下アイドル×オタ オタク沼にハマった女が見た光と闇！」）。ここでは、推しと自分の性格や女性としての境遇を重ねることで、推しに共感しつつ、推しに励まされて、自分の人生を前に進めようとする女ヲタの様子が描かれている。

松田青子による小説『持続可能な魂の利用』（松田 2020）においては、男性優位な社会の理不尽さにさらされて退職を余儀なくされ、妹のいるカナダにしばらく滞在したのちに帰国した30代の敬子が、こともあろうか男性が演出する女性アイドルグループの一員、××に惹かれる。その様子は、以下のように記述される。

> 反抗しろ、と男たちが書いた楽曲を反抗せずに言われるまま歌っている、従順な彼女たちの歌に、こんなに惹きつけられるのはなぜだろう。どんな情報にも容易にアクセスできる今なら、アイドルを搾取し消費する構造などとっくにわかっているのに、それでも、彼女たちに惹きつけられてしまう。社会という搾取と消費の構造の中で生きている敬子たち市民だからこそ、惹きつけられるのかもしれなかった。その構造の中で生き抜くことが、どれだけ大変で、難しいことかわかっているからこそ（松田 2020：69）

この記述から、敬子は、社会という搾取と消費の構造のなかで生きている自分と、アイドルという搾取と消費の構造のなかでパフォーマンスする「彼女たち」を重ね合わせ、「彼女たち」がサヴァイヴする様子にエンパワーされていると読み取れる。また、本作におけるキーワードの一つになっている「魂」については、以下のように述べられている。

> 理不尽なことや、うまくいかないことがあるたびに、魂は減る。魂は生きていると減る。だから私たちは、魂を持続させて、長持ちさせて生きていかなくてはいけない。そのために趣味や推しをつくるのだ（松田 2020：113）

「おじさん」たちが作った世界による抑圧やストレスを感じることによって減っていく魂を、なるべく長持ちさせるための存在の一つとして「推し」が位置づけられていることがわかる記述である。

てぱとら委員会というサークルが同人誌として編集・刊行した『いちいち言わないだけだよ。――ハロー！プロジェクト楽曲にまつわるエッセイ集』（てぱとら委員会 2020）は、多種多様な女の生き様を歌い続けるハロプロ曲と、それぞれの道を歩む女オタクの人生の交錯点を集めたエッセイ集である。本書には多様な語りが収録されているが、たとえば、以下の語りに耳を傾けてみよう。

> 私たちが、青春は、女子高生は、若い女は、女はこうでなくては、と刷り込まれてきたイメージを脱ぎ捨てていくのと同時に、ハロー！プロジェクトの楽曲の多くは、生身の女の子たちの必ずしもテンプレートではない毎日や感情を表現してくれる。だからこそ面白いし、こうやって救われることもあるのだなと思った。自分のことは少しずつ好きになれてきているけれど、まだまだ女である自分のことは愛せずにいるな。でもこの先また、これは私の曲だと思える運命の一曲に救われることもあるかもしれない、そう考えると自分の人生も悪くはないと思えるよね（てぱとら委員会 2020：17）

これは、アイドル楽曲において描写される「生身の女の子たち」の多様な姿によって、女ヲタが内面化してきた女性規範が解体されていく場合があることを示しているといえるだろう。

3 「趣味縁」としての女ヲタコミュニティ

こうした「女ヲタ」たちは、時に同じグループやコンテンツを推す女ヲタと出会い、コミュニティを形成することがある。ここでは、浅野智彦が言うところの「趣味縁」（浅野 2011）の一つとして女ヲタコミュニティを捉え、その特徴を考えたい。

まず大きな特徴として、東園子が宝塚歌劇団とやおいのファンダムを分析するなかで述べているように、異性愛が排除されているコミュニティでは、普段は男性をめぐって分断されやすい女性同士も、分断されずに絆を深めることができるという点が挙げられる（東 2015）。この特性に加え、「（異性愛）男性向け」ジャンルの「女ヲタ」の場合は、「男性向けジャンルの女性ファン」という比較的母数の少ない集団に属することからオタクジャンルを移動しても移動先で再会する頻度が高いことや、ファンダム内のマイノリティ同士であるために精神的な結びつきが強くなりやすいといった特徴もみられる。これにより、女ヲタコミュニティは時にオタク活動を超えて、女性の人生にとっての重要な準拠集団になる可能性がある。

しかも、女ヲタ同士のつき合いは、基本的にはオタク現場とSNSを通じたゆるやかなつながりであるため、過度な交流に疲れてつながりを断つことも少ない。こうしたことから、女ヲタコミュニティは、濃密かつゆるやかな関係性を保ち、一生つき合える同性集団になる場合がある（中村 2020：252–254）。

4 女ヲタコミュニティとセクシュアリティ

最後に、女ヲタコミュニティとセクシュアリティについて触れたい。男性向けコンテンツのオタク現場は、その特性上、社会における他の場と比べて、女性が女性に好意を伝えることや愛情をもつことがさほどおかしくないこと・ふつうにあることとして承認されやすい場であるといえる。たとえば、他の女ヲタが女性の「推し」に対して強い愛情を向けている様子が見られることもあるし、「推され」ている女性演者同士も、それが戦略的であれ存在的であれ、互いに愛情を向け合い、その様子をオタクにも発信することが多い。こうした特性により、女ヲタコミュニティのなかでのみセクシュアルマイノリティであることをカミングアウトする人や、同じジャンルの女ヲタ同士として出会ってのちに恋愛関係に発展する人も存在する。セクシュアルマイノリティにとっての女ヲタコミュニティの利点は、ゆるやかなセクシュアリティのグラデーションがつねにすでに想定されており、かつ自分の性自認や性的指向を明示せずとも参加できるという点である。つまり、セクシュアルマイノリティ当事者がふだん実現することが困難な「(趣味などの日常生活を通じた)自然な出会い」が生まれる可能性があるのだ（中村 2020：255–256）。

ここで補論として、女ヲタと「百合」の関係性を考えたい。百合漫画『ヒトゴトですから！』（祥伝社）を連載するユニが運営するYouTubeチャンネル「百合クズ」[1)]は「お姉さんが好きで漫画を描く百合クズことユニが、時にはリアルな女性同士の関係、時には二次元の百合について語るチャンネル」である。このチャンネルでは、毎テーマごとに「百合好きor女の子好きのみなさんから、エピソードを募集」し、それを元にしたトークを配信している。クィアと美術の関わりを研究している近藤銀河によれば、このYouTubeチャンネルの実践は、女性同士のリアルな関係性を「百合」という名前に組み込みつつ、同時にロマンティック・ラブというイデオロギーに疑問を挟むものであるという。また、この実践に表れているように、個人が匿名のまま一人の人間として発信できるSNSというツールが、アイデンティティとオタクの複雑な関係を語ることを可能にした側面がある（近藤 2020：246–247）。

---

1) ユニは2023年7月22日の旧Twitter（現X）への投稿で自身のYouTubeのチャンネルを非公開化したことを明らかにした。〈https://x.com/y_un_i/status/1682695415081373696（2024年7月5日最終閲覧）を参照〉

第1部
第2部
第3部

5 「女ヲタ」の現状と今後の可能性

結論として、「女ヲタ」は異性愛主義と男女二元論を前提として成立しており、「女ヲタ」にはそれゆえの二重の抑圧が向けられている。しかし、「女が女を推す」実践やその理由には多様な豊かなパターンが存在する。たとえば、「女性」というジェンダー・アイデンティティに起因しないアイドルとオタク特有の人間関係、「女性」として生きる人生における「分身」としての「推し」、家父長制・男性中心主義の世の中をともにサヴァイヴしていく共闘相手としての「推し」、女性アイドルが歌う歌詞における女性像の多様さによって女性ファンに内面化された女性規範が解体されることなどである。また女ヲタコミュニティは、女性にとって重要な準拠集団になりうる可能性があり、異性愛規範が社会の他の場と比較して薄いため、セクシュアルマイノリティにとっても相対的に生きやすい場になる可能性がある。

こうした「女ヲタ」の実践の検討をさらに進めることで、ファンをめぐるステレオタイプの解体と異なる姿の再表象（瀬尾 2020：25）を行える可能性を秘めており、ファン研究全体にも貢献できるだろう。また、ファンコミュニティ内でジェンダーなどに起因する抑圧を避け、誰しもが自由なかたちでファンとして対象と関わることができるファンダムの構築に向けた議論を行なうことは、ファン文化全体の市民社会的な可能性を推し進めるためにも重要である。

【付　記】
この補章は、第95回日本社会学会大会シンポジウム「デジタル・ネイティブ世代の環境〜つくる・のる・いきる〜」（2022年11月13日（日）開催）における筆者の報告「「女が女を推す」という実践――「女ヲタ」の現在」の内容をもとに新たに書き起こしたものである。

■ 参考文献リスト

浅野智彦, 2011,『若者の気分 趣味縁からはじまる社会参加』岩波書店
東園子, 2015,『宝塚・やおい、愛の読み替え――女性とポピュラーカルチャーの社会学』新曜社
香月孝史, 2020,『乃木坂46のドラマトゥルギー――演じる身体／フィクション／静かな成熟』青弓社
上岡磨奈, 2020,「アイドルを研究する女ヲタのまなざし――えりぴよの視線の先へ」『ユリイカ』52(11), 258–265.
近藤銀河, 2020,「女／オタクという多重する経験を生きること。創作を通してアイデンティティを語ること。」『ユリイカ』52(11), 243–248.
瀬尾祐一, 2020,「ファンカルチャーの理論――ファン研究の展開と展望」永田大輔・松永伸太朗編『アニメの社会学――アニメファンとアニメ制作者たちの文化産業論』ナカニシヤ出版，pp. 23

-38
てぱとら委員会, 2020,『いちいち言わないだけだよ。――ハロー! プロジェクト楽曲にまつわるエッセイ集』てぱとら委員会
中村香住, 2020,「『女が女を推す』ことを介してつながる女ヲタコミュニティ」『ユリイカ』52(11), 249-257.
松田青子, 2020,『持続可能な魂の利用』中央公論新社

終章 グローバル化するアニメとそれをめぐる知のゆくえ

永田 大輔・松永 伸太朗・杉山 怜美

1 本書の要約と到達点

本書では、アニメが共通文化となることはいかにして可能かという問題関心のもと、とくに場所という視点に基づき、さまざまな理論や対象に関する議論を展開してきた。本書で論じてきたトピックを列挙すれば、実際にアニメを受容する空間の多様性（都市や地域（1章・2章・3章）・居住空間や転居（3章・4章）・異なる国家（5章・11章））、生産空間の多様性（制作（6章・9章・補章01）・アマチュアリズム（8章）・国際協働（7章）・巨大企業と資本主義（10章））、メディア空間の多様性（放送制度が異なった状況での受容（11章）・「現実性」（14章・15章）・論争の空間や言論状況（12章・13章・補章02））などが挙げられるだろう。

序章において、何かが共通文化となる際に、実際にどのような問題が存在しているのか、そして共通文化となるどのような具体的な可能性があるのかを記述することが社会教育の役割を果たすという河野真太郎の議論を紹介した。こうした共通文化をめぐる二つの側面は、本書でもアニメをめぐってさまざまな仕方で明らかにされたといえるだろう。たとえば3章では、アニメファンにとって自らの居住空間でどのようにしてグッズやファン活動そのものを管理するかが課題になっており、場合によっては家族との緊張関係などが意識されていた。しかしその関係のもとでファン活動を続けることができており、ファンとのつながりを保つこともできている。このように、共通文化をめぐる課題と可能性は、アニメと人びとが関与する場所において隣り合わせで存在していることを本書は明らかにしてきたのである。

これらの視点はこれまでの狭義のアニメーション研究の可能性の拡張を目指したものだった。それでは、本書と従来のアニメーション研究自体との関係はどうなっているのだろうか。終章ではそういった論点に関して議論を展開する。

2 アニメのグローバル化をどのように捉えるか

従来のアニメーション研究との関係を考えるうえで、アニメの生産・流通・消費は現在グローバルな展開が前提となっていることに改めて目を向けておきたい。たとえば日本動画協会による『アニメ産業レポート』は経年でそうした変化を捉えることができ、時期が下るにつれて産業全体における国外のシェアが大きなものとなっていることが読み取れる。

そうしたなかで知的な文脈においても、こうしたグローバル化の問題を無視することができなくなっている。典型的な事例として三つほど紹介しよう。

まず、石田美紀（2022）は、『グローバル・アニメ論』のイントロダクションにおいて、日本国外に翻訳されていないアニメ研究が多数存在していることと、それらの研究を行っている者がそれぞれの国の文脈や制度のなかで知を生産していることに言及している。

また、日本アニメーション学会は2023年に25周年を記念してSociety for Animation Studies（SAS）との共同開催を行い[1)]、日英のバイリンガル対応を行っていた。そこではそもそもアニメーションをめぐる知を国際的にどのように作り上げていくかということが重要な論点となっていた。

さらに、日本文化を中心としたアニメ文化のジャーナルとして*Mechademia: Second Arc*[2)] などの学術雑誌があり、そこでは日本の研究成果が英語で発信されることも多い。しかし、こうした研究群は日本研究・アジアのポピュラーカルチャー研究の文脈でなされており、独立したディシプリンが存在するわけではない。

こうした状況については、アニメを研究することが「アニメを学問として独立させること」（アニメ学）と「アニメを対象にした（学際的な）研究の集合を作ること」（アニメーション・スタディーズ）のどちらとしてありうるのかという論点に接続して検討することができる。本書は社会学という視点から議論を立てようとする点で基本的には後者の議論に立つものであるが、ただ学問が並び立てばよいと考えているわ

1)「日本アニメーション学会設立25周年記念 第25回大会 with SAS」〈https://jsas2023.amebaownd.com/（2024年6月14日最終閲覧）〉

2)「Second Arc – Mechademia」〈https://www.mechademia.net/journal/second-arc/（2024年6月14日最終閲覧）

けではない。結果として両者の間に立つような距離を目指すところがあるが、その際にグローバルな知との関係は必然的に問わざるを得なくなる。

このことは、アニメという対象自体のグローバルな展開をもとにそれに関する知も広がっていることから、クールジャパンなどの文化政策ともセットで論じられるべき論点である。しかし、本書でもいくつかの章で論じたように、アニメのグローバルな展開は同時にその受容のローカルさとも不可分なものである。これはアニメをめぐる知に関しても同様である。

3　アニメのグローバル化と学問のあり方

このようにアニメ研究を学問化しようとする動きは、アニメそのものはもちろん、アニメをめぐる知についてのグローバル化の進行との関係でも展開してきている。アニメを場所との関係から論じることを試みた本書でもいくつかの章においてグローバルな文脈におけるアニメの生産・流通・消費のあり方を描くことになった。こうしたアニメのグローバル化とアニメをめぐる知のグローバル化の関係性をどのように捉える必要があるのかについて簡潔に議論し、本書を締めくくりたい。

アニメをめぐる産業や文化にどれだけ日本独特の特徴があるかという論点は、それ自体が常に論争的な性格を有してきたといえる。アニメ産業や文化が日本という地域において一定の独自性をもった発展を遂げてきた部分もある一方で、日本との結びつきを相対化するような議論も近年なされている。たとえば玉川（2020）は日本のアニメをめぐるクールジャパン政策を検討しながら、アニメが国際的には特定の国家との結びつきを持たないようにみえる「文化的無臭性」という特徴を持つにもかかわらず、政策的には日本との結びつきを持たせようとしたことに政策上の問題があったことを指摘している。スアンもアニメをめぐる認識可能性が日本を超えたかたちで成立していることについて議論をしている（Suan 2021）。

こういった日本とアニメの結びつきを相対化させようとする議論も多く見られるなかで、同時に、英語ベースでの学術的議論を中心として知に関してもグローバル化が進むことに対しては一定の妥当性を認める必要があるだろう。しかしその一方で、日本ローカルに発展してきたメディア論について英語で編集された論集（Steinberg & Zahlten 2017）などもあり、日本ローカルに立ち上げられる理論の必要性がなくなっているとも言いにくい。結局のところ、アニメという現象であれ、それをめぐる知であれ、現状はローカルとグローバルのせめぎ合いのなかで常に生み出され続けているという認識から出発するしかないのである。

本書では、アニメとその知をめぐるローカルとグローバルの関係について早急に答えを出すのではなく、むしろアニメに関して場所性が実際に重要となっているさまざまな現象にアプローチすることによって、具体的な対象のなかでローカルとグローバルがどのように交差しているのかを個別に明らかにしてきたともいえる。このようにアニメをめぐるさまざまな現実における変化を適切に捉え、それに連動するかたちで理論的な知見を組み上げることを可能にするのが社会学的なアプローチの有用性であるといえるだろう。

こうした知見の積み上げ方は一つの学術的なアプローチとして重要であると同時に、アニメをめぐる生産・流通・消費の諸局面においてどのようにしてローカルとグローバルが交差しているのかについて詳細を伴った理解を提供することによって、アニメ産業に関わる人びとや、娯楽としてアニメを消費するファンに対してもアニメ産業や文化がいまどのようなかたちで存在しているのかを適切に理解できる素材を提供することになるだろう。

アニメをめぐる具体的な現象への立脚を保つことによって、アニメをめぐるローカルとグローバルの関係について理念的な対立に陥ることなく、広く議論を開いていくことができる。そういった議論は学術的な貢献につながることはもちろん、現状のアニメ産業や文化のあり方についての議論に多くの人びとが参入していくことのできる基盤を作っていくことになるはずだ。

本書は『アニメの社会学』に引き続いて「アニメーションに関する学術研究の会」の中間的な成果の一つである。この会では筆者たちなりにそうした研究の場所の形成を目指してきた。そうした研究成果のなかで以下の公益財団法人トヨタ財団 2022 年度研究助成プログラム「趣味縁の場としての消費空間の可能性：アニメファン経験をめぐるメディア環境と都市の産業編成への複合的アプローチから」（D22-R-0022）による助成を得ることができた。本書のいくつかの章もその成果に基づいたものである。こうした場所をつくり続けるプロセスは現在も進行中であり、この論集を通じてこうした広い意味での場づくりに参加するきっかけとしていただければ幸いである。

■ **参考文献リスト**

石田美紀／キム・ジュニアン編，2022，『グローバル・アニメ論――身体／アーカイブ／トランスナショナル』青弓社

Steinberg, M. & Zahlten, A. eds., 2017, *Media Theory in Japan*, Duke University Press.

Suan, S., 2021, *Anime's Identity: Performativity and Form beyond Japan*, University of Minnesota Press.

玉川博章，2020，「非創造的なクールジャパン政策におけるアニメ産業――創造産業とアニメへの無理解」永田大輔・松永伸太朗編『アニメの社会学――アニメファンとアニメ制作者たちの文化産業論』ナカニシヤ出版, pp. 97–117.

事項索引

アニメ作品名索引

人名索引

執筆者紹介（執筆順，*は編著者）

永田 大輔*（ながた だいすけ）
所属：明星大学・明治学院大学等非常勤講師
担当：序章，第12章，終章
主要著作：『アニメオタクとビデオの文化社会学——映像視聴経験の系譜』（青弓社，近刊）

松永 伸太朗*（まつなが しんたろう）
所属：長野大学企業情報学部准教授
担当：序章，第6章，終章
主要著作：『アニメーターはどう働いているのか——集まって働くフリーランサーたちの労働社会学』（ナカニシヤ出版，2020年）

杉山 怜美*（すぎやま さとみ）
所属：慶應義塾大学大学院社会学研究科後期博士課程
担当：序章，第3章，終章
主要著作：「メディアミックスが支える〈保温〉状態のファン実践——「スレイヤーズ」を事例に」（『メディア研究』104：127–146, 2024年）

近藤 和都（こんどう かずと）
所属：立命館大学産業社会学部准教授
担当：第1章
主要著作：『映画館と観客のメディア論——戦前期日本の「映画を読む／書く」という経験』（青弓社，2020年）

菊地 映輝（きくち えいき）
所属：武蔵大学社会学部准教授
担当：第2章
主要著作：「第3章　メディア，コンテンツとしてのゲーム／eスポーツ」「第4章　新テクノロジーとゲーム／eスポーツ」（川又啓子［編著］『eスポーツ社会論』同友館：pp. 51–62；pp. 63–74, 2023年，共著収録論文）

田澤 真衣（たざわ まい）
所属：成城大学大学院文学研究科博士課程前期2年
担当：第4章
主要著作：「アニメ聖地巡礼観光者の移住について」（東アジア人類学研究会・若手研究者発表会報告，2021年）

董 鎧源（とう がいげん）
所属：早稲田大学大学院社会科学研究科博士後期課程
担当：第5章
主要著作：「中国資本の進出と独自化するアニメ産業」（『社学研論集』36：51–59, 2020年）

三原 龍太郎（みはら りょうたろう）
所属：慶應義塾大学経済学部准教授
担当：第7章
主要著作：“Involution: A perspective for understanding the Japanese animation's domestic business in a global context.”,（*Japan Forum*, 32(1)：102–125, 2020年）

林 緑子（はやし みどりこ）
所属：名古屋芸術大学等非常勤講師
担当：第8章
主要著作：「サークルとしてのアニメーション文化——1960～1970年代の東海アニメーションサークルを中心に」（『映像学』107：39–59, 2022年）

一藤 浩隆（いちふじ ひろたか）
所属：比治山大学非常勤講師
担当：第9章
主要著作：「アニメーション産業における1960年代後半という時代——東映動画の経営と「放映権」「商品化権」の変化を中心にして」（『マス・コミュニケーション研究』100：279–295, 2022年）

清水 知子（しみず ともこ）
所属：東京藝術大学大学院国際芸術創造研究科教授
担当：第 10 章
主要著作：『ディズニーと動物――王国の魔法をとく』（筑摩書房，2021 年）

大西 健太（おおにし けんた）
所属：東京大学総合文化研究科博士課程
担当：補章 01
主要著作：「国内アニメーション産業の立地変容に関する地理学的研究――非東京圏における展開に着目して」（東京都立大学都市環境科学研究科修士論文，2024 年）

雪村 まゆみ（ゆきむら まゆみ）
所属：関西大学社会学部教授
担当：第 11 章
主要著作：「アニメ聖地巡礼による空間価値の創出――アート・ワールドにおける背景美術の躍進と能動的オーディエンスという視点から」（『アニメーション研究』23(1)：89–100，2023 年）

佐々木 啓（ささき ひろし）
所属：東洋大学・明海大学等非常勤講師
担当：第 13 章
主要著作：「人々にとって「学問」とは何か――SNS のまとめサイトにおける「社会学」をめぐる言説の分析から」（『The Basis：武蔵野大学教養教育リサーチセンター紀要』14：163–178，2024 年）

高艸 賢（たかくさ けん）
所属：千葉大学大学院人文科学研究院助教
担当：第 14 章
主要著作：『シュッツの社会科学認識論――社会の探究が生まれるところ』（晃洋書房，2023 年）

松浦 優（まつうら ゆう）
所属：九州大学大学院人間環境学研究院学術協力研究員
担当：第 15 章
主要著作：「抹消の現象学的社会学――類型化されないことをともなう周縁化について」（『社会学評論』74(1)：158–174，2023 年）

中村 香住（なかむら かすみ）
所属：神奈川大学人間科学部非常勤助手。慶應義塾大学文学部等非常勤講師。
担当：補章 02
主要著作：「メイドカフェにおける店員と客の親密性のマネジメント――「親密性の労働」としての「関係ワーク」の実践」（永田大輔・松永伸太朗・中村香住［編著］『消費と労働の文化社会学――やりがい搾取以降の「批判」を考える』ナカニシヤ出版：pp. 159–178，2023 年，共著収録論文）

【本書掲載写真】
●カバー（前面＝表 1）・扉・章扉（序章）
秋葉原電気街：2019 年 10 月 20 日撮影…………（撮影者：杉山怜美）
●カバー（背面＝表 4）・章扉（終章）
アニメイト台北店：2018 年 7 月 14 日撮影……（撮影者：杉山怜美）
●部扉（第 1・2 部）・章扉（第 1-10 章・補章 01）
木崎湖：2024 年 5 月 5 日撮影………………………（撮影者：松永伸太朗）
●部扉（第 3 部）・章扉（第 11-15 章・補章 02）
小諸城址懐古園：2024 年 5 月 5 日撮影………（撮影者：松永伸太朗）

シリーズ●文化の社会学のフロンティア①

アニメと場所の社会学
文化産業における共通文化の可能性

2024 年 7 月 30 日　初版第 1 刷発行

編著者　永田大輔・松永伸太朗・杉山怜美
著　者　近藤和都・菊地映輝・田澤真衣・
董 鎧源・三原龍太郎・林 緑子・
一藤浩隆・清水知子・大西健太・
雪村まゆみ・佐々木 啓・高艸 賢・
松浦 優・中村香住
発行者　中西 良
発行所　株式会社ナカニシヤ出版
〒 606-8161　京都市左京区一乗寺木ノ本町 15 番地
Telephone　075-723-0111
Facsimile　075-723-0095
Website　http://www.nakanishiya.co.jp/
Email　iihon-ippai@nakanishiya.co.jp
郵便振替　01030-0-13128

印刷・製本＝ファインワークス／装幀＝白沢 正

ISBN978-4-7795-1812-6